M^re. CHARLES D'HOZIER, Con^er. du Roi, Généalogiste de sa Maison, Juge général des Armes, et des Blazons de France, Ch^lr. de la Religion, et des Ordres Militaires de S^t. Maurice, et de S^t. Lazare de Savoie. Fils de feu M^re. PIERRE D'HOZIER.

# HISTOIRE
## GENEALOGIQVE
DE LA
## ROYALE MAISON
DE SAVOYE,

Liure troisiéme. 

*CONTENANT LES Branches Collaterales.*



OOOOOo Les

Les Princes d'Oneille, Comtes de Barcellonne.

Les Princes de Carignan.

Les Comtes de Soyssons.

Les Ducs de Nemours, de Geneuois & d'Aumale.

Les Barons de Vaud, Seigneurs de Bugey & de Valromey.

LES

# LES PRINCES D'ONEILLE,
## Comtes de Barcellonne.

DeSauoye moderne.

# XXII.

## *MAVRICE DE SAVOYE, PREMIER Prince du Sang, Prince d'Oneille, Comte de Barcellonne, Cheualier de l'Ordre, & Lieutenant General de S. A. R. au Comté de Nice.*

### CHAPITRE I.

Sa naissance. 1593.

IE ne donne qu'vn bref eloge à l'honneur de Maurice Prince de Sauoye, à cause que sa vie doit estre le sujet d'vn excellent Panegyrique & d'vn chef-d'œuure d'eloquence. Il prit naissance à Turin le 10. de Ianuier l'an 1593. & fut nommé Maurice, à cause que sainct Maurice est Protecteur de Sauoye. Ses Parrains furent le Prince Philippe-Emanuel son Frere Aisné, & Doña Matilda de Sauoye sa Tante Sœur naturelle du Duc Charles-Emanuel.

Est Cardinal à 14. ans

Ses benefices

On le destina dés son ieune âge à l'Estat Ecclesiastique ; & le Pape Paul V. informé de ses vertus, & persuadé de la grandeur de sa naissance, luy enuoya le Chappeau de Cardinal n'estant âgé que de 14. ans. Il eut en suite plusieurs Benefices de tres-grande consideration, comme les Abbayes de sainct Michel de la Cluse, de sainct Benigne de Fruttuaria, de S. Estienne d'Yvrée, de Caseneuue en Piemont, & de S. Iean des Vignes de Soyssons. Il fut encore Chanoine de Cologne, de Liege, d'Halberstat & de Magdebourg. Iaques Goria depuis Euesque de Vercel, personnage estimé pour sa doctrine & pour sa pieté fut son Precepteur, & eut tant de soin de luy apprendre les belles Lettres & les Sciences, que ce Prince se faisoit autant admirer par son erudition, que par les autres qualités de sa personne ; ce qui le rendit le Mecenas de tous les Sçauants, ne s'estant point fait de son temps aucun ouurage de doctrine qui ne luy fut dedié. Mais ce ne fut pas en cela seulement qu'il merita des respects & des applaudissements, son affabilité, la pureté de ses mœurs, sa liberalité, la viuacité de son esprit & tant d'autres talents gagnoient les cœurs de tous ceux qui l'abordoient. Le Duc Charles-Emanuel son Pere allant à Nice, le laissa son Lieutenant General en Piemont, pour y commander en son absence, ce qu'il fit auec tant de prudence & de moderation que les peuples en furent satisfaits.

Est nómé par S. A. sō L. Gen. en Piem. 1615.

Va en France pour le mar. du Pr. de P. 1618.

Mais Son A. R. luy donna depuis vn employ plus illustre, l'ayant enuoyé en France l'an mil six cents dix-huict, pour conclurre le mariage de Victor-Amé Prince de Piemont son Frere auec Chrestienne de France Sœur du Roy, où il fut accompagné de François de Sales Euesque de Geneue, d'Octauian d'Octauian Vial Euesque de Saluces, de Philibert-Gerard Scaglia Comte de Verrue, & d'Antoine Faure premier President de Sauoye, personnages d'vn merite extraordinaire. Il acquit beaucoup d'estime en cette negotiation.

Son voyage de Rome ne luy fut pas moins heureux, car le Pape Gregoire XV. luy rendit des honneurs extraordinaires, le logea en son Palais, & le regala auec vne magnificence incroyable. La France rauie des vertus de ce grand Prelat, le demanda pour son Protecteur à Rome; & ce fut en cette qualité qu'il contribua beaucoup à l'élection du Pape Vrbain VIII. & porta les interests de sa Maison & de sa dignité auec tout l'éclat & tous les auantages que l'on deuoit attendre de luy. Puis à Rome. 1622.

Le Duc Victor-Amé ayant conclu le Traitté de Querasque l'an mil six cents trente-vn, l'enuoya en France pour negotier auprés du Roy l'éclaircissement de quelques articles. Va en France 1631.

Deux ans apres il quitta la Cour de Piemont, & se retira à Rome pour quelques mécontentements particuliers, renonça à la protection de France, prit celle de l'Empire & de la Maison d'Austriche, & se jetta entierement dans le party d'Espagne; ce qui fut cause qu'estant reuenu en Piemont l'an mil six cents trente-huict, apres la mort du Duc François-Hyacinthe son Neueu, les Ministres de France qui estoient en Piemont auprés de Madame Royale insisterent qu'il n'y fut pas reçeu, & elle-mesme n'y auoit point de disposition; parce qu'estant engagée au party de France, elle se fut renduë suspecte au Roy, si elle eut souffert le Prince Cardinal dans les Estats de son Altesse Royale, puis qu'il portoit ouuertement les interests du Roy d'Espagne. Outre que Madame Royale sçauoit bien que ce Prince pretendoit la Tutele du ieune Duc Charles-Emanuel son Neueu, & la Regence de ses Estats. Retourne à Rome. 1634.

Ce fut la porte par où les Espagnols entrerent dans le Piemont, car le Prince Cardinal & le Prince Thomas ayants traitté auec le Marquis de Leganez Gouuerneur de Milan, demanderent la Tutelle & la Regence, & sur le refus que M. R. fit d'y consentir, la guerre ciuile s'alluma en Piemont. Et comme le Prince de Carignan de son costé se saisit de plusieurs places de Piemont, le Prince Cardinal occupa aussi Ceue, Bennes, Reuel, Cony, Fossan, Busque, Montdeuis, Demont, Dronero & Saluces, & se rendit en suite Maistre de Nice, de Ville-franche & de sainct Souspir. Mais les troubles de Piemont prirent fin par le Traitté que ce Prince & le Prince Thomas son Frere firent auec Madame Royale & auec la France le quatorziéme de Iuin mil six cents quarante-deux. Pour plus grande seurté duquel il fut arresté, que ce Prince moyennant vne dispense de Sa Saincteté épouseroit Madame la Princesse Louyse-Marie de Sauoye sa Niece. Fait la guerre en Piemont. 1639. Traitté auec M.R. & auec la Fr. 1642.

Leur Contract de Mariage fut arresté le vingt-huictiéme d'Aoust à Turin au Palais de Son Altesse Royale, en presence de Madame Royale, du Nonce Cecchinelli, du Grand Chancelier Piscina, du Comte Louys de sainct Martin d'Aillé Marquis de sainct Damien, du Comte Ardoin de Valpergue, de Riuara, de François Prouana de Leyni Comte de Druent Cheualiers de l'Ordre de l'Annonciade, du Comte Charles-Philippes Morozzo Conseiller d'Estat & premier President du Senat de Piemont, & des Presidents Ferrari & Leon. Madame Royale constitua en dot à la Princesse sa Fille pour tous biens paternels & maternels deux cents mil escus d'or d'Italie, & le Prince luy accorda le tiers de la dot par forme d'augment; Iean-Dominique Doria Marquis de Ciriés fut porteur de sa Procuration. La solemnité du mariage Espouse la Pr. L.M. sa Niece.

mariage se fit d'vne façon extraordinaire : car, comme le Prince Maurice estoit à Nice, & la Princesse Louyse-Marie à Turin, le Marquis de Ciriés le mesme iour que le Contract de Mariage fut dressé, comme Procureur & Deputé du Prince, épousa la Princesse à Turin ; & le Marquis de Pianezze comme Procureur de la Princesse alla à Nice, accompagné du Nonce de Sa Saincteté, où il épousa à son nom le Prince Maurice. Ce mariage qui fit changer de profession à ce Prince luy acquit vne grande gloire, parce qu'il prefera le salut des Estats de Sauoye & le repos des peuples à ses propres interests.

Sa mort. 1657. Mais apres auoir gousté pendant quinze ans la douceur de cette tranquillité, il fut saisi d'apoplexie en son Palais à Turin au retour de la promenade ; & quelques soins que ses Medecins y pûrent apporter, la violence du mal l'emporta sur les remedes, & emmena de ce monde cette Altesse le quatriéme d'Octobre mil six cents cinquante-sept. Le Nonce de Sa Sainteté & l'Archeuesque de Turin accoururent aux premiers symptomes de sa maladie pour l'assister des secours spirituels de l'Eglise. La Princesse son Espouse qui estoit auprés de leurs Altesses Royales à Iauen, en ayant esté aduertie, vint en diligence ; mais elle n'arriua que pour luy voir jetter les derniers souspirs : car le Prince estant à l'agonie, le Nonce luy donna l'Extreme-Onction & la Benediction Apostolique.

Il auoit eü six attaques du mesme mal, dont il estoit heureusement réchappé ; ce qui persuadoit à ses Medecins & à ses Domestiques, que la septiéme ne seroit pas funeste : Mais sa derniere heure estoit venuë ; & comme si ce Prince l'eut preueuë, il s'estoit communié deux fois la semaine auparauant, & deux iours auant sa mort. Son corps ayant esté ouuert, le cœur fut porté en l'Eglise de sainct François de Paule au Fauxbourg de Paû, où il auoit fondé vne magnifique Chappelle sous le nom de Nostre Dame de Bon-Secours. Les entrailles en l'Eglise des Capucins du Mont ; & le corps au Sepulchre des Princes de Sauoye dans l'Eglise Cathedrale de Turin, où vingt iours apres se firent ses obseques fort magnifiquement.

Le dessein fut de representer les douze heures du iour, qui exprimoient les vertus & les principales qualités de ce grand Prince, selon les diuers degrés de son âge, auec de riches & ingenieuses inscriptions Latines, dont il se fit vne belle relation en Italien, sous le Titre de *Stafeta di dolore*, le Courrier de la douleur. Le Comte Emanuel Tesauro prononça l'Oraison Funebre en mesme langue, dont il prit pour sujet la Deuise de cette Altesse, qui estoit vn Miroir en forme de cilindre, auec ces mots, *OMNIS IN VNVM*, laquelle il accommoda de fort bonne grace à toutes les belles actions de ce Prince.

Les Reuerends Peres Iesuites du Nouitiat de Quiers, fondé par cette Altesse, pour témoigner la reconnoissance qu'ils doiuent à ses bien-faits, firent ses obseques en leur Eglise, où le Reuerend Pere Alexandre Scot, personnage fameux par les employs qu'il a eu dans son Ordre, y prononça aussi vne eloquente Oraison funebre.

Cette mort mit toute la Cour & tout le Piemont en dueil. La Princesse son Espouse y perdit son Oncle & son Mary, Madame Royale son Beau-Frere & son Gendre, & Son Altesse Royale son Oncle & son Beau-Frere, les Eglises leur Protecteur, les Sçauants & les Curieux leur Mecenas, les pauures leur Asyle, & ses Domestiques leur Pere.

Aussi

Auſſi fut-il ſingulierement regretté de toutes ces diuerſes perſonnes, mais de differente maniere. La Cour ne publia pas moins ſon deüil que les Eloges de ce Prince. Ceux de ſa Maiſon en deplorant leur perte, firent connoitre ſes vertus, les pauures taſcherent de recompenſer par les larmes qu'ils répandirent, les biens qu'il auoit versé ſur eux en abondance; & les Sçauants emprunterent toutes les langues, & toutes les voix de la Renommée, pour faire touſiours viure glorieuſement le nom de ce genereux Protecteur de leurs Muſes.

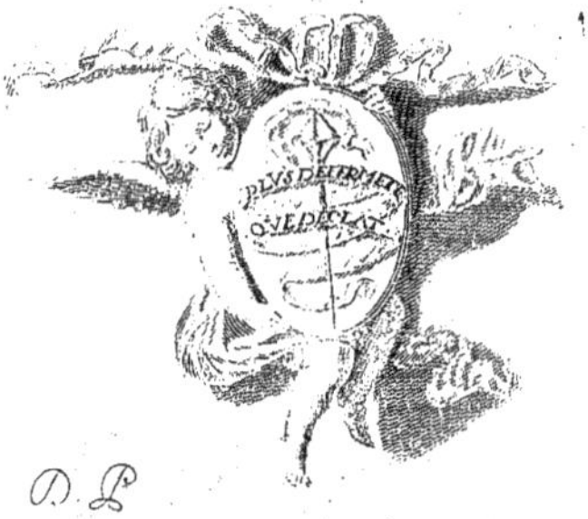

# LES PRINCES
## de Carignan.

De Sauoye moderne, l'Eſcuſſon de Sauoye qui eſt ſur le tout briſé d'vne bordure engrelée d'argent. Quelquesfois ces Princes ont porté party d'Auſtriche-Eſpagne.

# XXIII.

## *THOMAS-FRANCOIS DE SAVOYE, Prince de Carignan, Marquis de Buſque, & de Chaſtellard en Bauges, Comte de Raconis & de Ville-franche, Seigneur de Vigon, de Cauallimours, Barges, Cazelle, Roche, Rochemont, Cheualier de l'Ordre de l'Annonciade, Grand Maiſtre de France & General des Armées de Sa Majeſté en Italie.*

## CHAPITRE II.

LA vie de ce Prince eſt ſi mélée auec celles du grand Charles-Emanuel ſon Pere, de Victor-Amé ſon Frere, & de Charles-Emanuel II. du nom ſon Neueu, que ce ſeroit s'engager à vne importune & ennuyeuſe redite, ſi i'entreprenois de l'écrire comme i'ay fait les autres vies des Princes de cette Royale Maiſon. Ie me contenteray donc, afin de ſuiure l'ordre que ie me ſuis preſcrit, & pour ne pas priuer ce grand Prince de la place que ie luy ay deſtinée en cét ouurage, de repaſſer legerement ſur ſes principales actions, & d'en donner vn Tableau raccourcy, où l'on verra des éuenements bizarres. Car, ayant eſté continuellement dans l'action & dans la guerre, ſon deſtin l'a porté d'eſtre, tantoſt du party d'Eſpagne, & tantoſt de celuy de France. Et quoy qu'il ayt eſté l'vn des plus grands Capitaines de ſon ſiecle, hardy, vigilant, ſage, courageux & prudent; il a pourtant eſté bien ſouuent malheureux en ſes entrepriſes. Ce qu'il a eü de commun auec tous les Princes de ſa Famille qui ont eü nom Thomas, dont il a eü la fatalité auec le nom, parce qu'ils furent tous vaillants & peu heureux. Mais ſa gloire n'en eſt pas moindre, puiſque ſon malheur n'abbatit iamais ſon courage, & ne luy fit pas perdre creance parmy les gents de guerre.

Sa naiſſance. 1596. Il vint au monde le 21. du mois de Decembre de l'an 1596. & eut les meſmes Parrains que le Prince Maurice ſon Frere Aiſné: Sçauoir, le Prince Philippes-Emanuel Prince de Piemont ſon Frere Aiſné, & Doña Matilde de Sauoye.

Ses exploits militaires. A l'âge de ſeize ans il ſuiuit le Duc Charles-Emanuel ſon Pere au ſiege de Trin, combattit courageuſement à celuy d'Aſt, ſe ſignala à la priſe de Meſſeran, de Felizzan, & au combat de Corniento. La guerre ayant eſté declarée aux Gennois l'an 1625. par S. A. il fut de la partie, & empécha par ſa prudence la déroute des Trouppes du Conneſtable de Leſdiguieres au paſſage de la Riuiere d'Orbe. Il eſtoit auprés du Prince de Piemont à la fameuſe retraitte de Beſtagne, & chaſſa les Eſpagnols deuant Aſt. Sa reputation s'accrût auſſi au memorable ſiege de Verruë, où il donna des preuues de ſa valeur. La guerre d'Italie ayant finy par le Traitté de Mouçon, S. A. luy donna le Gouuernement de Sauoye, & de tous les Pays de deçà les Monts, auec vn pouuoir fort abſolu. Il eut confirmation de cette charge du Duc Victor-Amé; mais cét employ eſtant trop pacifique pour vne humeur martiale & guerriere, & ce Prince Puiſné de ſa Maiſon, ayant paſſion d'auancer les Princes ſes Enfans, d'imiter la generoſité de ſes Predeceſſeurs, & par des Employs Illuſtres acquerir de la reputation, rechercha auec beaucoup de ſoin de s'eſtablir en

PPPPPp 2 France

France, où n'ayant pas reussi par l'auersion que le Cardinal de Richelieu auoit pour la Royale Maison de Sauoye, il prit resolution de se ietter dans les interests du Roy d'Espagne, esperant d'y rencontrer plus d'auantages, à cause qu'il estoit proche parent de sa Majesté Catholique; à quoy seruit beaucoup l'exemple du Prince Cardinal son Frere, & de la Princesse Marguerite Duchesse Doüairiere de Mantoüe sa Sœur, qui pour des mécontentements particuliers auoient dé-ja embrassé le mesme party.

Les premiers fondements en furent iettés par le Commandeur Balbian, qui estant allé à Milan, complimenter le Cardinal Infant de la part de S.A.R. eut charge du Prince Thomas d'offrir sa Personne & ses seruices à S. M. Catholique: Le Cardinal Infant ne rejetta point cette ouuerture, & en écriuit en Espagne, où elle fut receüe, & la conjoncture du temps fut fort fauorable au Prince; car outre l'étroite parenté qui le deuoit rendre considerable en cette Cour, l'Espagne auoit besoin d'vn Capitaine, & qui fut de naissance releuée, outre le contrepoids que la personne de ce Prince pouuoit donner aux affaires d'Italie, au cas que la Couronne de Sauoye vint à changer de main. Sur ces considerations, le Roy d'Espagne donna commission au Commandeur Badat, passant en Bourgogne de s'en découurir à Antoine Brun Procureur general du Parlement de Dole, qui à cause du voysinage de la Sauoye, pouuoit plus facilement mesnager cela auec le Prince. Le dessein des Espagnols estoit alors, de faire passer le Prince en Flandre, & de le donner pour Lieutenant general à l'Infante Archiduchesse, qui à cause de sa vieillesse, & de ses incommodités ne pouuoit plus agir: Mais elle deceda l'an 1633. ce qui interrompit vn peu cette negotiation; toutesfois elle fut reprise par Iean-Baptiste Costa Gentil-homme Gennois President des Finances & General des Estappes de Sauoye, à qui le Prince en confia le secret: Cettuy-cy iugea qu'en quelque estat que fut cette affaire, il n'en falloit rien esperer à moins que d'auoir l'approbation du Comte Duc premier Ministre d'Espagne. Le Prince ayant gousté cét aduis fit partir le President Costa de Chambery au commencement de l'an 1634. qui arriua en Espagne heureusement, & negotia si bien à Madrid auec le Comte Duc, qu'il eut parolle: *Que le Prince Thomas seroit Capitaine general des Armées de Sa Majesté Catholique aux Pays Bas: Qu'on luy donneroit deux cents cinquante mil escus pour son equipage, soixante mil escus de plat ordinaire, & dix mil escus le mois seruant en campagne. On promit encore des employs aux Princes ses Enfans, sçauoir à l'Aisné le Gouuernement de Sicile, auec la Princesse de Carignan sa Mere, au second des Benefices, & au troisiéme le Grand Prieuré de Castille.* Sur cette asseurance le President Costa s'en reuint en Sauoye, & en fit part au Prince Thomas, qui auec la Princesse de Carignan sa Femme & les Princes ses Enfans, partit de Chambery sur la fin du mois de Mars 1634. & s'estant arrestés quelques iours à Tonon sous pretexte de chasse, il prit son chemin par le Comté de Bourgogne *incognito*, pour se rendre de là en Flandre: La Princesse de Carignan sa Femme prit congé de luy à Tonon, trauersa le Pays de Valais & alla à Milan auec ses Enfans, d'où elle tira iusqu'à Pauie, où elle fut visitée & regalée par le Cardinal Albornos Gouuerneur de Milan, qui la traitta Elle & ses Enfans d'Altesse. Le Prince estant entré en Flandre, fut deffrayé par toutes les Villes de l'obeïssance de S.M. Catholique, & arriua à Bruxelles le 20. d'Auril, où il fut reçeu auec beaucoup d'honneur par le Marquis d'Ayetone qui commandoit les armées du Roy d'Espagne.

*voyage du President Costa en Espagne*

*passe en Flandre.*

L'Attente en laquelle estoient les Flamans de la venüe du Cardinal Infant, suspendit toutes les resolutions de guerre pour cette campagne. Comme donc il fut en chemin, le Prince Thomas luy alla au rencontre à Iuilliers au mois d'Octobre, suyui d'vn beau cortege, où estoient le Marquis d'Ayetone, le

*va au rencontre du Card. Infant*

le Duc d'Haurée, les Comtes de Rœux, de Noyelles, de Grimbergue, d'Osson, d'Hoestrate, de Meghen, de Bossut, d'Isembourg, de Salazar, de Buquoy, de Villerual, de Fresin & de Moucron, le Marquis de westerlo, & les Barons de Maleuen & de Noircarmes. Le Cardinal Infant sortit de sa chambre pour le receuoir, & luy fit grand accueil. Le Prince l'accompagna iusqu'à Bruxelles.

Surprend Tréues & fait l'Electeur prisónier.

L'année suyuante le Cardinal Infant ayant resolu d'attaquer la Ville de Tréues, à cause que l'Electeur de Tréues s'estoit mis sous la protection de France, & auoit reçeu garnison Françoise, donna la conduite de cette entreprise au Prince Thomas, par les ordres de qui, le 21. de Mars cette Ville fut surprise par le Comte d'Embden, & l'Electeur mené prisonnier à Namur. Ce qui fut ou le sujet, ou le pretexte de la Declaration de la guerre entre la France & l'Espagne, apres laquellle le Cardinal Infant nomma le Prince de Carignan General de l'Armée Espagnole le 15. de May de l'an 1635. A son depart de Bruxelles le Cardinal Infant luy fit des caresses extraordinaires, & le conduisit iusqu'au bas des degrés de son Palais. Le Comte de la Faira Gouuerneur d'Anuers luy fut donné pour Mestre de Camp General de l'Infanterie, & le Comte de Buquoy pour commander la Cauallerie. Son Armée estoit de dix mil hommes de pied & de trois mille cheuaux, & celle de France commandée par les Maréchaux de Chastillon & de Brezé, de trente mil hommes, tant Infanterie que Cauallerie, laquelle s'estoit dés-ja approchée de Marche en Famine, esperant de trauerser le Pays de Liege, & d'aller joindre celle des Estats des Prouinces vnies conduite par le Prince d'Orenge.

Est General de l'Arm. d'Esp. 1635.

Bataille d'Auain.

Et comme il estoit important de s'opposer à cette jonction, le Prince partit de Namur, & s'estant campé en la plaine d'Auain entre le Bourg d'Auain & Ochen, à la veüe de l'Armée Françoise le 19. de May, le Comte de Buquoy croyant les François plus foibles, sur de mauuais aduis donnés au Prince, attaqua l'Auantgarde Françoise, & força quelques Escadrons; mais ayant esté repoussé, le combat commença, qui dura dés le midy, iusqu'à cinq heures du soir; où les Flamans ayants eü du pire, & n'estants pas les plus forts, lâcherent le pied; & quelques efforts que fit le Prince à la teste des Espagnols, pour les retenir, & pour les faire retourner à la charge, ils ne voulurent iamais combattre. Ce qui l'obligea de se retirer du costé de Namur auec ce qu'il pût r'allier de son Armée, ayant perdu quatre mil hommes, son artillerie & son bagage. Les François apres la bataille, prirent Tirlemont & assiegerent Louuain. Le Cardinal Infant, nonobstant cette disgrace, ne perdit point courage, & surprit le Fort de Skenk sur les Hollandois; & le Prince assisté du Marquis d'Ayetone, pour effacer la memoire de la Iournée d'Auain, contraignit les Hollandois de se retirer de deuant Breda qu'ils auoient inuesty.

Le P. prend la Capelle, le Catelet & Corbie

Mais ne se croyant pas satisfait par cét exploit, il se mit en campagne au Printemps de l'an 1636. auec vne nouuelle Armée, suiuy de Picolomini & de Iean de werth, entra en Picardie, prit la Capelle le 8. de Iuillet, força Bohain, & emporta le Catelet & Bray sur Somme; d'où apres auoir passé la Somme à Cerizy, il rauagea toute cette contrée, y fit des desolations espouuantables, & assiegea Corbie, dont il se rendit Maistre le 15. d'Aoust par capitulation, ce qui causa vn si grand effroy dans la Picardie, qu'on ne se croyoit pas en asseurance au voysinage de Paris. Cependant le Roy ayant leué auec vne diligence extraordinaire vne puissante Armée pour arrester le cours de ces conquestes, s'achemina en Picardie; de sorte que le Prince inferieur en forces, ne voulant pas se soumettre au hazard d'vne bataille, pour perdre ce qu'il auoit conquis, mit son Armée en quartier d'hyuer.

La mort du Duc Victor-Amé, arriuée au mois d'Octobre 1637. donna de nouuelles pensées aux Espagnols : car, comme ils voyoient de loin, ils crûrent qu'il estoit necessaire de retirer du Prince de plus grandes asseurances, afin de l'engager si estroittement dans leurs interests qu'il ne s'en pût pas dédire, & ce qui les obligea le plus à prendre cette resolution, fut, que tout ce que le President Costa auoit negotié en Espagne auec le Comte Duc ne consistoit qu'en parolles : Ils exigerent donc de la Princesse de Carignan vne Declaration de sa main le 14. de Nouembre, par laquelle elle promettoit, *De mettre les personnes de son Mary, d'Elle, & de leurs Enfans, nés & à naistre, & leurs biens, sous la protection de la Couronne d'Espagne.* Ce que le Prince ayant depuis ratifié & iuré de seruir le Roy d'Espagne, & de luy estre fidelle, reserua par exprés ; *Que la protection qu'il demandoit à Sa Majesté Catholique n'estoit point par vassellage, ou par sujection, & consequemment que la promesse qu'il faisoit de porter les armes pour Sa Majesté Catholique, & de luy estre fidelle, ne se deuoit entendre, que comme d'vne personne priuée, employée à son seruice, & non comme de Vassal, ou d'homme lige.* Il excepta encore par son serment, *la personne de S. A. R. pour ne pas contreuenir à celuy de vassellage, auquel il estoit obligé en qualité de Prince du Sang de Sauoye, & de Cheualier de l'Ordre de l'Annonciade.* Mort de Victor-Amé.

Apres cette seurté, le Conseil d'Espagne prenant plus de confiance au Prince qu'auparauant, luy continua le Commandement General de l'Armée des Pays-Bas, auec laquelle il se signala l'année suyuante ; car les Maréchaux de Chastillon & de la Force, Generaux de l'Armée du Roy, ayants assiegé saint Omer au mois de May, ce Prince força les François dans leurs lignes, secourut la place & les contraignit de leuer le siege. Il s'opposa encore fort genereusement au dessein que les Generaux de l'Armée Françoise auoient d'attaquer Hesdin, sauua Gueldres que le Prince d'Orenge auoit assiegé, mit à couuert Bethune, Arras, Arlu & Cambray. Fait leuer le siege de S. Omer. 1638.

Et comme il se preparoit à de plus grands progrés, S. A. R. le Duc François Hyacinthe son Neueu mourut au mois d'Octobre, laissant pour Successeur Charles-Emanuel II. du nom son Frere, sous la Tutele & Regence de M. R. sa Mere. Sur quoy les Espagnols qui auoient dessein de troubler le Piemont, & d'y allumer vne guerre ciuile, persuaderent au Cardinal & au Prince Thomas que la Tutele du Duc leur Neueu, & la Regence des Estats de Sauoye leur appartenoit, & leur offrirent secours d'hommes & d'argent, pour l'obtenir auec plus de facilité, se promettants que cette entreprise reüssissant, ces deux Princes qui s'estoient jettés dans leur party, entraineroient auec eux la Noblesse, les Gouuerneurs des places, les Magistrats, & les peuples de Piemont, & en chasseroient les François. Et qu'au cas que M. R. se voulut maintenir dans la Regence aydée de la France, les Espagnols preuoyoient vne guerre infaillible en Piemont, dont ils esperoient de tirer le principal profit, sous pretexte de porter les interests des Princes ; & de là vint cette sanglante guerre ciuile, laquelle a failly de bouleuerser l'Estat, parce qu'on le sappoit par ses fondements. Mort de Fr. Hyacinthe.

Le Prince combattu des promesses des Espagnols, persuadé de l'exemple du Prince Cardinal son Frere, & amorcé de l'esperance de la Succession à la Couronne de Sauoye, quittant son legitime interest, passa de Flandre à Milan l'an 1639. d'où il declara à M. R. qu'il pretendoit, & la Tutele de S. A. R. & la Regence de ses Estats, conjointement auec le Prince Cardinal son Frere. Mais cette pretention ne s'estant pas treuuée plausible, parceque la Tutele & la Regence auoient esté deferées à M. R. du consentement general de tous les Ordres, & que pendant la vie du Duc François-Hyacinthe, les Princes ne s'y estoient point opposés ; il fallut que le Prince l'appuyât des Armes des Espagnols Le Pr. passe en Italie. 1639.

Eſpagnols, & qu'il eſſayat d'auoir par la force ce qu'il croyoit luy eſtre deu par les Loix : Il entra donc en Piemont à main armée & emporta, ou par la facilité des Gouuerneurs, des Places, ou par ſon courage, ou par vn bonheur particulier, ou par l'auerſion que les Piemontois auoient en ce temps-là contre les François, Chiuas, Cengio, Yvrée, Creſcentin, Verruë, Ville-neufue d'Aſt. Montcalue, Aſt, Trin, Saintya & Turin.

entre en Piemont & y fait progrés 1639.

Cette derniere place arreſta les Conqueſtes du Prince ; car apres vne treſue & diuerſes propoſitions de Paix auec M. R. & auec la France, le Comte de Harcourt aſſiegea Turin ; & le Prince, apres y auoir fait vne memorable reſiſtance, fut contraint de le rendre par le peu de ſoin qu'eut le Marquis de Leganez de le ſecourir.

Traité auec la France 1640.

Ainſi ce Prince ne voulant pas s'eriger vn trofée ſur les cendres de ſa patrie, ennuyé de la guerre, mal ſatisfait des Eſpagnols, & recherché par le Cardinal de Richelieu, fit ſon Traitté auec la France le 2. de Decembre de l'an 1640. Mais le plus grand obſtacle qui ſe preſenta pour en retarder l'execution, eſtoit la difficulté de retirer la Princeſſe ſon Eſpouſe, & les Princes ſes Enfans, qui eſtoient en Eſpagne ; ce qui ne ſe pouuoit pas meſme demander ſans donner de l'ombrage aux Eſpagnols ; en effet ſur les inſtances qu'en fit le Secretaire du Prince en Eſpagne, on luy propoſa de nouueaux auantages, & de rappeller Leganez, contre lequel le Prince auoit auerſion : De ſorte que ce premier Traitté rompu, le Prince ſe rengagea auec les Eſpagnols, ce ne fut pourtant pas pour longtemps ; car M. R. qui iugeoit bien que cette guerre eſtoit funeſte à l'Eſtat, & qu'vne ſolide Paix pouuoit conſeruer ſon authorité & faire ceſſer les miſeres & les calamités du Piemont, y trauailla auec tant de chaleur & de prudence, qu'apres auoir ſurmonté pluſieurs difficultés qui paroiſſoient inuincibles, il y eut Traitté entre elle & les Princes le 14. de Iuin 1642. & le meſme iour il s'en arreſta vn autre entre le Roy & eux par la negotiation d'Aiguebonne Ambaſſadeur de France.

Preuues pag. 609.

Traitte auec M.R. & la France 1642.

Ses Exploits en Piemont.

Mais ce n'eſtoit pas aſſés que le Prince de Carignan ſe reconciliant auec M. R. eut contribué à la Paix du Piemont : Il falloit encore pour le combler de gloire qu'il s'aydât à en chaſſer les Eſpagnols, puis qu'il les y auoit fait venir. Il ſe mit donc en campagne auec les Trouppes du Roy, & de M. R. reprit Creſcentin, Nice de la Paille & Aquy, & pouſſant bien auant dans le Milanois, il aſſiegea Tortonne, qui capitula le 25. de Nouembre, dont le Roy eut tant de ſatisfaction, qu'il luy enuoya cent mil liures pour acheuer les fortifications de cette place, & luy donna la Ville & Chaſteau de Tortonne, auec tout ſon Territoire en titre de Principauté ſous l'Hommage de la couronne de France. Mais cette liberalité fut inutile au Prince, parce que le Comte de Siruëla Gouuerneur de Milan, ayant aſſiegé Tortonne, pendant que le Prince receuoit la Capitulation du Chaſteau & de la Citadelle d'Aſt, emporta cette place & le Prince en recompenſe reprit Trin & de là ſe retira à Yvrée, où il fut longtemps malade.

Voyla ce que fit le Prince l'an 1643. L'année ſuyuante à ſon retour de France en qualité de Lieutenant General des Armées du Roy, il ſe rendit Maiſtre de Ponzzon, de Sartirane & de Saintya. Les Eſpagnols de leur coſté ſurprirent la Citadelle d'Aſt, qui fut repriſe peu de iours apres par le Prince : Mais il ne fut pas ſi heureux en l'entrepriſe qu'il auoit faite ſur Final, par ce que l'armée nauale de France commandée par le Duc de Brezé ne parut pas à iour nommé à la veüe de cette place, ce qui obligea le Prince de ſe retirer

Il ſe mit en campagne l'an 1645. & apres auoir fait diuerſes courſes ſur le Milanois, prit Vigeuano ſitué entre Milan & Mortara par Capitulation du 12 de Septembre où ne pouuant ſubſiſter auec ſon armée ; il retourna en Piemont. laiſſant,

laissant la garde de cette place à Nestier Gentil-homme François; mais le Marquis de Velada General des Espagnols, l'ayant suyui iusqu'à la Bettola, proche du Chasteau de Prô au passage de la Gogne, chargea son arriere-garde, le Prince combattit vaillammant, se méla souuent auec les ennemys & reçeut deux mousquetades en son chapeau, & vne sur sa cuyrasse. La Caualerie de S.A.R. soustint le choq auec vne generosité extraordinaire, & donna moyen au Prince de se ioindre au Mareschal du Plessis-Pralin, qui reuenoit freschement de France. Ainsi se finit cette Campagne. Le Prince sur la fin du mois de Feurier de l'an 1646. alla en France d'où il reuint au prin-temps, pour l'entreprise d'Orbitello, laquelle luy fut malheureuse; car, quoy qu'il eut emporté d'abord auec beaucoup de bon-heur les Ports de Telamone & de S. Estienne sur la coste de Toscane, assiegé Orbitello, & combattu l'armée nauale de Naples conduite par le Marquis de Torrecusa, qui venoit au secours de la place : Neantmoins, pour n'auoir pas esté assisté puissamment des François, & la disette & les maladies avants diminüé son armée, il fut contraint de leuer le siege. L'année suyuante il entra au Milanois où il pretédoit d'assieger Cremone, se persuadant que les reuolutions estranges arriuées à Naples, occuperoient assés les Espagnols, & que le Duc de Modene qui s'estoit declaré contre eux, luy donneroit des Forces pour soustenir cette entreprise ; mais le Duc de Modene ayant changé d'aduis, & s'estant retiré assés brusquement du Cremonois, où il estoit entré auec son armée, le Prince qui n'auoit pas assés de trouppes pour former vn siege de cette importance, fit subsister son Armée pendant tout l'esté autour de Voghera, de Chasteau-neuf, de Scriuia & d'Alexandrie, & l'an 1648. sur les esperances d'vn nouueau soûleuement à Naples, il se mit en mer, par ordre du Roy auec vne armée nauale, composée de 19. galeres, de 54. vaisseaux, & de 40. tartanes. En passant il essaya de surprendre le Fort de S. Philippes sur Orbitello & de là se rendit auprés de Naples, où il se saisit de Lisle de Procida, & demeura longtemps au tour de Miseno, d'où il alla du costé de Salernes, en attandant que les intelligences qu'il auoit, pûssent donner quelque fauorable ouuerture à ses desseins : Mais le Comte d'Ognate Viceroy de Naples y auoit donné si bon ordre, & le Duc de Martine s'auança si heureusement pour le secours de Salerne ( que le Prince auoit voulu escalader ) qu'il fut obligé, ne voyant rien dans cette Prouince qui se remüât pour luy, de s'en retourner auec l'armée nauale en Prouence le quatorziéme du mois d'Aoust. Et quoy que ce Prince eut tousiours la charge de Lieutenant General dés Armées de France en Italie : Neantmoins il ne seruit point les années 1649. 1650. & 1651. Car s'estant attaché à la Cour de France, las de la guerre, le Roy luy donna la charge de Grand Maistre de France possedée auparauant par le Prince de Condé, de laquelle il presta le serment le 22. de Feurier 1654. entre les mains de S. M.

*cōbat de Prô 1645.*

*entreprise d'Orbitello 1646.*

*de Naples 1648.*

*Est grand Maistre de Frãce*

L'Année 1655. il retourna en Piemont en qualité de General des Armées du Roy en Italie, & apres auoir donné l'épouuante à toute la Lombardie; il assiegea Pauie au mois de Iuillet conjoinctement auec le Duc de Modene, qui s'estoit nouuellement jetté dans les interests de la France : Mais, ou par la mesintelligence qui se glissa entre ces Princes, à cause du partage du commandement, ou par ce que ce siege fut formé trop tard, ou faute de toutes les choses necessaires pour l'entreprendre, ou par la genereuse resistance des Assiegés, il fut leué au mois de Septembre.

*siege de Pauie malheureux pour le Pr. 1655.*

Enfin, Thomas-François de Sauoye, apres tant d'actions memorables, ou il auoit donné tant de preuues de son courage, mourut à Turin le 22. de Ianuier 1656. & fut inhumé dans l'Eglise Cathedrale auec pompe & magnificēce: Le R.P. César Frezia de la Compagnie de Iesus, autant estimé pour sa pieté, que pour

*sa mort. 1656.*

que pour son rare esprit, inuenta vne machine representant le Ciel en pleurs auec des inscriptions Latines, à la Loüange de ce Prince, dont le dessein a esté depuis imprimé sous ce Titre. *Il Cielo Lagrimante.*

Le Comte Emanuel Tesauro, personnage signalé en doctrine, composa les inscriptions de la Chappelle ardente, & prononça son Oraison funebre en Italien; où il n'a rien oublié de ce qui pouuoit immortaliser la memoire de ce Prince. Iean-François Vercellon de Bielle Professeur en droit en l'Vniuersi té de Turin en fit aussi vne en Latin. Le mesme Comte Tesauro luy dressa l'Epitaphe suyuant, qui a esté graué sur le cercueil du Prince.

*Hic quiescit ille Hostium terror, Franciscus-Thomas Cariniani Princeps, Magni Caroli Emanuelis Sabaudiæ Ducis vltimò genitus, vt fraternas virtutes omnes colligeret, florente adhuc ætate, Patriæ Equitatum, & Sabaudiæ Gubernacula, pari strenuitatis & prudentiæ admiratione rexit; media inter arma Maritales faces Martialibus adnectens; Mariam Borboniam Regali è Sanguine Viraginem duxit; qualem ad Heroas progignendos Heros debuit. Pro temporum fortuna, contrâ Gallos, aut Hispanos æque Patriam tutatus, de vtróque Regno optime meruit: Nam Hispani Exercitus in Belgio, Gallici in Italia, supremam Præfecturam, supremum etiam Franciæ Magisterium integerrimè perfunctus, Regia ipsa Decora decorauit. Munitissima Oppida propè manu, procul etiam consiliis propugnauit, vel expugnauit, prosperâ semper vel aduersâ fortunâ inexpugnabilis, nihil tamen Marti vltrà oleas licere passus, æquali virtute hostes oppressit, repressit suos, & corrupto in Sæculo, militarem disciplinam suo exemplo restituit. Itaque nescias vtrùm magis mirere; bellicam virtutem in pacatissimo animo, an morum innocentiam in bellico. Denique in Papiensi obsidione, cùm non degenerem sibi Prolem Marti initiasset; iam palmæ proximus, lethali morbo correptus, vt in Cœlo triumphum ageret, sanctissimè, vti vixit, in Patria expirauit, Die XXII. Ianuarij. Anno salutis M. DC. LVI. AEtatis LX. Nullum funus vel pluribus vel pretiosioribus lacrymis constitit; atque vt publicus dolor congeminaret, Emmanuel Filius inuictissimus, & alter ipse, decedentem Patrem præcessit*

Ferdinand-Maximillian Prince de Bade Gendre de ce Prince luy fit faire de magnifiques obseques à Bade le 30. de Mars où le R. P. Iobart de la Compagnie de Iesus prononça l'Oraison funebre en Latin.

Le 10. d'Octobre 1624. Il fut accordé en mariage à S. Germain en Laye en la presence du Roy, de la Reyne Mere, de la Reyne regnante, du Duc d'Orleans Frere vnique du Roy, de Madame Henriette-Marie Sœur du Roy, de Loys de Bourbon Comte de Soyssons, Prince du sang, Pair & grand Maistre de France Gouuerneur de Daufiné, Frere de l'Espouse; & des Princesses de Condé & de Conty: Auec Marie de Bourbon Fille de Charles de Bourbon Comte de Soyssons Prince du sang, Pair & grand Maistre de France Gouuerneur de Daufiné; & d'Anne de Montafié. L'abbé de Verruë & François de Montfalcon Conseiller d'Estat de S.A. & premier President en la Chambre des Comptes de Sauoye furent les Porteurs de la Procuration. Cette Princesse eut sept cents mille liures en dot, & le Roy agreant cette alliance luy donna cent mille liures: Le Prince luy promit trente mille liures de doüaire & son habitation au Chasteau de Carignan.

Preuues. pag. 611.

Bourbon-Soyssons. de France au baston de gueules racourcy & pery en bande à la bordure de gueules.

ENFANS DE THOMAS-FRANCOIS DE SAVOYE
Prince de Carignan, & de Marie de Bourbon son Espouse.

I. Emanuel-Philibert-Amedée de Sauoye Prince de Carignan qui suit.

II. Ioseph-Emanuel-Iean de Sauoye né le vingt-quatriéme de Iuin mil six cents trente-vn, qui mourut de la petite verolle à Turin le douziéme du mois de Ianuier mil six cents cinquante-six, dix iours auant le Prince Thomas son Pere. Il reçeut l'honneur de la Sepulture en l'Eglise Cathedrale, auec cet Epitaphe de la façon du Comte Emanuel Thesauro.

*Heu præposteræ fatorum vices! Serenissimus Princeps Iosephus-Emmanuel à Sabaudia, Inuictissimi Thomæ Cariniani Principis & Mariæ Borboniæ Suessionum Comitissæ secundò genitus, Patrem virtutibus, Auum nomine, Proauum adspectu, omnes strenuitate referens, Bello natus, hic Pacem præuenit. Paternæ Præfecturæ, Maternæ hæreditati Successor destinatus; vtriusque vota, populi spem, hostium formidinem festinato fato fefellit. Nam Patri diutino ex morbo iam iam morienti, difficillimum illud vadum fortissimè prætentauit. Quanquam si virtutes numerantur ætates simul omnes exegit, idem strenuitate iuuenis, prudentia senex, innocentiâ infans gloriâ æuiternus.*

*Vixit annos XXIII. Deuixit anno M. DC. LVI. die IV. Ianuarij.*

III. Eugene-Maurice de Sauoye, Comte de Soyssons, qui a fait branche.

IV. Amedée de Sauoye.

V. Ferdinand de Sauoye mourut ieune en Espagne.

VI. Charlotte-Chrestienne de Sauoye decedée en ieunesse.

Preuues pag. 613.

VII. Louyse-Chrestienne de Sauoye, Espouse de Ferdinand Maximilian Prince de Bade, Fils de Guillaume Marggraue de Bade & d'Hocberg, & de Caterine-Vrsule Comtesse de Hohenzollern. Leur mariage fut arresté à Paris au Louure le quinziéme de Mars mil six cents cinquante-trois, en presence du du Roy, & de la Reyne Regente, du consentement de l'Empereur Ferdinand III. de Philippes Duc d'Anjou Fils de France Frere vnique du Roy, & des Princes de la Maison Electorale de Bauieres, & de Sauoye. Iean Adolphe Krebs de Bach Chancelier du Marquis de Bade, fut porteur de la Procuration. Le Prince & la Princesse de Carignan Pere & Mere de l'Espouse, luy constituerent en dot six cents mille liures; & Sa Majesté Tres-Chrestienne, pour témoignage du contentement qu'elle receuoit du mariage, luy donna cent mille liures. Le Prince de Bade son Espoux, luy promit trente mille liures de doüaire, assigné sur le Domaine de Malberg & le Comté d'Erbestein, auec son habitation au Chasteau de Malberg. Le Prince Eugene-Maurice de Sauoye Frere de cette Princesse, l'espousa en la Chappelle de l'Hostel de Soyssons, au nom du Marquis de Bade.

Bade. escartelé au 1. & 4. d'or, à la bande de gueules, au 2. & 3. eschiqueté d'argent & de gueules.

De ce Mariage est sorty vn Fils nommé Louys-Guillaume Prince de Bade.

# XXIII.

## *EMANVEL-PHILIBERT-AMEDE'E DE Sauoye, Prince de Carignan, Marquis de Busque & du Chastellard en Bauges, Comte de Raconis & de Ville-franche.* né le [illegible] Aoust 16[illegible]

### CHAPITRE III.

CE ieune Prince a de si belles qualités, tant de majesté au visage, tant de ciuilité en ses caresses, tant de courage & de feu en ses actions, tant d'adresse en tous ses exercices, qu'il attire non seulement l'admiration de tout le monde; mais il fait encore esperer qu'il soustiendra auec éclat la grandeur de sa naissance, & les interests de cette Couronne.

L'an mille six cents quarante-huict, Son Altesse Royale l'honora de l'Ordre du Collier de l'Annonciade. Il suiuit le Prince Thomas son Pere au siege de Pauie l'an 1655. il est sourd et muet. et a ep. le .. 8bre 1684.

d'Este, fille d'Alfonse III duc de Modène, et de Laurence Martinozzi. cette princesse agée de 29 ans.

LES

# LES COMTES de Soyſſons.

De Sauoye moderne comme ſon Pere, l'Eſcuſſon de Sauoye qui eſt ſur le tout, à coſté d'vn autre qui eſt de Bourbon-Soyſſons.

# XXIII.

## *EVGENE-MAVRICE DE SAVOYE, Comte de Soyſſons, Colonel General des Suiſſes & Griſons en France.*

### CHAPITRE IV.

IL prit naiſſance à Chambery le troiſiéme iour de May mil ſix cents trente-cinq, & fut deſtiné à l'Egliſe. Mais apres la mort du Prince Ioſeph-Emanuel-Iean de Sauoye ſon Frere, il quitta cette profeſſion, & le 21 du mois de Fev. mil ſix cents cinquante-ſept, il épouſa Olympia Mancini Niece de l'Eminentiſſime Iules Cardinal Mazarini premier Miniſtre de France, Fille de Michel-Laurent Mancini Gentil-homme Romain, & d'Hyeronime Mazarini.

Mancini. d'azur à deux Poiſſons d'argent poſés en pal.

Cette Princeſſe eſtoit Sœur de Victoria Mancini, mariée à Louys de Vendoſme Duc de Mercueur, Pair de France, Gouuerneur de Prouence, dont il a des Enfans, & Couſine germaine d'Anne Martinozzi, Eſpouſe d'Armand de Bourbon Prince de Conty, Prince du Sang, Pair & Grand Maiſtre de France, & d'Eluira Martinozzi, alliée auec Alfonſe d'Eſt Prince de Modene, toutes deux auſſi Nieces du Cardinal Mazarini, & Filles du Comte Ieroſme Martinozzi Gentil-homme Romain, & de Marguerite Mazarini.

De cette alliance eſt yſſu vn Fils nommé au Bapteſme Thomas-Louys de Sauoye, né à Paris le ſeiziéme ~~d'Octobre~~ Decembre mil ſix cents cinquante ~~ſept~~ huit. Comte de Soissons 1674 marié le .. 1683 auec Vranie de la Cropte fille d'honneur de la Reine et fille légitimée par arrêt du parlement de Bordeaux de .. La Cropte [illegible] Beaum .. et de M. Le Prince .... Martel.

Philippe de Savoye [illegible] Abbé de St pierre de Corbie de St Medard de Soissons et de N D du Gard.

Le

Louis Jules [illegible] né le [illegible] may 1660.

françois de savoie, dit le prince Eugene, célèbre général, né à Paris le 18 8bre 1663, mort à Vienne, le 21 avril 1736.

Emanuel [illegible] Comte de Dreux.

...... [illegible] de Carignan.

Ditte Madelle de Soissons née le 1er Janv 1665.

Ditte Madelle de Carignan née le 22 9bre 1667.

Le Roy pour marque de l'eſtime qu'il fait de ce Prince, & des ſeruices qu'il a déſ-ja rendus à la Couronne, luy a donné la charge de Colonel General des Suiſſes & des Griſons en France, dont il preſta le ſerment entre les mains du Roy le vingt-ſixiéme de Decembre mil ſix cents cinquante-ſept. Il s'eſt ſignalé aux ſieges de Montmedy, de Dunkerque, aux priſes de Bergues-ſainct Vinock, & autres places du Pays-Bas. il est mort le 7 juin 1673 en Hollande d'une apoplexie il estoit aussi gouv. de Champagne et de Brie.

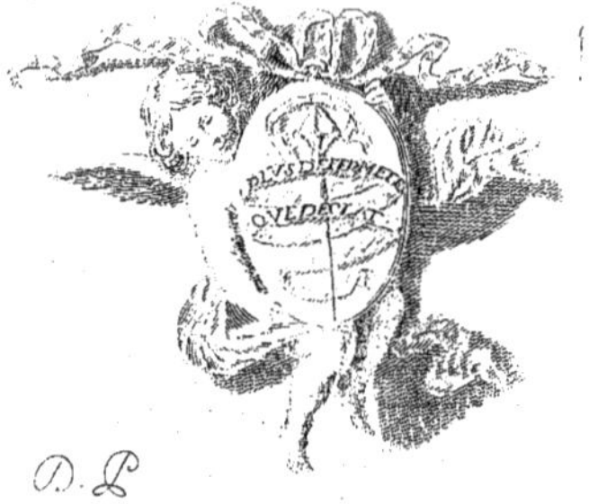

LES.

# LES DVCS DE NEMOVRS,
## de Geneuois & d'Aumale.

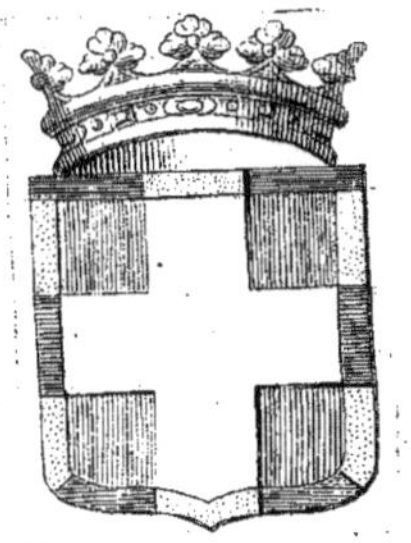

De Sauoye l'ancien, qui eſt de guëules à la croix d'argent, à la bordure componée d'or & d'azur, pour briſure.

Deuiſe *SVIVANT SA VOYE.*

Auiourd'huy les Ducs de Nemours portent l'eſcu de Sauoye ſuiuant la reduction moderne, & ſur le tout l'écuſſon cy-deſſus auec ſa briſure.

# XVIII.

## PHILIPPES DE SAVOYE, DVC DE Nemours, Marquis de S. Sorlin, Comte de Geneuois, Baron de Foucigny & de Beaufort.

### CHAPITRE V.

Ce fut le second des Enfans de Philippes Duc de Sauoye & de Claudine de Brosse de Bretagne sa seconde Femme. Il naquit l'an 1490. & fut dés son bas âge destiné à l'Estat Ecclesiastique; car n'estant encore âgé que de cinq ans, il fut nommé par Charles Duc de Sauoye son Frere à l'Euesché de Geneue au mois de Iuillet 1495. le Pape luy donna pour administrateurs les Euesques de Lausanne & de Nice; mais n'ayant point d'inclination à suiure l'Eglise, il accompagna le Roy Louys XII. au voyage d'Italie, auec vne Compagnie de 100. hommes d'armes, & combattit en la bataille auprés du Roy auec trente Gentils-hommes Sauoysiens à la iournée d'Agnadel l'an 1509. & au retour de ce voyage, il resigna l'Euesché de Geneue à Charles de Seyssel l'an M. CCCCC. X.

*Sa naissance 1490.* — *Ping. Arb. Gent.* — *Titr. de l'Arch. de Turin.* — *Inuent. de Aquino.* — *Champ. H. de Louys XII.* — *bataille d'Agnadel.* — *Titr. de l'Eglise de Geneue.* — *Preuues pag. 616.*

Le Duc Charles luy donna le 14. d'Aoust 1514. le Comté de Geneuois pour son Appannage, auec les Baronnies de Foucignay & de Beaufort, Charles V. Empereur sur le recit qui luy fut fait des belles qualités de ce Prince, souhaita de l'auoir aupres de soy, & le demanda au Duc qui le luy enuoya à wormes l'an 1520. auec vn equipage sortable à sa naissance. Il fit l'hommage au nom du Duc son Frere à sa Majesté Imperiale, & demeura long-temps en la Cour de l'Empereur. Le Roy François premier son Neueu, pour l'attirer en France & le dégager du party de l'Empereur, le maria, & luy donna le 22. de Decemb. 1528. le Duché de Nemours qui auoit fait retour à la Couronne par le decés sans enfans de Philiberte de Sauoye Sœur de Philippes, & vefue de Iulien de Medicis Marquis de Soriana.

*Son Appänage. 1514.* — *Ping. Arb. Gen.* — *Va treuuer l'Emp. 1520.* — *Titr. du tresor des Chartes du Roy.* — *Franç. I. luy donne le Duché de Nem. 1528.*

Il fut en quelque sorte de mes-intelligence auec le Duc Charles son Frere, pretendant vn supplement d'Appannage, & enuoya en Sauoye Louys de Gorras Seigneur de Coberthod President de Nemours, pour en faire la demande; le Duc surpris de ce procedé luy depescha Consignon, puis Vldrich de Montfort Gentils-hommes de sa Maison, pour luy faire connoistre les raisons qu'il auoit pour le destourner de cette pensée; ce qui fut cause que la chose n'alla pas plus auant.

Depuis, ce Prince ayant suiuy le Roy à Marseille, à l'entreueuë du Pape Clement VII. y mourut le 25. de Nouemb. 1533. son Corps fut apporté à Annecy, & inhumé en l'Eglise Collegiale de Nostre Dame le 19. de Mars 1534. Sa pompe funebre fut tres-belle, à laquelle assisterent Sebastien de Montfalcon Euesque de Lausanne, Claude d'Estauayé Euesque de Belley, le Suffragant de Geneue appellé Farfany, Estienne Siguelly Abbé de Thamye, le Prieur du Bourget, & Claude de Bellegarde Doyen de Nostre Dame d'Annecy. Marin Seig. de Montchenu Conseiller & Maistre d'Hostel du Roy, s'y treuua de la part de S. M. Philippes de Gerbais Seigneur de Mussel portoit le Guidon des couleurs du Prince, noir, violet & incarnat, auec la Deuise *SVYVANT SA VOYE*. Marthod portoit l'étandart & Monthous du Barrios la cotte d'Armes. Gabriel Fardet de la Motte Sauoysien & vn Gentil-homme Mila-

*Mem. M. S. du Presid. Lamb.* — *Sa mort. 1533.* — *Titr. de l'Arch. de Turin.*

nois de la Maison de Champignan, menoient vn coursier housé de velours cramoisi, Amé d'Alinge Capitaine du Chasteau d'Annecy, portoit le bouclier, Guillaume de Belle-garde Seigneur de Montagny, le casque; Louys de Chabod Seig. de Lescherene grand Escuyer du Prince, l'Epée; Amé Seigneur de Derée le penon aux plaines armes de Geneuois. Apres marchoient 2. Huissiers de S.A. auec leurs baguettes, deux Herauts d'Armes l'vn apellé Chablais & l'autre Piemont, & Iean de Lorray dit Bonnes Nouuelles Roy d'Armes de l'Ordre de l'Annonciade: Puis le Corps du Prince sur vn cercüeil de plomb couuert d'vn drap d'or frisé, dont les quatre bouts estoient portés par Alexandre Baron de Salenoue, Claude de Balaison Baron d'Hermence, Pierre de la Forests Seigneur da la Barre Baron de la Vald'Isere, & le Baron de Rochefort de la Maison de Menthon. Apres le corps alloit Claude Mareste Seigneur de Loyssey Baillif de Bugey, qui portoit le Chappeau Ducal sur vn carreau de d'rap d'or, & le Chesney de la Valée de Miolans, qui portoit le manteau de velours cramoysi; le grand duëil estoit porté par Charles de Luxembourg Fils du Vicomte de Martigues, mené par Philippes de Grolée Archeuesque de Tarentaise, à qui Mionnax portoit la queüe: Le Comte de la Chambre representant son Altesse portoit le second düeil conduit par Sabastien Comte de Montbel & d'Entremonts, François de Luxembourg Vicomte de Martigues Cheualier de l'Ordre menoit le troiziéme duëil, & luy portoit la quëue la Balme-Menthon. Le Comte de Grueres Cheualier de l'Ordre alloit seul habillé de duëil auec le grand Collier de l'Ordre. Ensuite marchoient plusieurs Gentils-hommes du Pays; puis Angelin de Pontuerre President du Conseil de Geneuois, le President & les Maistres des Comptes de Geneuois. Ce iour là furent celebrées trois Messes, l'vne par l'Abbé de Thamye, la deuxiéme par l'Euesque de Lausanne & la troisiéme par l'Euesque de Belley, & enfin l'oraison funebre. Sur sa Sepulture se void encore l'Epitaphe suiuant assez difficile à lire.

*Paisible Viateur qui dedans ce sainct Temple,*
*Approche ce Cercüeil pour bel y prendre exemple*
*Sur le los de grands prix & Royale Vertu,*
*Dont vn Prince puissant, fut jadis reuestu,*
*Pour, le voyant, auoir, helas! compassion,*
*Regret & déplaisir & duëil sans fiction,*
*De la mort d'vn si bon & si preux personnage,*
*Qui passoit de fort loin les autres de son âge,*
*Et qui estoit aymé de tous les gens de bien*
*A cause de ses mœurs & son royal maintien,*
*C'est ce grand & puissant Philippes de Sauoye*
*Qui portoit par escrit ce mot,* Suiuant sa Voye,
*Qui fut si bien suiuy en tous les loyaux faicts,*
*Que de ses grands valeurs passa les plus parfaicts,*
*Et par luy peuuent voir dequoy par belle issuë,*
*Vertu doibt mieux valoir qui fut si bien tissuë,*
*Car tant fut accomply entre tous les humains,*
*Que toutes grands Vertus vers luy tendoient les mains,*
*Dont par haute valeur & magnanimité,*
*Aux actes triumphants fut toufiours inuité,*
*Lesquels tres-hautement il a executé,*
*Et de bons Orateurs n'ont par lettres chanté,*
*Pour vray bien meritant grand Chronique & Histoire,*

*Iaçois*

*Iaçoit que tort ayans, de luy, n'ont fait memoire,*
*Car ſes geſtes hautains France les a bien veûs;*
*Germagne ne les teut; Eſpagne les a ſceûs.*
*En Italie apres, par vn cueur d'ardieſſe,*
*Combien ce Noble Duc eut en luy de proüeſſe,*
*Et auec eſtre preux, fut-il ſi fortuné,*
*Par heur qui le ſuiuoit de l'haut Dieu de l'Armé,*
*Que de quelque coſté que militaſt par armes,*
*Le bon gré inclinoit au bruit de ſes alarmes:*
*Cela bien apparut quand il ſuiuit le Roy*
*Louys douze du nom Prince de grand arroy,*
*A Agnadel, Pandin, à la priſe de Breſſe,*
*Ou des Venitiens fut rompuë la preſſe,*
*Apres triumphammant dont point ie ne me taix,*
*Charles qu'on dit cinquiéme accompagna à Aix,*
*Où la Couronne print ainſi faut qu'on le paigne,*
*Ny onc ne le laiſſa qu'il ne fut en Eſpagne*
*Deuant . . . . . . . . .   . . . . il acquit*
*. . . . . . .   . . .   . . . .   . . . . conquit.*
*Trois fois a combatu en bataille rangée*
*Vainqueur & non vaincu triumphant à l'Eſpée,*
*Ainſi qu'vn autre Mars ou Hector triumphant,*
*Força comme vn Aiax ou Achille puiſſant,*
*Dont tant il merita ainſi que le vray conte,*
*Qu'il fut fait Duc puiſſant, car déja eſtoit Comte,*
*Comte de Geneuois & de Geneue auſſi;*
*Et puis Duc de Nemours, on la veu tout ainſi;*
*Car le Roy ſon Neueu François premier du nom,*
*Plain de digne merueille & d'immortel renom,*
*De Nemours le fit Duc, & tant ſi addonna,*
*Que Dame haute & Noble en France luy donna,*
*C'eſt Charlotte d'Orleans des Princeſſes l'Eſlite,*
*Prudente, ſage & bonne tres-illuſtre & inclyte,*
*De laquelle a laiſſé par loyal Mariage,*
*Vn Fils & Fille auſſi, las! de bien tendre âge;*
*Dont le pays Dieu loüe, en grand deuotion,*
*Quand le Pere y viura par generation,*
*Car ſi bien la regy & vertueuſement,*
*Que les pauures ſujets le vont touſiours nommant;*
*De Philippes fut Fils en Sauoye Duc ſeptiéme,*
*Et Frere du Bon Duc, le Preux Charles deuxiéme,*
*Deſcendu des Otthons à iamais inuaincus,*
*Dont Los & autres noms, paſſe cendre a vaincus.*
*Dix-huict ans a regné Comte de Geneuois,*
*Et quarante-quatre ans auoit ſelon la vois,*
*Quand la fiere Atropos en qui fureur attiſe,*
*A le ſien corps meurtry où Dieu l'ame auoit miſe,*
*Et d'vn dard derompu l'amoureuſe vnion,*
*De l'ame & de ce corps par grande attration,*
*Que l'on peut bien conter mil cinq cents trente-trois,*
*Que le Pape Clement ſeptiéme portant crois,*
*Et François Roy des Francs pour traiter d'alliances,*

*Marseille ont voulu auoir fondé par les Focences,*
*Ce iour qu'on peut datter quinziéme de Nouembre:*
*Tout ainsi qu'on le sçait, & que bien on remembre*
*Audit lieu de Marseille. Or priés Dieu pour l'ame*
*Car le corps va pourrir, qui gît cy-sous la lame.*

Philippes de Sauoye par l'aduis du Roy François I. & de Louyse de Sauoye Duchesse d'Angoulesme sa Sœur, Mere de sa Majesté, épousa le 17. de Septembre 1528. Charlotte d'Orleans Fille de Louys d'Orleans I. du nom, Duc de Longueville Comte Souuerain de Neufchastel, Gouuerneur de Prouence, Grand Chambellan de France & de Ieane de Hochberg. Elle eut en dot les Seigneuries de la Mure, du Bourg d'Oysans, Taix, Valbounois, Entraigues, le Perier & Claix en Daufiné, Bray sur Seyne, le Fief de Rambure situé en Picardie, Secondigny en Poitou, & les terres d'Estrepaigny & de Guille-fontaine en Normandie, rachetables pour la somme de trente mil liures. Le Prince luy donna de Doüaire, quatre mil liures de rente, assignées sur les Villes, Chasteaux, & Seigneuries de Greysi, Cessins, Arbié, la Roche, Chaumont, Crusilles & le Chastellet.

Preuues pag. 622.

Son mariage 1528.

Orleans-Longueville d'azur à 3. fleurs de Lys d'or au Lambel de 3. pieces d'argent à vne cotice d'argent.

Charlotte d'Orleans mourut à Dijon le 8. de Septembre 1549. son Cœur & ses entrailles furent inhumées en l'Eglise des Peres Iacobins dans la Chapelle du Rosaire; & le corps fut porté en l'Eglise nostre Dame d'Annecy. Cét Epitaphe se void encore à Dijon. 1549.

*Cy gist le Cœur ensemble les entrailles de feu Tres-haute & excellente Dame & Princesse Madame Charlotte d'Orleans, Duchesse de Nemours Comtesse Doüairiere de Geneue & de Geneuois; Vefue de feu Tres-haut & Tres-Puissant Prince Monseigneur Philippes de Sauoye, Duc de Nemours & Comte de Geneue: laquelle trépassa en cette Ville de Dijon le Dimanche viij. iour de Septembre. Pries Dieu pour son Ame.*

*M. D. XLIX.*

Hist. de Sauoye. *Hist. Geneal. Sab. lib. 2.*

Guillaume Paradin a donné mal à propos pour Femme à ce Prince vne des Filles de René Duc d'Alençon, erreur qui a esté suiuie par François de Belleforest & autres Historiens mal informés, ainsi qu'a remarqué Vanderburch.

ENFANS

ENFANS DE PHILIPPES DE SAVOYE DVC de Nemours, & de Charlotte d'Orleans son Epouse.

I. Iaques de Sauoye Duc de Nemours & de Geneuois, de qui nous donnerons la vie au Chapitre suiuant mal nommé Philippes par vn Autheur recent. *Vanderb.*

II. Ieane de Sauoye née à Annecy l'an 1532. mariée au mois de Feurier
1532. 1555. auec Nicolas de Lorraine Duc de Mercueur Comte de Vaudemont, *Thuan. Hist. l. 15.*
1555. dont elle eut plusieurs Enfans. Les nopces se firent à Fontainebleau en la presence du Roy. Elle mourut au mois de Iuillet 1568. Ce fut vne des Vertueuses Princesses de son temps.

Outre les Enfans legitimes, Philippes de Sauoye laissa vn Fils naturel appellé Iaques de Sauoye Protonotaire Apostolique, Prieur de Taloyre, puis
1567. Abbé de Pignerol & d'Entremonts, qui deceda le 27. de Septembre 1567. Ses armes se voyent sur la Porte de l'Eglise du petit Bornan auec la bordure engrelée, & le filet de Bastardise, & sa Deuise qui est *Sans Fournoyer SAVOYE.* Il mourut le 27. de Septembre 1567.

## XIX.

*IAQVES DE SAVOYE DVC DE NEMOURS & de Geneuois, Marquis de S. Sorlin, Baron de Foucigny & de Beaufort, Seigneur de Poncin, de Cerdon, de Verneüil, & d'Anet, Cheualier de l'Ordre, Capitaine de cent hommes d'armes des Ordonnances de France, Gouuerneur de Lyonnois, Daufiné, Masconnois, Forests, Beauiollois & Auuergne.*

### CHAPITRE VI.

Sa naissance 1531. CE Prince a esté le principal Ornement de sa branche; il prit naissance en l'Abbaye de Vauluysant en Champagne le 12. d'Octobre 1531. à cinq heures du soir: Ses Parrains furent le Protonotaire de Sauoye son Frere Bastard, & l'Abbé de Vauluysant; & Marraine la Dame de la Motte prés Nogent. Il n'auoit que deux ans quand le Duc de Nemours son Pere mourut. Charlotte d'Orleans sa Mere fut sa Tutrice, & eut tant de soin de son education, qu'il fut vn des plus accõplis Princes de son siecle. Elle le conduisit à Annecy l'an 1536. au temps que le Roy Fran-
1536. çois I. declara la guerre à Charles Duc de Sauoye; & par le credit qu'elle auoit en France elle conserua les terres de Geneuois, de Foucigny, & de Beaufort pendant cette funeste reuolution. Estant âgé de quinze ans, le Roy le demanda à sa Mere. Il salua sa Majesté à Arzilly en Bourgogne, & en receut
1546. de grandes caresses.

Ses emplois en Fr. Son premier employ en France fut d'estre Capitaine de deux cents Cheuaux legers; puis de cent hommes d'armes sous le Roy Henry II. qu'il accompagna au voyage de Lorraine: Et comme Charlotte d'Orleans sa Mere *Duplex Hist. de France. Titre du Chasteau d'Annecy*
1548. mourut l'an 1549. il enuoya en Geneuois Claude de Champier Seigneur
1549. de la Bastie en Dombes pour prendre possession des terres de son Appannage.

Il

*Thuan.* Montluc. Il passa en Piemont l'an 1551. auec Iean de Bourbon Seigneur d'Anghien, & Louys de Bourbon Prince de Condé Freres, le Seigneur de Montmorency, le Comte de Charny, & le Seigneur de la Rochefoucaut. Il se treuua au siege de Lans, où il se signala : Et sur la nouuelle que l'Empereur Charles V deuoit assieger Mets, il se ietta dedans des premiers auec Sebastien de Luxembourg Vicomte de Martigues, & François de Vendosme Vidame de Chartres, où il eut vn des principaux commandements. Il fit vne sortie pour s'opposer au secours que le Seigneur de Barbanson, les Comtes d'Egmont, de Nassau & de Bossut amenoient à l'Empereur, & n'oublia rien pendant ce fameux siege, de ce qui pouuoit faire paroistre son courage & sa fidelité au seruice du Roy. L'année suiuante il seruit aussi en l'armée de Picardie sous le Mareschal de Montmorency au combat de Dourlans. Se iette dans Mets 1552. Se signale au cõbat de Dourlans 1553.

Mem. de Tauanes. L'an 1554. il se treuua à la bataille de Renty, où il auoit quatre cents cheuaux, & donna des premiers auec beaucoup de chaleur, il fut aussi enuoyé par Antoine de Bourbon Duc de Vandosme Gouuerneur de Picardie, pour empescher les fortifications qu'Emanuel-Philibert Duc de Sauoye faisoit faire au Menil pour incommoder Hesdin. Ce fut encore luy qui resista fort genereusement à ce Prince à Piqueny, où il faillit d'estre pris prisonnier, & qui auec le Vidame de Chartres, le Rhingraue & autres Gentils-hommes qualifiés, fut commandé pour aller faire le degast au Comté de S. Paul, afin de coupper les viures à la garnison du Fort du Menil. à la bataille de Renty 1554. Et à Pigueny.

Le Mareschal de Brissac Lieutenant general du Roy en Piemont, ayant formé le dessein d'assieger Vulpian que le Duc d'Alue Lieutenant general de l'Empereur auoit fraischement rauitaillé; plusieurs Princes, Seigneurs & Capitaines François passerent les Monts, pour auoir leur part de la gloire de cette entreprise, le Duc de Nemours fut de ce nombre, le Seigneur d'Anghien, le Prince de Condé, le Vidame de Chartres, Vassé, Gonnor & autres: Il contribua beaucoup à la prise de la place. Montluc escrit que Messieurs d'Anghien & de Condé, & le Duc de Nemours ne s'abandonnerent iamais, & allerent courageusement ensemble à l'assaut. 1555. *Thuan.* Montluc.

*Thuan.* Mem. de Tauanes. *Belcar.* Aubigné. Mem de Boyuin-Villars. L'armée Françoise, apres la prise du Pont de Sture, à la veuë du Duc d'Alue, ayant demeuré quarante iours sans rien faire; Le Duc de Nemours offrit vn combat d'honneur à la lance au Marquis de Pescaire, de quatre François contre quatre Imperiaux : les François estoient le Duc de Nemours, Classé-Vassé le jeune, Gaspard de Bolliers-de Manes, & Montcha de la Maison de Simiane puisné de Gordes : les Imperiaux furent le Marquis de Pescaire, le Marquis de Male pine, le Comte François Carafe Napolitain, Neueu du Pape Paul IV. & Dom Arbre de Cende. Le Duc de Nemours & le Marquis de Pescaire coururent deux fois sans se toucher; à la troisiéme ils briserent leurs lances, Vassé & Man s coururent contre le Marquis de Malespine & contre Dom Arbre, & furent tués; & Montcha passa sa lance au trauers du corps de Carafe qui mourut sur le champ. Les Historiens nomment autrement nos combatans, & desguisent le combat, dont l'euenement neantmoins fut tel. donne vn cõbat d'hõneur aux Imp.

*Thuan.* Iaques de Sauoye estant de retour en France, eut aduis que le Mareschal de sainct André, qui commandoit l'armée du Roy au Pays Bas, deuoit donner bataille aux Imperiaux; il y accourut auec le Marquis d'Elbeuf, Sansac, Annebaud le jeune, François Comte de la Rochefoucaut, Rendan, Marsilly-Cypierre, Crussol, Montpesat, Negrepelisse, Suze & autres; mais apres diuers petits combats, & escarmouches proche de Giuais, les Imperiaux se retirerent & ne voulurent pas accepter la bataille, qui auoit esté presentée au Comte de Bourlaimont Gouuerneur de Giuais. va au Pays Bas 1555.

François

va à Napl. auec le Duc de Gu. 1555.

Thuan. Belcar.

François de Lorraine Duc de Guyse ayant eu ordre du Roy de mener en Italie vne puissante armée, en suite de ce qui auoit esté conuenu & traitté entre le Pape Paul IV. & sa Majesté, le Duc de Nemours y alla en qualité de Colonnel General de l'Infanterie : Et comme sa Majesté, apres la bataille de S. Quentin eut rapellé le Duc de Guyse en France, le Roy pour reconnoistre le zele & les seruices du Duc de Nemours luy donna la charge de Colonnel General de la Cauallerie Legere.

est Colonnel gener. de la Caualerie. 1558.

Thuan.

Cette mesme année il assista à la solemnité des nopces de François Daufin de France & de Marie Stuart Reyne d'Escosse, lesquelles se firent au mois de May à Fontainebleau, où se treuuerent aussi les Cardinaux de Bourbon, de Lorraine, de Coligny-Chastillon & Bertrand. Les Princes de Condé, & de la Roche sur-Yon, les Ducs de Lorraine, de Guyse, de Neuers & d'Aumale : De là il alla seruir au siege & à la prise de Tionville. L'année suyuante le Roy Henry II. voulant faire les nopces de Philippes Roy d'Espagne, & d'Elizabeth de France, & d'Emanuel-Philibert Duc de Sauoye, auec Marguerite de France ses Sœurs, auec beaucoup de Magnificence, en execution du Traitté de Paix conclu entre les deux Roys à Chasteau en Cambresis ; sa Majesté ordonna vn Tournoy & voulut estre l'vn des tenans des ioustes, & prit auec soy les Ducs de Nemours, de Guyse & de Ferrare ; & ce fut en cette iouste où cét infortuné Roy, qui courut contre le Comte de Montgommery fut blessé d'vn esclat de lance à la teste dont il mourut. Apres la mort du Roy, le Cardinal de Lorraine, les Ducs de Nemours, de Guyse, & de Ferrare, allerent salüer le Roy François II. le firent monter en Carosse, & le menerent au Louure.

va au siege de Tiōville 1558.

1559.

est du Tournoy du Roy.

Belcar. Montluc.

1559.

Thuan.

Thuan. Belcar.

. L'Entreprise d'Amboyse ayant esté descouuerte, le Duc de Nemours fut commandé par le Roy d'aller assieger le Chasteau de Noisay tenu par les conjurés : Il prit prisonniers Raunay, & Mazere qui estoient de la conspiration, & se rendit Maistre de cette place, où commandoit le Baron de Castelnau de Chalosse, qui fut mené à Amboyse auec les autres prisonniers. Le Roy François II. estant decedé au mois de Decembre 1560. Marie Reyne d'Escosse sa Vefue, se retira en Escosse & fut accompagnée iusqu'à Calais, par plusieurs Princes & Grands Seigneurs de France, entre lesquels y fut Iaques de Sauoye, auec les Ducs de Guyse & d'Aumale, le Grand Prieur de France, le Marquis d'Elbeuf, les Mareschaux d'Anville, & Strossi.

prend Noisay. 1560.

Mem. de Mauuissiere l. 1. & 3.

accōpapne la Reyne en Escosse 1560.

Thuan.

Sous le Regne de Charles IX. ce Prince fut en tres grande consideration, car S. M. ayant voulu reconcilier le Duc de Guyse auec le Prince de Condé, il y fut appellé auec les principaux de la Cour, sçauoir les Cardinaux de Bourbon, de Lorraine, de Chastillon d'Armagnac, & de Guyse. Les Ducs de Montpensier, & de la Roche sur-Yon ; de Neuers, de Longueville, de Montmorency, & d'Estampes, le Chancelier de l'Hospital, les Mareschaux de S. André & de Brissac & l'Admiral de Coligny.

moyēne la reddition de Bourges 1561.

Thuan.

Le Duc de Guyse ayant assiegé Bourges l'an 1562. dont les Protestants s'estoient saisis, le Duc de Nemours y alla & en moyenna par son adresse, la capitulation auec Yuoy qui en estoit le Gouuerneur : Et parce que les Religionnaires auoient aussi pris Lyon où commandoit Soubize (ce qui nuisoit beaucoup aux affaires du Roy) ce Prince eut ordre de sa Majesté de l'assieger ; mais auant que de l'entreprendre il voulut s'asseurer de Vienne en Daufiné, afin d'incommoder Lyon, & oster tout commerce aux Lyonnois de ce costé, Bernin Gentil-homme de Daufiné de la Maison du Cheualier Bayard en estoit Gouuerneur, qui n'y fit pas toute la resistance qu'il pouuoit. Le Duc de Nemours ayant reduit cette place sous l'obeïssance du Roy, alla au rencontre du Baron des Adrets chef des Religionnaires qui venoit au secours de Vienne, luy donna combat & le deffit aupres de Beaurepaire, en telle sorte que les

Thuan.

se saisit de Vienne 1562.

deffait le Barō des Adrets

Adrets eut bien de la peine à se sauuer à Lyon ; de là le Prince assiegea Beaurepaire que Montbrum ne pût pas secourir : Cependant les Adrets apres auoir ramassé quatre mil hommes de pied, & deux cents cheuaux à l'insçeu de Soubize, se rendit prés de Beaurepaire, croyant de surprendre le Duc de Nemours, & de se vanger de l'injure qu'il auoit reçeüe : Mais il y fut batu pour la seconde fois ; ce qui l'obligea de se retirer à Bourgoin, où il se joignit à deux mille Suysses que Mouuans & Poncenac menoient à Soubize, & s'alla camper entre Lyon & Vienne pour s'opposer au dessein que le Prince auoit d'assieger Lyon.

*Thuan. mem. de Mauuiss.* Le Duc de Nemours qui connoissoit que le Baron des Adrets n'estoit pas satisfait de ceux de son party, & qui auoit intercepté des Lettres de l'Admiral de Chastillon, qui blasmoient ses maximes, & son naturel violent & sanguinaire, les luy fit tenir, afin que se voyant moins estimé qu'il ne croyoit, & que ses seruices ne meritoient, il se iettât du Costé du Roy ; il y eut trois conferences entre le Prince, & le Baron, & des Ostages donnés pour seurté de l'entreueuë qui se fit proche de Vienne. François de la Baume Comte de Montreüel & de Mandelot furent Ostages pour le Prince, & pour le Baron des Adrets Poncenac & Blaccons, ce qui rendit les Adrets si suspect aux siens, qu'estant allé à Valence, Mouuans l'arresta prisonnier par l'aduis du Cardinal de Chastillon, & l'enuoya à Nismes, d'où il ne sortit que par la Paix de 1563. & prit en suite les armes pour le Roy. 1562. gagne l. Baro des Adrets

*Thuan.* Cette negotiation du Duc de Nemours ne l'empescha pas de faire diuerses entreprises sur Lyon, & sur diuerses places de Viuarés, qui ne reüssirent pas : Neantmoins il deffit S. Auban, & le prit prisonnier. Et comme il agissoit auec beaucoup de zele pour les interests de l'Estat, le Mareschal de S. André ayant esté tué à la Bataille de Dreux, qui estoit Gouuerneur de Lyonnois, Forests & Beaujollois, Daufiné, Auuergne, & Maconnois ; le Roy luy donna cette charge. est Gouu. de Lyō 1563.

La Paix qui se fit auec les Religionnaires, apres la journée de Dreux, donna sujet au Duc de Nemours de se retirer à S. Genys en Sauoye ; & quoy qu'il y eut vne trés estroitte amitié entre le Duc Emanuel-Philibert, & luy ; & qu'ils eussent vescu en France comme Freres, toutesfois ils eurent vn grand different qui faillit à les broüiller ; Car le Prince comme Fils de Philippes de Sauoye Duc de Nemours, pretendit d'auoir part en tous les Estats de Sauoye, & d'auoir succedé au Duc Philippes son Ayeul, conjointement auec le Duc Charles le Bon son Oncle, & en demanda partage à Son Altesse, laquelle se deffendoit du droit de primogeniture inuiolablement obserué en cette Royale Maison, & de l'appannage fait à Philippes de Sauoye Duc de Nemours, qui portoit vne expresse renonciation à tous autres droits ; surquoy ils compromirent l'11. de Iuillet 1563. Le Duc Emanuel-Philibert deputa pour ses Arbitres Octauian d'Ozasque second President au Senat de Piemont, & René de Lyobard Seigneur du Chastellard Senateur au Senat de Sauoye ; & le Duc de Nemours nomma de son costé François Alixant Conseiller au Parlement de Dijon, & Iean Papon Lieutenant General au Baillage de Forests, ausquels se ioignirent pour Mediateurs Guillaume de Portes second President au Parlement de Grenoble, & Hugues du Puys President du Parlement de Dombes, qui pourtant ne prononcerent rien ; mais furent d'aduis seulement que S.A. deuoit augmenter à Iaques de Sauoye son Appannage : Tellement que par Traitté fait à l'Estoile le 17. de Septembre 1564. Le Duc, de l'aduis de René de Birague President de Piemont, & du susnommé President de Portes, augmenta l'appannage de vingt mil liures de rente, à prendre sur les tailles du Comté de Geneuois, & des Baronnies de Foucigny

*se retire en Sauo. apres la Paix 1563.*

*Hist. de Bresse & de Bugey.*

*traitte auec S.A 1564.*

Foucigny & de Beaufort, erigea le Comté de Geneuois en Duché le dernier de Decembre, & par vn autre Traitté du 5. de Feurier suyuant, S. A. luy donna
1565. encore 6000. liures de rente, pour supplément d'appannage assignées sur le mesme fond & sur les Seigneuries de Poncin, & de Cerdon en Bugey.

Ce differend terminé le Duc de Nemours reuint en France; & assista auec tous les Princes, Prelats & Grands du Royaume aux Estats generaux tenus à Moulins, par le Roy Charles IX. mais les Religionnaires ayants repris les armes l'an 1567. sous pretexte de quelques infractions de l'Edit de l'an 1563. firent dessein de se saisir de la personne du Roy, qui estoit alors à Meaux, où pour toutes trouppes il n'y auoit que 6000. Suysses freschement leués, & neuf cents cheuaux mal armés: Le Prince de Condé chef des Religionnaires n'en estoit guiere éloigné: De sorte que le Roy se trouuant en cette extremité, ou d'estre pris en vne Ville sans deffence, ou de donner combat aux ennemys auec des forces inegales, dont la suite ne pouuoit estre que funeste, prit resolution de se retirer en diligence à Paris, de l'aduis du Duc de Nemours chés qui tout le Conseil du Roy s'assembla, parce qu'il estoit incommodé, & dont le sentiment l'emporta pour la seureté, contre la bien-seance. Seruice tres considerable à l'Estat: Car le Roy estant arriué à Paris le 27. de Septembre 1566. laissa le Prince de Condé au desespoir d'auoir perdu vne si belle occasion, de remettre les affaires de ceux de son party au point qu'il eut desiré, & le Roy estant hors de danger dit que, *Sans son Cousin le Duc de Nemours & ses bons Comperes les Suysses, sa vie ou sa liberté estoient en tres-grand branle.* En effet les choses estoient en vn tel estat que les Troupes du Prince de Condé ayants failly leur coup, se disperserent aux enuirons de Paris & y tenoient toute la Cour comme assiegée; ce qui obligea le Roy de l'aduis de la Reyne, du Connestable, des Ducs de Nemours, & d'Aumale, d'enuoyer Castelnau la-Mauuissiere en Flandre demander secours au Duc d'Alue: Mais auant que les Espagnols & les Flamans fussent arriués, se donna la bataille de S. Denys, où le Connestable de Montmorency fut blessé & pris prisonnier, & où le Duc de Nemours se fit remarquer entre les plus braues & y commanda en qualité de General de la Caualerie.

(Marginal notes: Thuan. — Se treuue aux Estats Generaux de Fráce. 1566. — Thuan. — Sauue le Roy du peril de Meaux. 1566. — Mem. M.S. de Monf. de Brantosme. — Se treuue à la bataille de S. Denys 1567.)

Au voyage que le Duc d'Anjou fit en Champagne, & en Lorraine, pour s'opposer aux Reistres que les Religionnaires faisoient venir, il mena l'auant-garde, & fut donné à ce Prince pour Conseiller necessaire, auec le Duc de Longueville, le Mareschal de Brissac, Tauanes, le Vicomte de Martigues & François Seigneur de Carnaualet, il ne tint pas à luy que l'on ne donnât la bataille à Nostre Dame de l'Espine.

(Marginal note: Suit le Duc d'Anjou en Lorraine 1567.)

Ce Prince eut encore l'honneur de conduire en l'armée du Roy en Champagne de belles trouppes qu'il auoit leuées, pour s'opposer au Duc des Deux Ponts, qui venoit d'Allemagne en France au secours des Religionnaires, & voulut luy donner combat: Mais le Duc d'Aumale qui auoit part au commandement, ayant esté de contraire aduis; cette armée d'estrangers entra en Bourgogne, où elle fit de grandes desolations. Le chagrin qu'eut le Duc de Nemours, que par la jalousie de son Compagnon, il eut manqué l'occasion de rendre à la France, vn seruice si signalé; le déplaisir de voir le Royaume déchiré par les guerres ciuiles, & la crainte qu'il eut que ceux de la Maison de Guyse (qui en ce temps-là auoient la principale direction de l'Estat) ne luy rendissent quelque mauuais office aupres du Roy, pour excuser le Duc d'Aumale, l'obligerent de se retirer de la Cour, & d'aller en Geneuois, où il mesnagea aupres de son Altesse l'infeudation du Marquisat de saint Sorlin en Bugey, dont les patentes luy furent expediées le quatorziéme d'Octobre mil cinq cents septante vn.

(Marginal notes: S'oppose au Duc des Deux Ponts 1569. — Preuues pag. 614. — Se retire de la Cour.)

Il ne retourna à Paris qu'au voyage que le Roy fit à Lyon l'an mil cinq cents septante quatre, mais il n'y fit pas long sejour & s'en retourna à Annecy, où ayant esté long-temps affligé de goutte, il mourut le 15. de Iuin mil cinq cents huictante cinq, & fut inhumé en l'Eglise de Nostre Dame. Wanderburch s'est mesconté de rapporter son decés à l'an mil cinq cents huictante sept. *1574.* *Sa mort 1585.*

*Mem. M S de Monf. de Brantosme. Mem. de Guill. de Taix. Thuan. Hist. l. 81. Mezeray. Hist. de France. Monf. de Brätosme.* Son Eloge.

Iaques de Sauoye fut vn beau Prince, braue, vaillant, affable, bien disant, qui composoit en rime & en prose auec beaucoup de genie, qui parloit bon Espagnol, Italien, François & Latin, sçauant aux Mathematiques en la peinture, sculpture, architecture & en la connoissance, des mineraux & des Metaux, à quoy ses longues maladies le porterent, si propre, & ajusté en ses habits, qu'il donnoit la mode à toute la Cour. Il auoit appris tous les exercices dignes d'vn Caualier, estoit bon homme de cheual, à piquer, rompre la lance, ou à courre la bague. A pied il combattoit à la pique, à l'espée & à la barriere: Enfin vn Autheur du temps d'autant plus croyable qu'il a fait profession de dire toutes les verites de la Cour que les Historiés ont teües, ou dissimulées luy donne cét Eloge: *Que qui n'a veu Monsieur le Duc de Nemours, en ses années gayes, n'a rien veu, & qui la veu, le peut baptiser par tout le monde, la Fleur de toute Cheualerie.* Vn autre à dit, *Que si ses ouurages estoient imprimés ils ne cederoient point à ceux de Matthieu d'Aquauiua Duc d'Atry, ny des Strosses.* *Thuan.* Aussi est-il appellé par le fameux Historien, *Homme de grand courage & de grand esprit.* Il donna vne belle preuue de sa moderation, durant la maladie du Duc Charles Emanuel l'an 1583. car, quoy que S. A. fut abandonné des Medecins, & qu'il fut l'heritier presomptif de la Couronne; neantmoins il ne s'en empressa point, refusa de prendre son logis au Palais, de donner le mot, de receuoir le soir les clefs de la ville de Turin où il estoit, quoy que le Duc l'eut commandé, disant qu'il esperoit toûjours que Dieu redonneroit la Santé à Son Altesse. *Hist. Disc. delle Cose di Sab. M. S.* Il auoit pour deuise vn bras armé, sortant d'vne nuée tenant vn coutelas prest à trancher plusieurs neuds auec ces mots, *Nodos virtute resoluo*, pour signifier que par sa vertu & par son courage, il se démeleroit des choses les plus difficiles.

Il épousa l'an mil cinq cents soixante-six, Anne d'Est Comtesse de Gisors, Dame de Montargis vefue de François de Lorraine Duc de Guyse & Fille d'Hercules d'Est, II. du nom Duc de Ferrare, & de Renée de France Fille puisnée du Roy Louys XII. La solemnité du mariage se fit à sainct Maur des Fossés, ou assisterent le Roy Charles IX. & la Reyne Catherine de Medicis, Monsieur Frere, & Madame sœur du Roy, les Cardinaux de Bourbon, de Lorraine & de Guyse. Par le Traitté de mariage, qui fut arresté au Chasteau de Monçeaux, le vingtneufiéme d'Auril, le Roy donna à l'Epouse cent mille liures, & le Duc de Nemours luy en accorda vingt cinq mille pour son d'oüaire. Son Altesse Emanuel-Philibert consentit au Mariage, & donna soixante mille liures *Son mariage 1566* *Preuues pag. 526.*

il auoit donné sa foy auparauant à Françoise de Rohan D. de la Garnache, fille de René vicomte de Rohan et d'Elisabeth d'Albret, et sur [illegible] promesse de mariage [illegible] inviolable, il en eut vn fils. mais Anne d'Est estant demeurée veufue, en ce temps là [illegible] et ayant esté amoureux d'elle auant qu'elle eust esp. François de Lorraine, il se remaria auec elle.

Cette

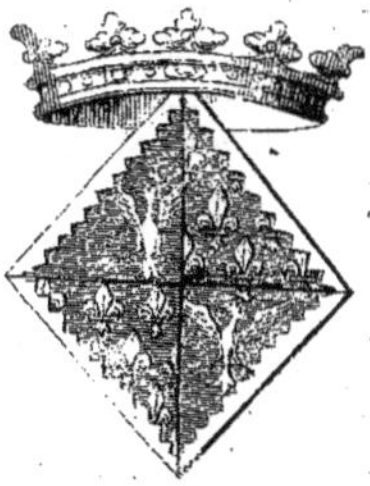

Est-Ferrare. écartelé au 1. & 4. d'azur à l'Aigle d'argent, armé & couronné d'or qui est d'Est, écartelé de France à la bordure componée & endentée d'argent & de gueules.

Cette Princesse fit son entrée à Annecy, Capitale du Duché dd Geneuois, la mesme année, & deceda à Paris le 7. de May 1607. Ses entrailles furent inhumées en l'Eglise des Augustins; & son corps fut porté à Annecy, & inhumé en l'Eglise de Nostre Dame auprés du Duc de Nemours son Mary, auec cét Epitaphe.

D. O. M.

*PIIS MANIBVS ILLVSTRISSIMAE*
*Principis Annæ à Ferraria Ducis Nemurciæ.*

*Viator siste viam, obuiam veni. Hæc eius Defunctæ profero laudi, audi nomen & omen; Auus Rex Galliæ Ludouicus XII. Pater. Hercules II. Ferrariæ Dux, & lux sui vterque sæculi. Duobus nupta Ducibus, quorum alter fortis animo & virtute, tutè in Gallià cum gloria Gallorum hostes vndecumque superauit, tandem proditoriè læsus obiit: defunctum amare & amarè obitum lugere non desinit. Post Guysium, Nemurcium Sponsum habuit magnum armis, laudibus, & sanguine, qui podagra vexatus, è vità discessit & cessit Filiis merita, ita vt in illis renouaretur iuuentus: Vtriusque Mariti sata est proles, nomine & omine digna, parentum famâ, cùm rumor Paternus liberis fuerit ætèrnus, sorte cùm fortuna vna sit omnibus, quos habuit maritos in morte vidit martyres, fœlix in puerorum partu, prudens in obitu; cùm adhuc amborum plangeret & augeret funus, vnus iterum veneno oppetiit & petiit non vulgi clamorem, sed Dei amorem, semper in prosperis sapiens, in aduersis patiens, deuota vota rogat; & sic casta castè vixit, vt digna bini Cæsaris mulier, ætatis suæ LXXVI. Cor & Corpus cordi & corpori Virorum reddi iubens ad Christum spiritus volans, euolauit Parisiis an. M. DC. VII. xij. Kal. Iunij.*

Du Souhait.

ENFANS DE IAQVES DE SAVOYE DVC DE Nemours, & d'Anne d'Est son Espouse.

Sa naissance. 1567. I. Charles-Emanuel de Sauoye Duc de Nemours & de Geneuois, né au Chasteau de Nantueil au mois de Feurier 1567. Il fut baptisé le Mardy

 huictiéme

huictiéme de Iuin 1568. & furent ses Parrains, le Roy, & S. A. R. representé par le Vicomte de Martigues, la Reyne Caterine de Medicis Marraine. Il fut nourry & éleué en la Cour de Sauoye, où son Pere l'enuoya l'an 1577. Sa vie au lieu d'vn eloge meriteroit vn liure entier, tant elle est accompagnée d'éuenements singuliers & remarquables. Du viuant de son Pere, il portoit le Titre de rince de Geneuois, & suiuit l'an 1585. le Duc Charles-Emanuel en son voya e d'Arragon pour son mariage, & reçeut l'Ordre de l'Annonciade à Sarragosse. Au retour, il alla à Annecy, & se treuua à la mort du Duc de Nemours son Pere, qui luy recommanda sur toutes choses de ne se point méler des guerres ciuiles dont le Royaume de France estoit affligé; preuoyant que les Autheurs n'en auroient pa he reuse yssue. Mais l'estroite parenté qui estoit entre les Maisons de Nemours, de Mayenne & de Guyse, ne permit pas que ce Prince fit son profit de ce salutaire aduis, quoy qu'il y fut obligé par l'honneur que le Roy luy auoit fait de luy donner le Gouuernement de de Lyonnois, Forests & Beaujolois au mois de Decembre 1588.

Il assista aux Estats Generaux tenus à Blois sous le Roy Henry III. où le Duc & le Cardina de Guyse furent tués; & par le soupçon que l'on eut contre luy, il fut arresté auec le Cardinal de Bourbon, le Duc d'Elbœuf, le Prince de Ioinville & Anne d'Est Duchesse doüairiere de Guyse & de Nemours sa Mere, comme principaux partisans de la Ligue. Il demanda à Ioachim de Chasteau-vieux Seigneur de Verjon qui l'auoit arresté par ordre du Roy, *où estoit le Duc de Guyse?* A quoy Chasteau-vieux répondit, que le Roy n'auoit fait que s'asseurer de sa personne. Le Duc repliqua en cholere, *Que si l'on en auoit vsé autrement, il essayeroit de vanger l'iniure, s'il estoit en liberté de le faire.* Est arresté aux Estats de Blois. 1588.

Il s'échappa de la prison par vn plaisant stratageme; car, comme il estoit chauue il prit vne grosse perruque & porta la corbeille où l'on mettoit les viandes du reste de ses repas; ceux qui gardoient la porte le laisserent sortir, le prenants pour vn valet. Il alla en son Escuyrie, prit vne Iument d'Espagne, sur laquelle il fit quarante lieuës d'vne traite & se retira à Paris. Le lendemain de son depart, Anne d'Est sa Mere fut menée à Amboyse, & entrât dans le batteau, leua les yeux moüillés de larmes vers la face du Chasteau de Blois, où estoit posée la Statuë du bon Roy Louys XII. son Ayeul maternel, & tendant les mains au Ciel, s'écria: *O grand Roy! auiez-vous fait bastir ce Chasteau, afin que l'on y fit mourir les Enfans de vostre petite Fille?* Par ce moyen ce Prince se rengagea de nouueau dans ce funeste party, combattit pour la Ligue aux batailles d'Yvry & d'Arques, & fut Gouuerneur de Paris pendant le siege qu'y mit le Roy Henry IV. l'an 1590. auec vn pouuoir fort absolu, où il se conduisit auec tant de vigilance, de courage & de prudence, qu'apres auoir combattu contre la guerre, la peste & la famine sans s'estonner, il y acquit vne haute estime, & obligea le Roy de leuer le siege. Soustient le siege de Paris. 1590. La Ligue faisant progrés dans le Royaume, le Duc de Nemours alla faire la guerre en Bourgogne contre le Maréchal d'Aumont, pour s'approcher de son Gouuernement de Lyon, où il n'eut que de fauorables succés, suiuis de la prise de Vienne en Daufiné, auec les Chasteaux de Pipet, de saincte Colombe & de la Bastie. De là ce Prince se saisit de sainct Marcellin & du Chasteau des Eschelles que Lesdiguieres auoit occupé sur S. A. Prend vienne & autres places. 1592.

La France en ce temps-là estoit si diuisée, & la Ligue s'estoit si fort authorisée, que les Ligueurs ne buttoient à autre chose qu'à élire vn Roy; & ce fut pour cela qu'ils conuoquerent des Estats à Paris. Le Duc de Mayenne auoit le plus de partisans, & plus de credit dans le Royaume, soustenu des Espagnols. Le Duc de Nemours qui croyoit que la guerre ne finiroit point sans quelque

quelque miserable & fascheuse catastrophe, pensa à sa seurté, afin que s'il ne pouuoit esperer la Couronne aussi bien que son Frere vterin, il pût du moin se conseruer les Prouinces de son Gouuernement en quelque espece de Souueraineté. A quoy les desordres de l'Estat ne permettoient pas ce semble, que personne se pût opposer; outre qu'il s'asseuroit de l'amitié du Duc de Mayenne, du Duc de Sauoye & du Marquis de sainct Sorlin son Frere qui estoit Gouuerneur de Daufiné. Comme ce dessein estoit grand & qu'il destinoit sa principale demeure à Lyon, auant que de rebastir l'ancienne Citadelle, dont les Lyonnois se fussent allarmés, il fit fortifier les Villes & les Chasteaux des enuirons, comme Toyssey, Tysi, Charlieu, Vienne & Pipet, y mit de grosses garnisons, & recherchа Melchior de la Poype Seigneur de sainct Iulin & de Reaumont pour luy remettre Quirieu, où il vouloit faire vne Forteresse. Mais le Duc de Mayenne au lieu de fauoriser les desseins du Duc de Nemours, puis qu'ils ne destruisoient pas les siens, en prit jalousie; & par maxime d'Estat, resolut de les ruiner. Il y enuoya donc Pierre de Pinac Archeuesque de Lyon (qui feignoit d'aller à Rome, à la suite du Cardinal de Ioyeuse) auec ordre de trauailler pour la liberté des Lyonnois, & de decrediter le Duc de Nemours; l'Archeuesque joüa si bien son jeu, qu'estant d'intelligence auec les principaux de Lyon, & auec la Noblesse du Pays, il leur fit prendre ombrage de quelques Trouppes, que Disimieux Gouuerneur de Vienne amenoit à Lyon au Duc de Nemours, & luy fit refuser la porte; ce qui fut cause d'vn combat, où Charles de Simiane Seigneur d'Albigny principal Confident du Duc, & Disimieux furent pris prisonniers. Ainsi toute la Ville s'estant mise en armes, l'Archeuesque se rendit Maistre du Chasteau de Pierre-Size, d'où il fit sortir Charles de Coligny Seigneur d'Andelot, que le Duc de Nemours y auoit fait mettre pour quelques soupçons, & y logea le Duc sous la garde des Suisses & des Habitans. Depuis Albigny sortit de prison & fut mis à rançon.

*Ses desseins.*

*Le Duc de M. s'y oppose.*

*Est arresté à Lyon. 1593.*

Anne d'Est Mere de ce Prince ayant appris sa disgrace, s'en plaignit au Duc de Mayenne son Fils, qui s'en excusa, rejettant tout sur l'Archeuesque & sur les Habitans de Lyon; mais chacun iugea bien par le peu d'empressement qu'il eut de sa deliurance, & parce qu'il donna le Gouuernement de Lyon à l'Archeuesque, que c'estoit luy qui auoit fait faire la piece. Lyon neantmoins demeura dans les interests de la Ligue pour quelque temps, en attendant l'effet des propositions d'accommodement, que le Duc de Mayenne faisoit faire au Duc de Nemours, à qui il offroit le Gouuernement de Guyenne, en quittant celuy de Lyonnois, Forests & Beaujollois, & toutes les places que luy & le Marquis de saint Sorlin son Frere tenoient en Masconnois, Auuergne & lieux circonuoysins. Mais comme cét ajustement ne s'auançoit point, & que le Marquis de sainct Sorlin estoit autour de Lyon auec des Trouppes qui incommodoit les Habitans, ils appellerent le Colonel Alfonse Corse à leur secours; & nonobstant toutes les remonstrances de leur Archeuesque, qui vouloit conseruer cette place à la Ligue, ils se declarerent pour le Roy, en chasserent tous les Ligueurs, brulerent les armes d'Espagne, de Sauoye & de Nemours & arresterent l'Archeuesque mesme.

*Se sauue de Pierre Size. 1594.*

Le Duc de Nemours cependant estoit tousiours en prison à Pierre-Size, d'où il s'échappa par vne jolie finesse: Il fit faire par ses domestiques vn trou en la muraille de la cuisine de son appartement; par lequel vn homme pouuoit passer, & le fit boucher d'vne grosse pierre; & le iour qu'il medita de se sauuer, il fit semblant de prendre vn medicament, & parce qu'il estoit chauue, & son valet de chambre rousseau, qui auoit vne grosse cheuelure, il prit vne perruque de ce poil & les habits de son valet à la ruelle de son lict, feignant

feignant d'aller à la chaire, & en sortit le bassin à la main, destournant sa veuë, comme s'il eut voulu se garantir de la puanteur, passa iusqu'au lieu où la muraille estoit ouuerte, laissant son valet en sa place dans le lict. Il descendit au Faux-bourg de Veize auec des cordes, treuua Charles de Simiane Seigneur d'Albigny & quelques autres personnes de qualité qui l'attendoient, & se rendit à Vienne où il fit la guerre aux Lyonnois. Le Connestable de Montmorency qui venoit de Languedoc pour aller treuuer le Roy auec quatre mil hommes de pied & huit cents cheuaux, s'arresta auprés de Vienne pour la mugueter. Le Duc de Nemours luy voulut oster le passage de Giuort, qui luy faisoit auoir communication auec Lyon; mais il y fut repoussé par Peraut & Montoison. De sorte qu'il fut contraint de se retrancher à saincte Colombe; & les Suisses qu'il auoit estans pressés par la disette de viures, & sans argent, luy demanderent congé & se retirerent en Bresse, en l'Armée de Ioachim de Rye Marquis de Treffort, qui vouloit assieger Montluel; en quoy il fut deuancé par le Connestable qui s'en saisit. Se rend à Vienne.

Ainsi le Duc de Nemours ne se voyant pas assez de forces pour conseruer Vienne, & pour entreprendre quel que chose de considerable, alla treuuer Ferdinand de Velasque Connestable de Castille, qui passoit de Milan au Comté de Bourgogne, pour auoir de nouuelles Trouppes. Cependant Disimieux capitula auec le Connestable de Montmorency & luy rendit Vienne & le Chasteau de Pipet; ce qui luy facilita la prise du Chasteau de la Bastie tenu par Monthous Gentil-homme Sauoysien, apres auoir esté long-temps battu à coups de canon. Passe au Comté de Bourgogne. 1595.

Cette nouuelle affligea extraordinairement le Duc de Nemours, qui estoit auec le Connestable de Castille & l'obligea de s'en retourner à Annecy, où tandis que son accommodement s'ébauchoit auec le Roy par les soins d'Anne d'Est sa Mere, & d'Alexis Drugues de Comnene Gentil-homme Grec Confident de ce Prince, il mourut au mois de Iuillet 1595. sans auoir esté marié, âgé de ving-huict ans, accablé de regrets & d'ennuys de voir ses desseins si estrangement trauersés. Ce fut vn des beaux Princes du monde, de belle taille, aymable par sa douceur & par sa bonté, sobre, liberal plus que tous ceux de son siecle, patient, ennemy du vice & des voluptés, genereux, sage, moderé en toutes ses actions, pieux, & si estimé du Roy, qu'apres la reduction de la Bourgogne à l'obeïssance de Sa Majesté, vn Gentil-homme ayant dit au Roy : *Sire, peu à peu on vous recherche, & chacun se vient humilier deuant vous : Monsieur de Guyse est venu, Monsieur de Mayenne traitte auec vous, il ne reste plus que Monsieur de Nemours à en faire de mesme.* Sa Majesté respondit, *Celuy-là a le cœur trop grand & trop haut, iamais il ne se mettra à seruir; ie ne m'attens pas qu'il me reconnoisse tant qu'il pourra, & que son braue cœur l'y portera. I'ay là vn tres-dangereux ennemy, & qui fort tard abbaissera les armes.* Sa mort. 1595. Son Eloge. Mem. M. S. de Mr. de Brantosme.

Vn celebre Historien de ce siecle, qui en beaucoup d'endroit de son Histoire s'est monstré extraordinairement passionné contre la Royale Maison de Sauoye a dit, *Que ce Prince auoit plus de grandes qualités que de bonnes, plus de courage & de vanité que de veritable honneur ny de vertu.* Quoy qu'au iugement de tout le monde il ayt passé pour vn des grands & des plus accomplis Princes de son siecle; & que le mesme Autheur luy ayt ailleurs donné cét eloge, *d'estre doüé d'vne grande fermeté de courage, accompagnée d'vne forte vigueur & d'vne prompte hardiesse.*

Apres sa mort Chaudebonne de la Maison d'Vrre en Daufiné qui auoit esté à luy, ayant sçû que Disimieux en diuers rencontres ne dissimuloit pas d'auoir d'auoir desseruy le Duc de Nemours, & en tiroit vanité; par vne generosité peut estre sans exemple, voulut vanger cete iniure, & fit appeller Disimieux; Albigny poussé d'vn mesme genie, sçachant la resolution de Chaudebonne, voulut estre son second, & tous deux en suite prirent la poste, & se battirent à Paris, où Disimieux fut fort blessé, & reçeut courtoisie de Chaudebonne.

1569. II. Marguerite de Sauoye née à Paris le troisiéme du mois de Iuillet mil cinq cens soixante-neuf, & baptisée à sainct Maur des Fossez le vingt-huitiéme d'Aoust. Le Duc d'Alençon fut son Parrain, & Marguerite de France Duchesse de Sauoye Marraine. Elle mourut au Chasteau de Chasey en Bugey au mois de Iuillet mil cinq cens septante-deux, & fut inhumée à Annecy au Tombeau des Ducs de Nemours.

III. Henry de Sauoye Marquis de S. Sorlin Duc de Nemours & de Geneuois apres le decés de son Frere Aisné, dont l'eloge est cy-apres.

Outre les Enfans legitimes de Iaques de Sauoye Duc de Nemours, dont nous venons de parler; il laissa vn fils naturel appellé Henry qu'il eut de Françoise de Rhoan Dame de la Garnache en Poitou, Fille de René Vicomte de Rohan, Prince de Leon, Comte de Porhoët & d'Isabelle d'Albret, laquelle il auoit épousée par paroles de present; mais ce mariage ayant esté declaré nul par le Pape, fut cassé comme clandestin par Arrest du Parlement de Paris de l'an 1566. & l'Enfant declaré illegitime. Les Religionnaires qui auoient tenu le party de la Mere pendant ce grand procés, luy donnoient tantost la qualité de Prince de Geneuois, & tantost de Duc de Nemours. Il fut pris prisonnier de guerre par le Duc de Mayenne aupres de la Rochelle, qui le deliura luy mesme par vne haute generosité, parce que les Religionnaires publioient qu'il le vouloit faire mourir, pour obliger le Duc de Nemours son Frere Vterin. Et depuis sa deliurance il suiuit le Prince de Condé en Anjou l'an 1596. & mourut sans estre marié, laissant peu de regret de sa personne, pour n'auoir rien en luy qui le pût rendre digne de l'illustre nom qu'il portoit. Anne d'Est Duchesse de Nemours, pour faire cesser les plaintes de la Mere, luy procura l'érection de la Seigneurie de Loudun en Duché, il laissa vn Bastard appellé Samuel de Nemous Seigneur de Villeman.

# XX.

## *HENRY DE SAVOYE DVC DE NEmours, de Geneuois, de Chartres & d'Aumale: Marquis de S. Sorlin & de S. Rambert: Comte de Gisors, de Mauleurier, & de S. Vallier: Vicomte de Lyonne, de Vernon & d'Andeley: Baron de Foucigny & de Beaufort: Seigneur de Poncin, de Cerdon, de Verneüil, d'Vssé, Nogent, Pons & Bray sur Seyne; de l'Estoyle & de la Vache: Cheualier de l'Ordre de l'Annonciade.*

### CHAPITRE VII.

Sa naissãce 1572. HEnry de Sauoye prit naissance à Paris le 2. de Nouembre 1572. ce fut en l'Hostel de Laon prés des Augustins. Le baptesme se fit au mois de Decembre suiuant. Les Parrains estoient le Duc d'Anjou, depuis Roy de Pologne. La Reyne de Nauarre sa Sœur, & le Prince de Piemont excusé par le Comte de Rais. Pendant la vie du Duc de Nemours son Frere aisné, il ne portoit que le tiltre de Marquis de S. Sorlin ; & c'est sous ce nom qu'il est connu dans l'Histoire du tems. Elle nous apprend que Charles-Emanuel Duc de Sauoye luy donna l'an 1585. le Collier de l'Ordre de l'Annonciade, & depuis son Altesse ayant fait dessein d'attaquer Carmagnole place forte du Marquisat de Saluces l'an 1588. luy confia le commandement de son armée, auec laquelle il prit cette place, & en suite Saluces, Cental & autres Villes & Chasteaux de ce Marquisat.

*Thuan.*

L'exemple de son Frere & la parenté qui estoit entre les Ducs de Mayenne, de Guyse & luy, l'engagerent au Party de la Ligue & à faire la guerre en Dauphiné l'an 1591. dont il eut depuis le Gouuernement.

*Thuan.*

Apres que son Frere eut esté arresté à Lyon l'an 1595. il leua vne armée auec laquelle il se tint long-temps au tour de Lyon, esperant d'y pouuoir entrer ; & de procurer sa deliurance ; mais estant decedé peu de temps apres sa sortie de Pierre-Size, comme nous auons dit ; le Marquis de S. Sorlin luy succeda & prit le tiltre de Duc de Nemours ; & pressé par Anne d'Est sa Mere, acheua le traitté que le defunt auoit commencé auec le Roy. Il fut conclu à Folembray au mois de Iuin 1596. par lequel sa Majesté accorda à ce Prince abolition de tout ce que le Duc de Nemours son Frere, & luy auoient fait pendant la guerre, pour les interests de la Ligue ; & depuis ce temps-là il demeura toujours ferme & fidelle dans l'obeissance du Roy, & rendit en plusieurs rencontres de signalés seruices à l'Estat.

*Mem. de Sully.*

La mesme année le Roy ayant conuoqué les Estats generaux à Roüen pour la reformation du Royaume, le Duc de Nemours y assista. Il suiuit aussi sa Majesté auec les Ducs de Montpensier, de Mayenne & de Neuers, & le Prince de Ioinuille au fameux siege d'Amiens l'an 1597. Et la Paix ayant esté arrestée entre la France & l'Espagne vne année apres, les Deputez du Roy d'Espagne vinrent à Paris pour la faire iurer au Roy, ce qui se fit en l'Eglise de Nostre Dame auec beaucoup de solemnité, où sa Majesté fut accompagnée de tous les Princes & Officiers de la Couronne, entre lesquels fut le Duc de Nemours.

La guerre estant suruenuë entre le Roy & le Duc de Sauoye l'an 1600. à cause du Marquisat de Saluces, ce Prince qui estoit obligé à sa Majesté par les bien-fais que sa Maison auoit receuë de la Couronne, & qui l'estoit aussi à S. A. par sa naissance, & par l'Appanage qu'il auoit en Sauoye, eut permission de se retirer à Annecy, & d'y demeurer en neutralité pendant la guerre.

L'an 1612. il sortit mécontent de la Cour de Sauoye, parce qu'il se vid hors d'esperance d'auoir l'vne des Princesses en Mariage, pour laquelle il auoit fait vne dépence incroyable. Sa retraite fut à Seissel en Bugey proche des terres de son Appanage, où il fut visité par Charles de Neuville Seig. d'Halincourt Gouuerneur de Lyon de la part de la Reyne Mere. Quelques temps apres il alla à Bourdeaux voir le Roy, & s'en vint à Lagnieu & de là à Poncin, où il fit quelque seiour. Bellegarde grand Escuyer de France l'y visita aussi par ordre de la Reyne Mere, pour essayer, comme Halincourt auoit de-ja fait, de le r'accommoder auec S. A. mais ce fut inutilement. Le Duc qui estoit en guerre auec les Espagnols, & qui auoit regret que ce Prince son proche parent se fut éloigné de sa Cour, & de ses interests, feignant de ne pas sçauoir la cause de son mécontentement, luy fit connoistre qu'il seroit bien ayse de se seruir de luy & de luy donner en son armée vn employ sortable à sa qualité : Sur cette ouuerture le Duc de Nemours l'an 1615. depécha à S. A. à diuerses fois Champerroux, Gadagne-Botheon, Pierre Seig. de Montferrand en Bugey & Croyson l'vn de ses Gentils-hommes, pour luy donner des asseurances de son affection ;

en

en suite il s'aboucha auec le Marquis de Lans Gouuerneur de Sauoye à S. André de Briord, où il fut resolu que le Duc de Nemours leueroit trois mil hommes en Geneuois & en Foucigny, qu'il se mettroit à leur teste, & passeroit les Monts. Il fit vn Regiment de dix Compagnies sous son nom, & diuisa, le surplus des trouppes de sa leuée en Regiments qu'il donna à Grolée Mespieu, à des Oches, à Delphin Gentil-homme de sa Maison & au Cõmandeur de Rebé. Cependant les Espagnols qui sçauoient le chagrin de ce Prince, le firent rechercher secrettement, & luy promirent gents & argent pour entreprendre quelque chose en Sauoye, luy persuadants que la conjoncture estoit fauorable pour se vanger de S. A. Ce Prince qui s'estoit engagé à seruir le Duc en cette occasion, plustost par honneur que par inclination, ne reietta point les offres de Dom Pedro de Tolede Gouuern. de Milan, qui luy faisoit esperer que Marc-Claude de Rye Marquis de Dogliani leueroit pour son seruice au Comté de Bourgogne six mil hommes de pied & quatre cents cheuaux; tellement qu'auec les 3000. hommes qui deuoient passer en Piemont, ce Prince pretendoit de se pouuoir rendre Maistre de toute la Sauoye. En atendant le succés de cette negotiation, le Duc de Nemours qui estoit à Lagnieu en Bugey, differoit toujours de faire marcher ses trouppes. S. A. mal satisfaite de ce retardement en demande la cause; le Prince luy fait dire qu'à la conference qu'il auoit eüe auec le Marquis de Lans à sainct André de Briord, on luy auoit promis que passant en personne en Piemont, il auroit cent cheuaux Legers & cinquante Carrabins pour ses gardes, & que iusqu'à ce qu'on luy eut tenu parole, il n'estoit pas obligé d'obseruer la sienne. Le Marquis de Lans disoit qu'il ne s'estoit point engagé à cela precizement; mais seulement de le proposer à son Altesse. Ainsi dans ce déplaisir feint, le Duc de Nemours s'asseurant des Espagnols, contremanda partie de ses trouppes qui s'estoient auancées iusqu'à Conflans en Tarentaise. Le Marquis de Lans estonné de ce changement, alla à Yenne en Sauoye, fit prier ce Duc de s'y treuuer, pour s'esclaircir de leurs soupçons. Il fit mine d'y aller; mais en chemin il supposa d'auoir reçeu vn aduis que le Marquis de Lans auoit ordre de l'arrester: De sorte qu'au lieu de se rẽdre à Yenne, il alla à Seyssel où estoit son Regiment d'Infanterie commandé par la Grange Cremeaux. Le Marquis de Lans s'en retourna à Chambery, en donne aduis à S. A. qui fit partir incontinent Carron S. Thomas son premier Secretaire d'Estat, pour desabuser le Duc de Nemours des sinistres impressions que l'on luy auoit voulu donner, & pour l'obliger de passer en Italie auec ses trouppes. Ce qu'il ne pût obtenir: Et comme les plus sages raisonnoient sur les deportements du Duc de Nemours, dont les desseins ne se pouuoient pas penetrer, il arriua qu'vn Courrier que Dom Pedro enuoyoit en Espagne, fut arresté par des gens de son Altesse, où dans la depesche qu'il portoit, on treuua tout ce que le Duc de Nemours auoit negotié auec les Espagnols. A l'instant le Marquis de Lans eut ordre de se saisir du Chasteau d'Annecy, d'y mettre garnison, de faire arrester le Tresorier, & les Finances de Geneuois, & de prendre les Titres de l'Archiue, ce qui fut executé promptement: Et peu de iours apres le Prince de Piemont depuis Duc de Sauoye arriua à Annecy auec des forces, resolu de combatre le Duc de Nemours, qui n'estant pas en estat de luy resister, fit passer à ses trouppes le Rosne au dessus de Seyssel, & se retira dans le Comté de Bourgogne, où il ne fut pas si tost arriué, qu'il y reçeut deux Regiments d'Infanterie que le Duc de Guyse luy enuoya, commandés l'vn par Castel-ville, & l'autre par S. André de Vins. Il eut aussi quatre mil Comtois en deux Regiments d'Infanterie, dont le Marquis de Dogliani & le Baron de Beauuoir estoient Mestres de Camp, & trois compagnies de Caualllerie, l'vne du Baron de sainct

Ses negotiatiõs auec l'Espagne.

Se retire au Cõté de Bourgogne auec ses trouppes.

Iulien-Cusance, l'autre du Baron de Dicey-de Rye, & la troisiéme de Mand:es. Toutes ces trouppes iointes à celles du Duc de Nemours faisoient vn corps de neuf mil hommes de pied & de quinze cents cheuaux. Les Bernois s'estans alarmés de cette leuée, le Duc de Nemours leur depescha Croyson l'vn de ses Gentils-hõmes pour prier les Cantons de n'entrer point en ombrage des trouppes qu'il auoit en leur voysinage, leur protestant qu'il n'auoit aucun dessein d'entreprendre sur leurs terres, & que son armement n'estoit que pour auoir satisfaction de quelques mescontentements qu'il auoit reçeus de S. A. Il se publia aussi à mesme temps vne lettre en forme de manifeste, par laquelle ce Prince se plaignoit: *Que par les Ordres de S. A. on auoit voulu attenter sur sa personne: Que l'on l'auoit amusé deux ans en Piemont pour rompre vn mariage qu'il estoit sur le point de conclurre auec vne Princesse de France: Que son Altesse refusoit de luy payer vn million de liures qu'elle luy deuoit: Qu'elle auoit fait mettre garnison au Chasteau d'Annecy, & saisi son Duche de Geneuois sans cause legitime: Par toutes lesquelles considerations il auoit esté obligé de prendre les armes pour se garentir de cette oppression.* Son manifeste contre S. A.

A mesme temps il enuoya à Milan Champerroux Gadagne-Botheon, & Montferrand l'vn apres l'autre, pour solliciter Dom Pedro de Tolede de luy enuoyer de l'argent; & apres auoir receu du Comté quelques munitions, & du canon, il força quelques barricades & entra dans la Vallée de Chysery, qui est de la Souueraineté de Sauoye pour tenter le passage du Rosne au Pont de Gresin ou au Pont de Lucey, mais le Prince de Piemont s'opposa si vigoureusement à ce dessein, qu'apres plusieurs tentatiues & escarmouches, le Duc de Nemours fut contraint de se retirer dans vn Village du Comté de Bourgogne appellé Viry, où son armée commença de se dissiper, & les Comtois furent les premiers à l'abandonner, & luy pillerent ses munitions & ses viures, sur les ordres qui arriuerẽt de l'Archiduc Albert, portans deffences au Marquis de Dogliani de continuer ses leuées, n'y d'assister le Duc de Nemours. Cet armement fut aussi desappreuué en France, ou l'on ne vouloit pas attirer la guerre ny offencer S. A. Essaye d'entrer à main armée en Sauoye. Le P. de Piemont s'oppose à luy.

C'est pourquoy le Mareschal de Lesdiguieres & Bellegarde Gouuerneur du Duché de Bourgogne eurent commandement de se rendre à Lyon & de s'aboucher auec Halincourt & Lassay Conseiller d'Estat, pour porter ce Prince à vn accommodement, auquel il n'eut pas grande repugnance, se voyant éloigné du secours & de l'assistance qu'il attendoit des Espagnols, & reduit en vn mauuais Pays, où il ne pouuoit plus subsister faute de viures, & pour auoir les trouppes du Prince de Piemont en teste, & les Comtois en queuë. Bellegarde s'auança iusqu'à Chastillon de Michaille; & le Baron de Termes son Frere fit les allées & venuës aupres du Duc de Nemours. Les projets de cét ajustement ayants esté portés à Annecy au Prince de Piemont, il fut à la fin conclu le quatorziéme de Nouembre de l'an mil six cents seize, par lequel *Le Duc de Nemours fut restably dans toutes les terres de son Appannage, eut augmentation de ses pensions & appointements & asseurance des bonnes graces de son Altesse.* En execution de ce traitté, les trouppes de ce Prince passerent les vnes les Monts, & les autres se mirent en l'armée que le Mareschal de Lesdiguieres preparoit pour le seruice de son Altesse, & le Prince de Piemont, & le Duc de Nemours se virent, & s'embrasserent dans vn pré entre le Pont de Bellegarde, & le Pont de Lucey. Preuues pag. 626. Traité auec S. A. 1616.

Ce Prince mourut à Paris le 10. de Iuillet 1632. & fut inhumé en l'Eglise Nostre Dame d'Annecy auec cet Epitaphe. Sa mort 1632.

Heroi

D. O. M.

*HEROI CLARISSIMO, POTENTISSIMO Principi, Duci Strenuißimo, Henrico à Sabaudia:*

*Gallico, Allobrogico, Nemorosio, Gebennesiano, Carnutesiano Falcinati. Qui post exactam fœliciter cum Regibus, cum Ducibus, cum Principibus, cum Marte, cum Apolline, cum Musis, cum Astrea, cum Themide pro suæ gentis gloria & cum populorum bono, mortalem vitam, ei immortalis vitæ fores Christus cœlitùs aperuit 6. Idus Iulij M. DC. XXXII:*

*Clerus, Magistratus, & Populus Annesciacensis precibus, lacrymis, & suspiriis, Lessis, Næniis, sacrificiis, thure, pacis orationibus & sepulturâ parentauerunt.*

Le quatorziéme d'Avril M. DC. XVIII. son Mariage fut conclu à Bruxelles auec Anne de Lorraine Fille vnique de Charles de Lorraine Duc d'Aumale Pair de France, & de Marie de Lorraine-d'Elbeuf, en presence de Iean de Pericard Seigneur de Meridon Ambassadeur du Roy en Flandre; de Dom Rodrigo Nino Lasso de la Veza Comte d'Auoïeco Sommelier de corps de l'Archiduc, Grand Maistre d'Hostel & Escuyer de leurs A A. d'Engilbert Maës Cheualier & President du Conseil d'Estat, & de Pierre Peckius Cheualier, Conseiller d'Estat, Chancelier de Brabant. Iacques de Montgommery Seigneur de Courbozon estoit porteur de la Procuration du Duc de Nemours; le Duc d'Aumale constitua à la Princesse sa Fille le Duché d'Aumale, les Comtés de Mauleurier & de sainct Valier, les Seigneuries de l'Estoile & de la Vache & generalement tous ses biens: & le Duc de Nemours luy promit de Doüaire vingt mille liures de rente assignées sur le Duché de Geneuois & Baronnie de Foucigny, son habitation au Chasteau d'Annecy, & l'Hostel de Nemours situé à Paris. Cette Princesse mourut au mois de Mars M. DC. XXXVIII.

Son Mariage. 1618.

Preuues pag. 627.

Lorraine Aumale coupé de huict pieces 4. en Chef, & 4. en pointe, la premiere du Chef de Hongrie qui est fasce d'argent & de gueules de huict pieces. La 2. de Naples Sicile qui est de France au Lambel de gueules. La 3. de Ierusalem, qui est d'argent à la Croix Potencée d'or cantonnée de 4. croisettes de mesme, la 4. d'Arragon, qui est d'or à 4. pals de gueules. La premiere de la pointe, d'Anjou, qui est semé de France à la bordure de gueules, la 2. de Gueldres qui est d'azur au Lyon contourné d'or armé & couronné de gueules, la troisiéme de Iulliers, qui est d'or au Lyon de sable couronné de gueules, la 4. de Bar, qui est d'azur à deux Bars adossés d'or; l'escu semé de croix recroisettées au pied fiché de mesme & sur le tout d'or à la bande de gueules chargée de 3. Alerions d'argent, qui est de Lorraine, le tout brisé en chef d'vn Lambel de gueules.

## ENFANS D'HENRY DE SAVOYE DVC DE NEmours & d'Anne de Lorraine son Espouse.

I. François-Paule de Sauoye Prince de Geneuois decedé à l'âge de huict ans, il fut baptisé à Paris en l'Eglise de sainct André des Arcs par le bienheureux François de Sales Euesque de Geneue en presence de deux P. P. Minimes.

II. Louys de Sauoye Duc de Nemours, de Geneuois, de Chartres & d'Aumale.

Ce Prince fit paroistre en sa ieunesse tant de courage & de resolution, que cette qualité si necessaire à ceux de sa condition, iointe à l'excellence de son esprit, & à la beauté de sa personne, le faisoient considerer par toute la France comme vn Illustre Imitateur de ses Predecesseurs. Le siege d'Arras fut le premier theatre d'honneur où il fit éclatter sa vertu, il y alla comme volontaire auec Louys de Bourbon Duc d'Anguien, & les Ducs de Mercuëur, de Beaufort & de Luynes. Les combats où il se mesla auec l'ennemy le firent remarquer, entre autres celuy d'où Loches Gentil-homme Sauoysien Lieutenant de la Compagnie de cheuaux Legers du Baron de Capres Fils du Duc de Bournonville le retira, témoignoit bien que ce ieune Lyon estoit incapable de crainte; mais ce peril euité par vne glorieuse retraite, luy fit entreprendre l'attaque d'vne demy-lune qu'il emporta genereusement, & soustenir vn poste que ceux de son party auoient abandonné. Il se porta encore si vaillamment à la conduite d'vn conuoy, qu'apres auoir eü son cheual tué, il prit celuy d'vn viuandier pour retourner à la charge où il fut blessé d'vn coup de pique; mais estant allé au siege d'Ayre, il y tomba malade d'vne fieure double tierce, dont trente-quatre iours apres il mourut au grand regret de toute la Cour le seiziéme de Septembre M. DC. XLI. Son corps fut porté à Annecy & inhumé auec beaucoup de pompe le seiziéme de Nouembre suiuant, à laquelle assista Dom Felix de Sauoye Gouuerneur de Sauoye faisant le duëil pour son Altesse Royale. Les quatre Gentils-hommes qui porterent les quatre bouts du drap furent, Bernard Baron de Menthon Comte de Montrotier, Claude Baron de Monthous, Philippes de Lucinge Baron d'Arenthon & de Brison, & Prosper de Montuagnard Seigneur de Boëge, nommés par Dom Felix au nom de son Altesse Royale, pour leuer les difficultés que faisoit la Noblesse de Geneuois & de Foucigny, laquelle vouloit élire les Gentils-hommes; neantmoins son Excellence par temperament permit au corps d'en choisir deux, pour porter de chasque costé au milieu des autres, les bords du drap, qui furent François de Sales Baron de Thorens pour le Geneuois; & pour le Foucigny, Prosper de Thoire Seigneur de Boussy.

*Ses Exploits. 1640.*

*Sa mort. 1641.*

L'Epitaphe suiuant fut dressé à la memoire de ce Prince en la mesme Eglise de Nostre Dame par René Faure Seigneur de la Valbonne President du Conseil de Geneuois, personnage dont le merite est connu par tout.

*Illustrissimus*

D. O. M.

*Illustrissimus & potentissimus Princeps Ludouicus à Sabaudia, Gebennesij, Nemurcij, & Aumalæ Dux; cùm in Ciuitatis Ayræ obsidione obsideri & corripi ab Hispanis non potuisset, à morbo potuit: Cumque Hostibus insedisset, non incidisset; & eorum quam plurimos cæcidisset, nec ipse cecidisset; cecidit in Febrem Lethalem. Ille sicut Sol inter Astra, sic inter Principes perpetuà fortitudine enitens, vt natalibus, ità viribus animóque præpotens, ad solam gloriam natus, eamque nactus; cum mortalibus non cederet, morti & soli fato cessit die 16. Septemb. 1641.*

L'Abbé Hedelin prononça en son honneur vn excellent Panegyrique funebre en l'Eglise de Nemours, à l'arriuée du corps de ce Prince, auant qu'il fut porté à Annecy.

III. Charles-Amedée de Sauoye Marquis de sainct Sorlin : puis Duc de Nemours, de Geneuois & d'Aumale qui suit.

IV. Henry de Sauoye Marquis de sainct Sorlin, puis Duc d'Aumale, & enfin Duc de Nemours & de Geneuois, premier Pair de France; Archeuesque & Duc de Rheins, dont nous parlerons en son rang.

# XXI.

## *CHARLES-AMEDE'E DE SAVOYE DVC de Nemours, de Geneuois & d'Aumale: Pair de France: Marquis de S. Sorlin & de S. Rambert: Comte de Gisors: Baron de Foucigny & de Beaufort: Seigneur de Poncin, de Cerdon & de Bray sur Seyne; Colonel General de la Caualerie Legere de France.*

### CHAPITRE VIII.

QVOY que ce Prince ait peu vécu, il a neantmoins donné beaucoup de preuues de son courage, & a monstré par ses actions qu'il estoit digne du sang illustre dont il estoit sorty. Son humeur estoit infatigable à la guerre, son cœur tousiours saisi d'vn feu qui ne se rallentissoit point; & son impatience guerriere luy fournissoit tous les iours quelque matiere à se signaler. Il vint au monde au mois d'Auril 1624. Et apres auoir esté volontaire aux sieges de Grauelines, de Bethune, de Lints, de Bourbourg, & de Montcassel, il commanda à l'âge de 22. ans la Cauallerie legere de France, au siege de Courtray l'an 1646. en l'absence du Comte d'Alais, en suite d'vn pouuoir particulier que le Roy luy en auoit dóné. Apres la prise de Courtray, il alla au siege de Mardick, où il fit vne action si genereuse que leurs Majestés luy firent l'honneur de luy depescher vn Gentil-homme, pour luy en témoigner leur ressentiment & le déplaisir de la blessure qu'il reçeut à la jambe d'vn coup de mousquet, estant allé à la tranchée, pour secourir le Prince de Condé, que les ennemis pressoient viuement. Ce qui luy reussit si heureusement, qu'ils furent contrains de se renfermer dans la place; quoy que le Duc de Nemours eut esté suiuy de peu de personnes en cette occasion; à cause que c'estoit l'heure du repos. Le Roy luy enuoya peu de iours apres vn Breuet de vingt mille liures de pension. Depuis s'estant trouué engagé dans les dernieres broüilleries du Royaume l'an 1652. il se signala à l'attaque du Fauxbourg de S. Antoine, où il receut neuf mousquetades sur ses armes, dont deux luy blesserent la main.

Sa naissance 1624.

Preuues pag. 632.

Ses Exploits à Courtray & à Mardick.

Il mourut à Paris le 30. du mois de Iuillet 1652. ayant esté tué en duel derriere l'Hostel de Vandosme, par François de Vandosme Duc de Beaufort son

Beaufrere

Beaufrere,la partie fut de 5. contre 5.le Duc de Nemours auoit de son costé le Baron de Villars de Daufiné, François du Guarric Seigneur d'Vzech Capitaine de ses Gardes, le Cheualier de la Chaize Enseigne de ses Gardes & Campan. Le Duc de Beaufort estoit assisté de Louys de Rostaing Comte de Bury, de René d'Aeng, de la Maison de la Roche d'Ain en Anjou Seigneur de Ris, d'Hericourt & de Briets. Les quatre qui seruirent le Duc de Nemours eurent auantage sur les seconds du Duc de Beaufort; Ris & Hericourt estans morts peu de temps apres de leurs blessures. Le Comte de Bury y receut vn coup d'épée dans le corps & Briets fut porté par terre. Telle fut la mort de ce Prince, qui en meritoit vne plus glorieuse, & d'vne autre main, que de celle dont il la receut.

Son corps demeura à Nemours en depost auec ceux de ses deux premiers Enfans masles dans vne Chapelle derriere le Chœur de la Parroisse, iusqu'à ce qu'il fut porté à Annecy en l'Eglise Collegiale de Nostre Dame, aupres de ses Ancestres. La pompe de ses funerailles se fit le 17. de Septembre 1659. Elisabeth de Vandosme sa Vefue, & les deux Princesses ses Filles y assisterent. S.A.R. qui voulut témoigner la part qu'elle prenoit à leur deplaisir, enuoya Albert-Eugene de Geneue Marquis de Lullins, pour representer sa personne en cette ceremonie, de laquelle il soustint l'honneur auec tout l'éclat, la magnificence, & la grandeur que desiroit vne action de cette importance. Charles-Auguste de Sales Euesque & Prince de Geneue tres-digne Neueu & Successeur du Bienheureux François de Sales, celebra l'Office, & prononça l'Oraison Funebre de ce Prince, où il n'oublia rien de ce qui pouuoit releuer sa memoire, & loüer la pieté de ces trois illustres Princesses, qui auoient pris tant de soin & fait vne si grande despence pour rendre les derniers deuoirs, l'vne à son Epoux, & les autres à leur Pere. Les Gentils-hommes qui porterent les quatre bouts du drap qui couuroit la Biere furent le Comte de Menthon, le Baron de Montous, Lucinge Baron d'Aranton, & Montuagnard Seigneur de Boege; les autres deux Gentils-hommes qui tenoient les deux bouts du milieu. Gruet pour la Prouince de Geneuois, & Loches pour celle de Foucigny. Vn bon esprit de ce siecle luy dressa cét Epitaphe.

D. O. M.

*ADSTA VIATOR, ET AVSCVLTA*
*contra mortem vana nobilitas, impar iuuenta,*
*Nomen impotens,*
*Virtus inermis, vota superstitum irrita,*
*Omnibus præualet, omnia rapit,*
*& deridet.*
*CAROLVS-AMEDEVS A SABAVDIA*
*DVX NEMORACENSIS.*
*Occubuit*
*Ætate & gloria florens,*
*Stemmate longo & grandi virtute clarus*
*Infra communes annos vita functus,*
*Vltra omnes victurus famâ;*
*Subditorum Magnatum & optimi cuiusque desiderium & amor.*
*Quid mirum?*
*Si nulli infestus, omnibus gratus fuerit?*
*Multis tentatus in bello vulneribus,*
*In pace morbis grauibus, & suorum funeribus acerbis.*
*Dolores superauit patientiâ,*
*Patientiam pietate;*

*Morti*

*Morti ſæpe proximus, iam-iam aggredientem non timuit,*
*Vix ſenſit.*
*Coniugis Dotibus, Fortuniſque nimium nimium felix,*
*Si quem dederat illa Fratrem,*
*Concordem dare potuiſſet;*
*Pro Gentilitiæ Nobilitatis dignitate tuenda*
*Periit,*
*Fato*
*Francorum Proceribus non illaudato:*
*Sed malè fortunato.*
*Heû! vetus ſtrenuitatis, ſed immane decus!*
*Heû! mors cæcâ crudelitate perilluſtris,*
*Quem cæteræ gentes damnare vix audent,*
*Nec imitari.*
*Noli plura quærere Viator,*
*Herois tanti Cineres cole,*
*Sortem dole,*
*Et Mortuo bene precatus*
*V A L E.*
*Nat. prid. Id. April. 1624. Obiit 3. Kal. Aug. 1652.*

F R. HEDELIN *Abb. Albiniac.*

Son mariage. 1643.

Le 9. de Iuillet 1643. il fut accordé en mariage au Louure, en preſence du Roy, de la Reyne, du Duc d'Orleans, de la Princeſſe Anne-Marie-Louyſe d'Orleans, du Prince & de la Princeſſe de Condé, de la Comteſſe de Soiſſons, des Ducs de Mercœur, de Beaufort, de Guyſe, d'Elbœuf, & du Comte de Harcourt, auec Eliſabeth de Vendoſme, Princeſſe des plus accomplies de ſon ſiecle; Fille de Ceſar Duc de Vendoſme, de Mercœur, de Pentheurre, de Beaufort & d'Eſtampes; Prince d'Anet & de Martigues, Pair de France, & de Françoiſe de Lorraine. Elle eut neuf cens mil liures en dot, & vingt mil liures de rente pour ſon doüaire; le mariage s'accomplit deux iours apres. Preuues pag. 643.

Vendoſme de France au baſton de gueules pery en bande, chargé de trois Lyonceaux d'argent.

Il a eu de cette Princeſſe les Enfans ſuiuans.

I. Marie-Ieane-Baptiſte de Sauoye née l'11. d'Auril 1644. elle fut baptiſée à Fonteuraut, Le Duc de Mercœur & la Ducheſſe de Vendoſme furent ſes Parrain & Marraine. elle esp. en 1660 Charles Emanuel Duc de Savoye son cousin

II. .... de Sauoye Fils, qui ne fut qu'ondoyé, & deceda le 6. de Mars 1647.

III. Marie-Françoiſe-Eliſabeth de Sauoye Iumelle, née le 21. de Iuin 1646. mariée au mois de juin 1666 Alfonce VI Roy de Portugal elle separée de luy à cause de son impuissance et de ses moeurs dereglés elle se remaria le 27 mars à Don Pedro son frere prince Regent de Portugal ... fille

IV. François de Sauoye venu au monde le 10. de May 1650. voüé à S François de Paule, deceda le 12. de Decembre ſuiuant.

V. Charles-Amedée de Sauoye né le 26. de Feurier 1651. mort le 10. de Mars de la mesme année, inhumé dans l'Eglise des Capucins de la ruë de S. Honoré à Paris. Voicy leur Epitaphe, & du Prince leur Frere aisné.

C. R.

*Dum paupulum moraris*
*Hospes,*
*Mirare cumulata funera.*
*Mors*
*Omnibus finis, sed non par:*
*Miseris remedium, Senescentibus votum,*
*Impiis diram, Sanctis beneficium;*
*Sed de nullis melius merita,*
*Quàm ad quos*
*Sæculo nondum prælibato*
*Venit antequam inuocaretur.*
*Hic iacent*
*Tres nobilissimi Principes,*
*Caroli Amedei à Sabaudia, Ducis Nemoracensis*
*Cara proles & multùm adamata,*
*Sed in ipso vitæ aditu & gloriæ apparatu*
*Nimium celeriter extincta.*
*Cùm vitam vix senserint, mortem experti sunt;*
*Sed diebus paucis pereunti mundo nati,*
*Annis indeficientibus regnaturi,*
*Vltra mundum renati sunt.*
*Altius euolarunt,*
*Qui nil terrenæ fæcis traxerant nec ponderis.*
*Franciscus & Carolus posteriores nati*
*Fratris Primogeniti Nomen,*
*In terris nunquam auditum,*
*In cælis scriptum mirati sunt*
*Felices.*
*Qui sæculis æternalibus habent additum,*
*Quod temporali curriculo detractum est.*
*Doleat superstitum affectus,*
*Casus inordinatos, dulcedines ablatas, spes præreptas.*
*Cum Angelis exultant similes Angelis,*
*Naturæ Martyres, mortalitatis Victimæ,*
*Immortalitatis flores, gratiæ fructus & Christi deliciæ.*
*Parentum sortem dole,*
*Et ad liberorum consortium perge.*
*Elizabetha Vindocinensis Mater amantissima*
*Tot & tam caris orbata pignoribus simul & coniuge,*
*Quadruplici funere,*
*Multiplici vulnere doloris & amoris sauciata,*
*Diùque moriens*

*H. M. posuit insolabilis & B. M. C.*

*F. Hedelin Abbas Albiniacensis.*

*HENRY*

# XXI.

*HENRY DE SAVOYE DVC DE NEMOURS, de Geneuois, & d'Aumale : Marquis de S. Sorlin & de S. Rambert : Comte de Gisors : Baron de Foucigny & de Beaufort : Seigneur de Poncin, Cerdon, & Bray sur Seyne.*

## CHAPITRE IX.

DV viuant des Ducs de Nemours ses Freres, il porta la qualité de Marquis de sainct Sorlin, fut destiné à l'Estat Ecclesiastique ; & dés ses premieres années fut mis au College des Peres Iesuites, où par ses actes publics de Philosophie il donna des preuues de ses estudes. Le Cardinal de Richelieu charmé de la viuacité de son esprit, luy procura l'Abbaye de sainct Remy de Rheins, & le proposa pour estre Cardinal.

Il fut depuis nommé Coadiuteur en l'Archeuesché de Rheims, & le Titulaire estant decedé peu de temps apres, il fut reçeu Duc & Pair au Parlement auant que d'auoir obtenu ses Bulles ; faueur qui n'auoit point eu d'exemple, & qui n'auoit esté accordée, qu'à sa naissance & à sa vertu.

Le Clergé de France (bien que ce Prince n'eut pas encore le caractere) le nomma President de son Assemblée, en laquelle qualité il fit plusieurs actions publiques, & importantes : Entr'autres il porta la parole en la foy & hommage que rendirent les Ordres de France au Roy à present regnant à sa maiorité.

Cette qualité d'Archeuesque & Duc de Rheims, outre la dignité de Pair de France, luy donna encore celle de Legat nay du sainct Siege Apostolique, & de Prince de la Gaule Belgique. Il fut aussi Abbé de sainct Rambert en Bugey.

Il accompagna toutes ces dignités Ecclesiastiques d'vne si solide vertu & de mœurs si réglés tout ieune qu'il estoit, qu'il ne donna pas moins de lustre à cette profession par sa constante pieté, par ses bons exemples, & par sa rare capacité, que par les autres auantages éclatans de sa haute naissance. Cependant quelque fort attachement que luy donnassent ces saintes inclinations, pour le seruice de Dieu aupres des Autels, & pour cét Estat paisible, qui fauorisoit l'ardente amour qu'il auoit pour l'estude ; la Prouidence qui dispose des choses absolument, & qui regle presque toujours à nostre insçeu les auantures de nos vies, ne permit pas que celle d'vn Prince si accomply, demeurat plus long-temps cachée.

La mort desastreuse de Charles-Amedée de Sauoye Duc de Nemours son Frere aisné, estant arriuée de la deplorable maniere que nous venons de rapporter, & ce Prince restant tout seul, qui pût continuer cette illustre Branche de Nemours si meritante de l'Estat : les instantes sollicitations des deux Cours de France & de Sauoye ; les communs souhaits de tout le monde, & le conseil de ses amis, l'obligerent à changer de profession. Ainsi ayant recueilly

la

la succession de son Frere, il fut Duc de Nemours, fort consideré en France par la prerogatiue de sa naissance Royale, par ses rares qualités, & par son merite extraordinaire.

Il s'allia auec Marie d'Orleans Fille d'Henry d'Orleans II. du nom, Duc de Longueville & d'Estouteville, Souuerain de Neuf-chastel, Gouuerneur de Normandie, & de Louyse de Bourbon-Soyssons sa premiere Femme.

D'azur à trois Fleurs de Lys d'or 2. 1. au lambel d'argent & vn baston de mesme racourcy & pery en bande.

Mais ce Prince estant tombé malade le 2. de Ianuier 1659. deceda à Paris en l'Hostel de Longueville le 14. suiuant d'vne suffocation de sang. Son corps fut mis en depost en l'Eglise des Feüillants, en attendant qu'il soit transporté à Annecy au Tombeau des Ducs de Nemours, & son cœur fut porté en l'Eglise de sainct Louys de la ruë de sainct Antoine, où les Peres Iesuites luy firent vn seruice solemnel.

Ainsi finit en sa personne l'illustre branche de Nemours, qui auoit subsisté si glorieusement en France l'espace de cent cinquante ans.

# LES BARONS DE VAUD, Seigneurs de Bugey & de Valromey.

D'or à vn Aigle de ſable au Lambel de trois pendans de gueules brochant ſur le tout, pour briſure.

# X.

## LOVYS DE SAVOYE BARON DE VAVD, *Seigneur de Bugey, de Valromey, de Chillon, & d'Oigney Comte de l'Empire.*

### CHAPITRE IX.

ENTRE les Enfans de Thomas de Sauoye II. du nom Comte de Maurienne, de Flandre, de Haynaut, & de Piemont; & de Beatrix de Fiesque sa seconde Femme; celuy-cy fut le troiziéme: Il vint au monde au moys d'Octobre M. C C. L. & non pas l'an M. C C C I. comme a escrit Papyre Masson. A l'âge de seize ans il se treuua à la bataille que Pierre Comte de Sauoye, & Philippes de Sauoye Archeuesque de Lyon ses Oncles; Thomas & Amé de Sauoye ses Freres aisnés perdirent en Piemont contre les Astesans, & ceux de Turin l'an 1266. & y fut luy mesme pris prisonnier. *Ping. Arb. Gent. In Elog. Ping. Aug. Taur. Chiesa.* sa naissance 1250. 1266.

Depuis s'estant retiré en France, il fit vne confederation au mois de Iuillet 1281. auec Aymar de Poitiers Comte de Valentinois, par laquelle ils promirent de se secourir & ayder l'vn l'autre & particulierement pour faire la guerre à Aymar de Rossillon Archeuesque de Lyon. Amé de Rossillon Euesque de Valence & de Dye, & Artaud Seigneur de Rossillon, & à tous ceux de leur race, à condition que le Comte de Valentinois feroit épouser à Louys, Iane de Montfort Comtesse de Forests sa Cousine, sans quoy le Traitté demeureroit nul. Il suyuit le Roy S. Louys au voyage d'Affrique & au siege de Tunis; & apres le decés de ce Prince, il reuint en France, assista à ses funerailles, & demeura quelque temps en la Cour de Philippes III. va en Affriq. 1282. Preuues pag. 635. *Ping. Hist. Sab. M.S.*

Au mois d'Auril 1284. Otthon Comte Palatin de Bourgogne Sire de Salins, consentit à l'hommage qu'il rendit à Mahaut d'Artois Comtesse Palatine de Bourgogne, du Fief qu'il tenoit d'elle, sauf la fidelité deüe au Comte de Bourgogne. 1284. Titr. de la Chambre des Com. de Dijon.

l'Empereur Rodolphe par ses patentes dattées à Fribourg le 5. de May suyuant, luy donna pouuoir de faire battre monnoye dans toutes ses Terres, *Quoy que ce priuilege luy fut deu de toute ancienneté, à cause de sa Noblesse & de la grandeur de son Extraction;* Ce sont les termes de la concession. 1284. fait battre monnoye. Preuues pag. 636.

Le lundy lendemain de la feste de sainct Hilaire de l'an 1285. il traitta de son Appannage auec Amé V. du nom Comte de Sauoye son Frere surnommé le Grand; par l'entremise de Nicolas Euesque d'Aouste, d'Estienne Abbé de Sauigny en Lyonnois, de Rodolphe de Montbel Seigneur d'Entremonts, & de Nicolas de Billens Iurisconsulte qui luy adjugerent les Seigneuries, Villes & Chasteaux des Clés, d'Yuerdun, de Gondresin, du Biolay, de Modon, de Romont, de la Roue, & autres terres du Pays de Vaud; & le Chasteau de Chillon en Valais, à la reserue seulement de la Souueraineté & des Fiefs du Comte de Grueres des Seigneuries de Chastel & de Cossonay: Il fut encore arresté que le Comte luy donneroit Inuestiture des Chasteaux & Seigneuries que Louys auoit eües en Bugey & en Valromey, par eschange fait vn peu auparauāt auec Louys Seigneur de Beaujeu, & de Dombes. Mais il faut bien que ce Traitté ne fut pas d'abord agreé par ce Prince, parce qu'il se void vn titre du mois de Nouembre de la mesme année, par lequel il promet au Comte de Sauoye, de ne luy pas faire la guerre pour leurs differends, & donne pour 1285. traitte de son appanage. Titr. de la Chambre des Com. de Sau. Titr. de l'Arch. de Turin.

Ostages

Ostages Renaud de Mauuoysin, Pierre Mareschal, Pierre de Luyrieux, Guillaume de Paladru Cheualiers.

Inuent. des Titres du Comté de Bourg. Mem. MS. de Monf. Perard.

La difficulté qu'il eut auec Otthon Comte Bourgogne-Palatin, touchant l'hommage de la Ville & Chasteau de Morges fut terminé par Traitté fait à Bracon de l'an 1291. par lequel il se reconnut tenu audit hommage & promit de receuoir le Comte en son Chasteau, & Ville des Clés contre toutes personnes, excepté le Comte de Sauoye, moyennant quoy le Comte de Bourgogne luy donna en fief le Chasteau d'Oigney & cent liures en fonds de terre sur le peage de Pontaillier. Depuis le Roy Philippes le Bel par lettre d'attée à Fontainebleau 1291. ordonna que s'il apparoissoit de ces conuentions par Gaucher Seigneur de Chastillon, & des trois cents liures de rente promises encore à Louys de Sauoye par le Comte de Bourgogne sur le pont de Seyssel, elles fussent entretenües, donnant du sien à Louys de Sauoye quarante liures de rente. 1291.

Hist. de Bresse & de Bugey.

Il fut l'vn de ceux qui iurerent pour le Comte de Sauoye, le Traitté de Paix fait entre ce Prince & le Daufin de Viennois l'an 1292. par l'authorité du Pape Clement VI. L'an 1294. Il eut differend auec Iean Marquis de Montferrat, dont Matthieu Viscomte Seigneur de Milan fut Arbitre: Mais on ne voit pas si la chose eut suite. 1292. 1294.

Titr. de l'Archiue de Turin.

*Idem.*

L'Empereur Adolphe Par patentes du mois de May 1297. luy confirma le droit de battre monnoye d'or & d'argent. 1297.

Il eut differend auec Guillaume Euesque de Lausanne, & son Chapitre, Humbert Sire de Thoire & de Villars pour luy, & pour Peronet de Pugins & Iean Seigneur de Cossonay, lequel fut terminé par Iean de Chalon Seigneur d'Arlay, qui prononça que le Seigneur de Vaud payeroit à l'Euesque mil trois cents liures, & donneroit des pleiges entre les mains du Seigneur d'Arlay pour seurté du payement, en execution duquel Traitté Guillaume Abbé de Balerne, & Girard Sire d'Arguel Conseiller & Chambellan du Seigneur par Lettres dattées en la Tour d'Ochié le Mercredy apres la sainct Clement 1298. donnerent les pleiges suyuants, sçauoir Raoul Sire de Neuf-chastel, Pierre de Blonay, Messire Iean de Monts, Messire Raoul de Montrichier, Messire Guillaume de Chantonay, Messire Iean le Vidonne de Modon, Messire Pierre du Pont, Guillaume de Cerbenes, Pierre le Roux, de Villens, & Thorenc de Grueres

traitte auec l'Euesque de Lausanne

1298.

*Ping. Arb. Gemil. Papyr. Masso.*

Il suyuit Charles 2. du nom Roy de Naples & de Sicile en toutes les guerres qu'il eut en ce Royaume, & mourut à Naples, où son Corps fut inhumé en l'Eglise de sainct Pierre d'Ara, puis apporté au Monastere de Hautecombe en Sauoye, par commandement du Comte Amé le Grand. Papyre Masson le confond auec Louys de Sauoye Prince d'Achaye, & de la Morée, erreur qui a esté suyui par Graswinkel; mais ce decés n'arriua pas au mois de Ianuier de l'an mil trois cents vn, comme ont escrit Pingon, & Papyre Masson, puis que seulement au mois de May de la mesme année il épousa sa troisieme Femme. Il faut donc que ce fut au mois de Ianuier de l'an mil trois cens deux: Son Testament est du dixiéme Ianuier mil trois cents deux, datté à Naples, par lequel il fit legat à Isabelle d'Aulnay sa 3. Femme, de l'vsufruit des Chasteaux de Prangin & des Clés, recommanda ses Domestiques au Comte de Sauoye son Frere, entre autres Rodolphe de Montroger & Guy de Lyobard: Prie Charles Roy de Sicile d'auoir soing de sa Femme, à cause de leur parenté: Partage ses Enfans, & declare executeurs de sa volonté, le mesme Montroger Berlion de Riuoire, Pierre du Pont Cheualiers, & Pierre de Blonnay Damoiseaux.

va en Sicile

*de Iure. Praecedent.*

Titr. de l'Archiue de Turin.

sa mort 1302.

Louys

Louys de Sauoye eut trois Femmes, la premiere fut Adeline de Lorraine, Fille de Matthieu II. du nom Duc de Lorraine & de Caterine de Limbourg. Cette alliance a eſté inconnuë à tous les Hiſtoriens & Genealogiſtes de la Maiſon de Lorraine. François de Belle-foreſt qui en a eü connoiſſance a qualifié ce Louys Comte de Sauoye. Wanderburch dit qu'il n'eut que cette Femme; à laquelle Pingon & du Butter ſe ſont trompés de donner Caterine de Luxembourg pour Mere, parce qu'elle s'appelloit Caterine de Limbourg Fille de Valeran II. du nom Duc de Limbourg, & d'Hermanſſon Comteſſe de Luxembourg.

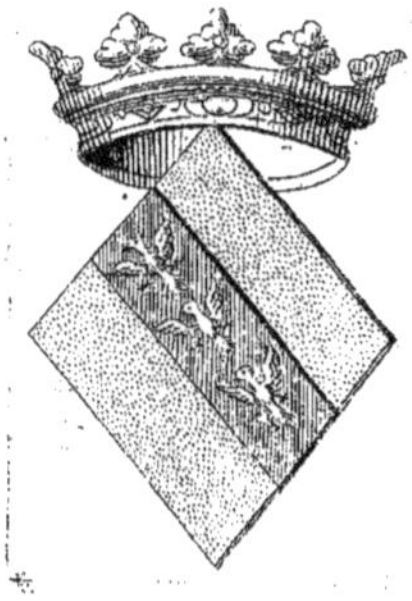

Lorraine. d'or à la bande de gueules chargée de trois Alerions d'argent.

La ſeconde Femme de Louys de Sauoye fut Ieane de Montfort Vefue de *Ping. Arb.*
Guy VI. du nom Comte de Foreſts & Fille de Philippes de Montfort Comte *Gent.*
de Caſtres Seigneur de la Ferté-Aleps en Beauſſe. Elle joüiſſoit pour ſeurté de
1268. ſa dot des Chaſteaux & Seigneuries de Lay en Beaujolois & de Champleon Titr. de la
en Foreſts, dont l'aſſignat luy auoit eſté fait l'an 1268. Elle échangea depuis Chamb.
ces Terres auec Louys Seigneur de Beaujeu & de Dombes, pour celles de Cor- des Com.
1285. don, Virieu le Grand en Bugey, & de Chaſteauneuf en Valromey l'an 1285. de Sau.
1293. Elle fit ſon Teſtament le Ieudy auant la feſte de S. André l'Apoſtre 1293. Titr. de l'Arch. de Turin.

Montfort l'Amaury. de gueules au Lyon d'argent.

Cette Princeſſe giſt auec Louys de Sauoye ſon Mary en vne Sepulture de Marbre à Hautecombe en la Chappelle de S. Michel, ſans Epitaphe, comme la Figure ſuyuante le repreſente.

Finalement, Louys de Sauoye, le premier de May de l'an 1301. à Castel- Preuues
1301. mare de Stabia proche de Naples se maria auec Isabeau d'Aulnay fille du Sei- pag. 636.
gneur de Lauro & de Mariglian au Royaume de Naples, famille des plus considerables de la Ville de Naples, de laquelle Scipion Mazzella a fait mention, & la loge entre les Maisons esteintes de cette Ville. Elle estoit Vesue de Charles de Merlo Seigneur de Drueste en Sicile, Sœur de Robert d'Aulnay Cheualier Seigneur de Lauro & de Mariglian, & tante de Marguerite d'Aulnay, que Bertrand où Renaud de Baux Comte de Montescayoso, de Squillace & d'Andrie *Scipio* épousa l'an 1321. apres le decés de Beatrix de Sicile sa Femme, Fille de Charles *Ammir. Campanil.* II. du nom Roy de Sicile. Ammirato & Campanile disent que cette Famille d'Aulnay estoit d'origine françoise, & peut-estre elle estoit venuë des Vicomtes d'Aulnay en Poitou, dont quelque Puisné auoit suyui à Naples la fortune S. Marthe des Princes de la Maison d'Anjou. Elle mourut le 30. d'Octobre 1341. & gist l. 30 ch. 3. en l'Eglise de saincte Claire de Naples, auec cét Epitaphe.

*Hic iacet corpus magnificæ Mulieris D. Isabellæ de Alneto Consortis quondam magnifici Viri Dñi Lodoyci de Sabaudia, quæ obiit anno Dñi 1341. die 30. mens. Octobr. 10. Indict. cuius anima requiescat in pace. Amen.* Campanile.

Du Buttet qui n'a pas eü connoissance de cette famille, a dit simplement qu'Isabeau estoit Fille d'vn Prince du Royaume de Naples.

Louys de Sauoye n'eut aucuns Enfans de ce mariage. Il luy auoit assigné son douaire sur le Chasteau d'Yuerdun au Diocese de Lausanne. Titre de l'Archiue de Turin.

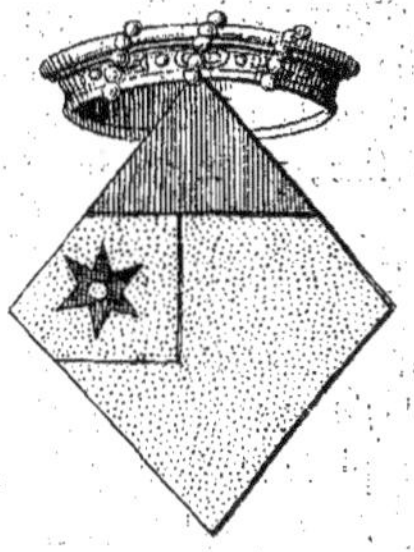

**Aulnay.** d'or à vne molette de sable au franc quartier, au chef de gueules.

## FILLE DE LOVYS DE SAVOYE BARON DE Vaud, & d'Adeline de Lorraine sa premiere Femme.

I. Laure de Sauoye, Espouse de Iean Comte de Forests. Pingon en son Arbre de Sauoye, a dit que cette Princesse estoit Fille de Louys de Sauoye, & de Ieane de Montfort sa seconde Femme, en quoy il s'est trompé; car ce Comte de Forests estoit Fils de Guy Comte de Forests & de ladite Ieane de Montfort; & ainsi Iean Comte de Forests eut épousé sa Sœur. Mais Laure de Sauoye estoit Fille d'vn premier lict; tellement que Louys de Sauoye épousant la Vesue de Guy Comte de Forests, maria sa Fille Laure auec le Fils de Ieane de Montfort. Ce que le mesme Pingon mieux éclairé, a depuis reconnu veritable en vn autre ouurage: En effet, Louys de Sauoye Baron de Vaud II. du nom, qui estoit Fils de Ieane de Montfort, appelle par son Testament ses Neueux Guy & Renaud de Forests, qui estoient Enfans dudit Iean Comte de Forests & de Laure de Sauoye sa Sœur.

Du Chesne Hist. de Bourgog. — *Hist. Sab. M. S. l. 7.*

Foreſts de gueules au Daufin pâmé d'or.

## ENFANS DE LOVYS DE SAVOYE BARON de Vaud, & de Ieane de Montfort ſa ſeconde Femme.

II. Louys de Sauoye 2. du nom Baron de Vaud qui continua la Branche.

*Pingon. Arb. Gent.* *Merula ant. Vicec. l. 8.* *Conrad. Vecer.*

III. Pierre de Sauoye ſuyuit l'Empereur Henry VII. en ſon voyage d'Italie, & fut tué auec l'Eueſque de Liege, le Comte de Bar & pluſieurs autres, en vne ſedition arriuée à Rome entre les Trouppes de l'Empereur & les Partiſans de Robert Roy de Naples l'an 1312. Il giſt en l'Egliſe de ſainct Pierre au Vatican. Merula parlant de luy, luy donne la qualité de Comte de Sauoye; & l'Autheur de la vie de l'Empereur Henry VII. l'appelle Senateur de Rome; en quoy il le prend pour Louys de Sauoye ſon Frere Aiſné. François Sanſoüin dit, qu'apres ce combat, les Eſtendars de l'Empire, de Sauoye & de Flandre, tomberent au pouuoir des Vrſins, qui les enuoyerent à Florence. 1312.

IV. Catherine de Sauoye morte ſans alliance en l'an 1305. 1305.

Liu. V.

V. Blanche de Sauoye Eſpouſe de Guillaume de Grandſon Cheualier Seigneur de Grandſon & de ſaincte Croix, Fils d'Otthon Seigneur de Grandſon. Leur Poſterité treuuera ſa place en cette Hiſtoire.

Grandſon pallé d'argent & d'azur à la bande de gueules, chargé de trois coquilles d'argent.

VI. Iſabelle de Sauoye, allié auec Humbert Seigneur de Montluel & de la Valbonne (mal nommé Berard par Pingon) Fils de Pierre Seigneur de Montluel.

Montluel d'or à dix Trangles de sable au Lyon de gueules couronné d'argent.

VII. Alienor ou Leonor de Sauoye, qui se maria le iour de saint Luc de Titr. de la Chambre des Com. de Sau.
1294. l'an 1294. auec Raoul Comte de Neuf-chastel, de Nidow & de Fribourg, Fils
1295. d'Amé Comte de Neuf-chastel. Elle mourut l'an 1335.

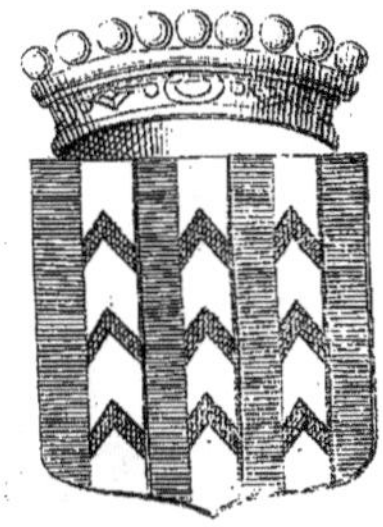

Neufchastel. d'azur à trois pals d'argent chargés chacun de trois cheurons de sable.

VIII. Marguerite de Sauoye, fiancée auec Hugues Daufin Baron de Foucigny, mais le mariage ne fut pas consommé. Elle épousa depuis Iean de Chalon Seigneur de Vignorry & de S. Laurent de la Roche, Fils d'Estienne de Chalon Seigneur de Rouures & de Montenot, surnommé *le Sourd*, & de Ieane Dame de Vignorry. Il ne sortit aucuns Enfans de ce mariage; quoy que Pingon leur ayt donné pour Fils Iean de Chalon Seigneur d'Arlay & de Cuseau. *Ping. Aug. Tau.*

Du Chesne n'a pas eû connoissance de Iean de Chalon Seigneur de Vignorry ny de son alliance, laquelle neantmoins se iustifie par leur mariage, Hist. de Bourg. l. 4. ch. 27.
1293. qui est du mois d'Auril 1293. Marguerite de Sauoye eut en dot dix mil cinq
cents liures; & sept cents liures pour son doüaire; & Louys de Sauoye son Pere
1294. donna pour pleige de sa dot au mois de May de l'an 1294. Otthes Comte de Bourgogne Sire de Salins.

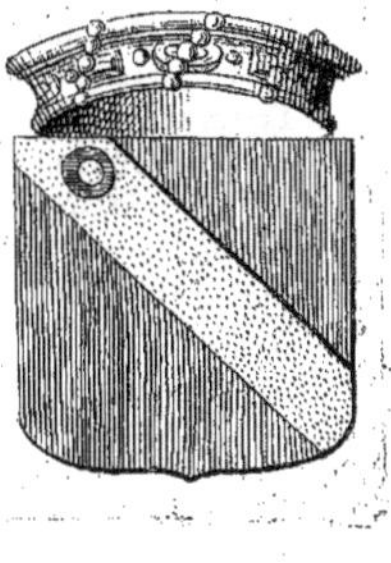

Chalon. de gueules à la bande d'or brisée d'vn annellet d'azur en chef.

En secondes nopces elle fut accordée à Vienne en Daufiné en l'Abbaye
Preuues pag. 637. de S. André, presents Aymar de Beauuoir, Iaques de Bocsosel, Amé de Miribel, Berlion de Riuoyre, & Iean Arrhoud Cheualiers, & Guillaume de Bocsosel Commandeur de S. Antoine de Chambery, au mois de Iuillet de l'an 1309. à 1309.
Simon de Sarrebruche Seigneur de Commercy Fils de Iean Comte de Sarrebruche Seigneur de Commercy & d'Estiennette de Broyes. Elle eut pour son Doüaire le Chasteau & Seigneurie de Morley, & se constitua celuy qui luy estoit deu par les heritiers du Seigneur de Vignorry, dont l'assignat se deuoit faire par Raoul Seigneur de Neuf-chastel & par Girard de Vaytes Cheualier. Les Cautions que donna le Comte de Sarrebruche pour l'obseruation du mariage furent Otthon Euesque de Basle: Amé Comte de Sauoye, Beraud Seigneur de Mercueur, Guy Daufin, Aymar de Poitiers, Raoul Seigneur de Neuf-chastel & Guichard de Cleyrieu, qui tous promirent de tenir Ostage, fors Guichard de Cleyrieu, qui reserua de se pouuoir faire excuser par le Seigneur de Beaujeu & par le Comte de Forests. Pingon a crû que les Comtes de Sarrebruche estoient descendus des Comtes de Nassau, en quoy il s'est
*Arb. Gent.* trompé comme au reste de la Genealogie de Sarrebruche: Car le Comté de Sarrebruche n'estoit pas encore entré en la Maison de Nassau; en effet c'est seulement Ieane Comtesse de Sarrebruche petite Fille de Marguerite de Sauoye,
Lauriers de Nassau. qui fut alliée à Iean Comte de Nassau & de Weylbourg, petit Fils de l'Empereur Adolphe, d'où sortirent les derniers Comtes de Sarrebruche, & de
*Ping. Arb. Gent.* Weylbourg de la Maison de Nassau, ainsi qu'il sera dit ailleurs.
Marguerite de Sauoye, mourut l'an 1344. 1344.

Sarrebruche-Commercy. d'azur semé de Croix recroisettés au pié fiché d'or au Lyõ d'argent sur le tout.

IX. Ieane de Sauoye Femme de Guillaume de Ioin-ville Seigneur de Gex, premier Baron de Champagne, Fils de Simon Seigneur de Ioin-ville & de
Preuues pag. 638. Marnay, & de Lyonnette Dame de Gex. Ce mariage se fit à Gex le Vendredy apres la Purification de Nostre Dame l'an 1293. La Princesse eut en dot 1329.
3000. liures monnoye de Lausanne, & pour son doüaire les Seigneuries & Chasteaux de Diuonne & de Flaccé auec les Fiefs de Montrichier & de Raoul de Liuron. Et quant à Guillaume de Ioin-ville, Lyonnette de Gex sa Mere luy fit donation de tous ses biens, à la reserue de la Ville & Chasteaux de Gex, de Chauanay, de Charans, de Suurer & de Seyssi.

Ieane de Sauoye eut differend auec Hugard Seigneur de Gex son Fils pour la deliurance des Terres de son doüaire, & pour la tutelle d'Eleonor de Gex sa
Titre de la Chambre des Comptes de Sauoye. Fille: Ce qui fut terminé le 6. de Iuin 1338. par l'entremise d'Aymon Comte 1338.
de Sauoye, d'Amé Comte de Geneue, d'Isabeau de Châlon Dame de Vaud, de Rodolphe Comte de Neuf-chastel, de Pierre Seigneur de Grandson, de Pierre Comte de Grueres, d'Aymon Seigneur de Cossonay & d'Humbert Alemand Seigneur d'Aubonne Arbitres conuenus.

Pingon marque le decés de cette Princesse en cette année 1338. De son ma-
*Arb. Gent.* riage sortirent les derniers Seigneurs de Gex du nom de Ioin-ville qui prirent 1338.
le

le nom & les armes de Gex; ainsi qu'il sera monstré en son lieu.

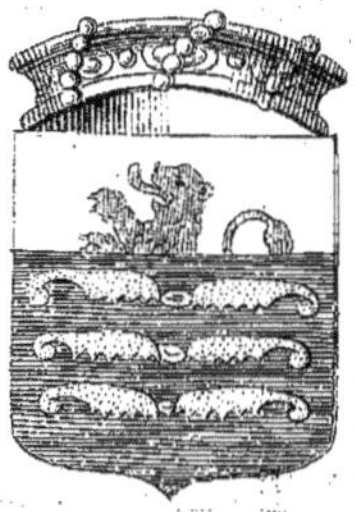

Ioinville-Gex. d'azur à trois morailles ou broyes d'or mi ses en face au chef d'argent au Lyon yssant de gueules.

X. Beatrix de Sauoye, mariée auec Geoffroy Seigneur de Clermont en Daufiné, que Pingon a mal nommé Aymar, n'ayant pas sçeu de quelle maison de Clermont il estoit yssu: Ce que toutesfois nous auons appris des Titres de la Chambre des Comtes de Daufiné, & de l'ancien Obituaire de l'Abbaye de S. Chef en Daufiné, où cette Princesse fonda vn Anniuersaire. Son Obit y est designé sous l'an 1338. Titr. de la Chamb. des Com. de Dauf. *Necrol. S. Theuderij.*

1338. Ce Geoffroy Seigneur de Clermont estoit Fils d'Aymar Seigneur de Clermont, & de Beatrix de Villars; de luy & de Beatrix de Sauoye sont descendus les Comtes & Vicomtes de Clermont, comme nous ferons voir ailleurs.

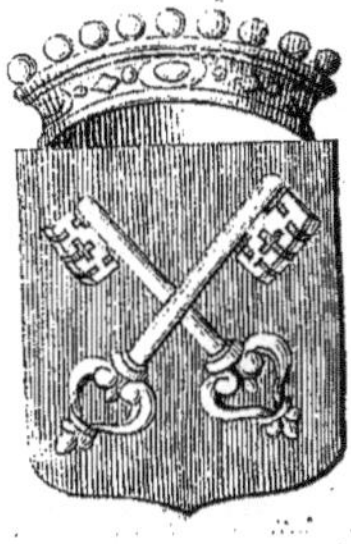

Clermont de gueules à deux clefs d'argent passées en sautoir.

# XI.

## *LOVYS DE SAVOYE II. DV NOM, Baron de Vaud, Seigneur de Bugey, de Valromey & de Chillon, Senateur & Gouuerneur de Rome.*

### CHAPITRE X.

IL eut different auec Amé Comte de Geneue pour l'hommage de quelques places, mais Guichard Seigneur de Beaujeu s'entremit de les accommoder. Cependant le Chasteau d'Arlos fut mis en depost entre ses mains le Samedy apres la feste de S. Luc de l'an 1305. Titr. de l'Archiue de Turin.

Ce Prince fut inuité par Edoüard II. Roy d'Angleterre d'assister à la solemnité de son couronnement qui se fit l'an 1309. au Palais de Westmynster. *Valsingh.*

Ses empl. pour l'Emp. L'Empereur Henry VII. vn peu apres son élection ayant sçeu les progrés que Robert Roy de Naples & de Sicile faisoit en Lombardie & en Piemont, y enuoya *Corio hist. di Milan. 2. part.*

enuoya ce Prince pour empécher le Traitté que les Astesans vouloient faire auec Robert; de là à Cony, à Sauone, à Genes & à Pise, pour maintenir ces Villes dans l'obeïssance; passa à Florence pour obliger les Florentins de la part de l'Empereur à leuer le siege d'Arezzo, & de se disposer à luy rendre les honneurs necessaires à son couronnement, & à luy enuoyer des Ambassadeurs à Lozanne. Depuis l'Empereur ayant entrepris de faire le voyage d'Italie, Louys de Sauoye le suiuit & assista à la ceremonie de son couronnement à Milan: Et comme Henry apprit qu'il y auoit de grandes diuisions à Rome, où il ne pouuoit aller à cause des guerres de Lombardie qui l'occupoient, il y enuoya Louys de Sauoye. A son arriuée le peuple Romain luy rendit de grands respects, & luy donna la charge de Senateur de Rome: Mais Louys ne voyant pas les choses disposées à y pouuoir seruir vtilement l'Empereur, laissa vn Lieutenant pour commander en son absence, & s'en retourna treuuer Henry qui estoit au siege de Bresse. Cependant les desordres de Rome croissants de iour à autre, & les Colomnes qui tenoient le party de l'Empereur n'estants pas capables de resister à leurs ennemys, prierent Henry de leur renuoyer Louys de Sauoye auec vne forte garnison. Louys y retourna auec cinq cents cheuaux Allemans; mais ayant treuué Rome en combustion, il obligea l'Empereur d'y aller en personne, qui r'asseura son party contre la faction contraire.

*Villani l.8.c.121.* *Corio.* *Villani l.9.c.28.*

Par Traitté du 12. de Septembre 1314. fait auec le Comte de Sauoye son Oncle, par l'entremise d'Edoüard de Sauoye Seigneur de Baugé, de Guichard Seigneur de Beaujeu, d'Hugues de la Rochette & de Berlion de Riuoire, il luy quitta tout ce qu'il pretendoit au Comté de Sauoye, les Villes & Chasteaux de Payerne, Rolle, Murat & la Tour de Broyes, & luy fit hommage & au Prince Edoüard; & en recompense le Comte luy donna en Fief les Seigneuries de Nattage, de Pierre-chastel, de Dignens & de l'Aigle, & trois mille liures. En suite dequoy il fut l'vn des principaux Chefs de l'Armée que le Comte de Sauoye mena en Bugey l'an 1314. contre le Daufin de Viennois.

Titr. de l'Archiue de Turin. Hist. de Bresse & de Bugey. *Hist. Chr. Ped. c. 48.*

Les Euesques de Basle & de Lausanne & le Comte de Geneue firent vne Ligue offensiue & deffensiue contre luy; & trois ans apres Rodolphe Comte de Neuf-chastel & Seigneur de Nidou, promit de le seruir & ayder de tout son pouuoir contre toutes sortes de personnes; à la reserue seulement de l'Empereur, de Leopold Duc d'Austriche, & de ceux de Fribourb. Iean de Luxembourg Roy de Boheme estant venu en Italie l'an 1321. pour y faire la guerre pour Louys de Bauieres Empereur; & se treuuant obligé de retourner en Allemagne, laissa Charles de Luxembourg son Fils qui l'auoit suiuy, en garde à ce Prince.

Titr. de la Cham. des Comp. de Dijon.

L'an 1323. il traitta auec Eudes Duc de Bourgogne de deux cents liures de rente qu'il luy auoit promises, en payement desquelles le Duc luy remit ce qu'il auoit en gage du Seigneur de Beaujeu en la Terre de Frontenay & ce qu'il auoit acquis de Iean de Vienne Seigneur de Pagny: Et au cas que le Seigneur de Beaujeu voulut retirer le gage, Eudes promit de donner recompense au Seigneur de Vaud à la Perriere outre Saone.

Titr. de l'Archiue de Turin.

Edoüard Comte de Sauoye, pour reconnoissance de ses seruices, luy donna le Chasteau de Rolle au Pays de Vaud par Titre datté à Geneue le 27. de Feurier 1324.

L'an 1325. il donna à l'Abbé & au Monastere de Hautecombe la Iustice du Fort de Lauour en Bugey, iusqu'au Port de Chana sur le Rosne, afin d'auoir part en leurs prieres & suffrages. La Chronique de Flandres & l'Histoire de Bretagne ont remarqué qu'il estoit à la bataille de Mont-cassel, du party du Roy Philippes de Valois, & qu'il y fut blessé à la main.

Argentré l.4.c.40.

Il

Il fut l'vn des Conseillers ordinaires d'Aymon Comte de Sauoye son Neueu ; & ce fut par son aduis que le Comte traitta l'an 1330. auec Blanche de Bourgogne Comtesse Doüairiere de Sauoye.

Cette mesme année il alla au secours de Leopold Comte d'Hasbourg Duc d'Austriche, contre les Bernois, & se treuua à la fameuse bataille de Loupen, où ce Comte fut deffait. François de Belle-forest a écrit que ce combat fut donné prés de Fribourg l'an 1339. Vignier, Simler & du Buttet aussi ; & que cela arriua au Canton de Berne. Mais vn Autheur plus ancien & plus croyable rapporte que cela se fit l'an 1330. il est vray que par erreur il a donné à Louys la qualité de Comte de Sauoye, comme a fait Vignier. *Bilib. Byr. de bel. Helu. l. 1.*

Le 5. de Septembre 1333. il moyenna vn accommodement fort solemnel entre Amé Comte de Geneue, Amé Fils de Guillaume de Geneue, Agnes de Chalon son Ayeule & Tutrice, & Hugues de Geneue son Oncle. Titr. de l'Archiue de Turin.

Estant en Auignon l'an 1338. il accorda à Marie de Viennois sa Cousine Prieure de la Chartreuse de Salettes en Daufiné, exemption de tous Peages & Tributs dans ses Terres. Titr. de la Chartr. de Salettes.

Il seruit le Roy Philippes de Valois en Flandre l'an 1339. & l'an 1340. contre les Anglois. Vn ancië Registre de la Chambre des Comptes de Paris parlant de l'equipage de ce Prince, porte qu'il y alla auec vn Cheualier Banneret, vnze Bacheliers & cent Escuyers, & qu'il estoit en la bataille du Roy. Aussi Philippes eut tant de confiance en ce Prince, qu'il le deputa auec le Roy de Boheme, & les Comtes de Sauoye & d'Armagnac, pour negotier la Paix auec le Roy d'Angleterre. Il commanda dans Doüay pendant le siege qu'y mit l'Anglois, & conduisit l'armée qui fut enuoyée pour rauager le Pays d'Ostrenaut. Froissart s'est mépris, parlant de ce Prince, de l'auoir qualifié Frere du Comte Aymon, de qui il n'estoit que Cousin. Mem. M. S. de Mr. d'Herouual. Froissart l. 1.

Geoffroy Euesque de Lausanne, par Titre du 19. de Feurier 1343. l'associa en la Iurisdiction de son Eueschë, en consideration des assistances qu'il auoit reçeuës de luy. Titr. de l'Archiue de Turin.

Le secours qu'il enuoya à Azzon Duc de Milan son Gendre est remarquable, parce qu'il fut cause du gain de la bataille ; en memoire de laquelle fut bastie l'Eglise de S. Ambroise au lieu mesme où le combat auoit esté donné ; & Paul Ioue recite que de son temps l'on voyoit encore en peinture dans cette Eglise la Compagnie de Gensd'armes de Louys de Sauoye sous la conduite d'Hector Panico, dont les cheuaux auoient la Croix blanche sur leurs caparassons.

L'an 1347. il alla en France au seruice de Philippes de Valois, se treuua à la bataille de Crecy où il commandoit l'arriere-garde de l'Armée Françoise, donna dans l'Escadron du Prince de Galles, & l'eut deffait, s'il n'eut esté secouru des Comtes de Nortanton & d'Arondel ; mais les Autheurs qui ont parlé de cette belle action, ont appellé par erreur ce Prince Comte de Sauoye. Il se signala aussi au siege de Calais, & le Roy s'asseuroit si fort de luy, qu'il le deputa auec les Ducs de Bourgogne & de Bourbon Princes du Sang, pour negotier vn Traitté entre les deux Roys, qui fut pourtant sans effet. *Paul. Iou. in vita Act. Med. Principis.* Du Chesf. hist. d'Anglet. l. 15. Froissart.

Le Comte Aymon son Cousin le nomma Tuteur testamentaire d'Amé VI. Comte de Sauoye son Fils auec Amé Comte de Geneue ; & en cette qualité il a paru dans les affaires les plus importantes de ce Prince auec beaucoup de prudence & d'honneur.

Il mourut l'an 1350. par son Testament qui est datté au Chasteau d'Yuerdun au Pays de Vaud le 29. de Mars 1340. il fit son Heritiere vniuerselle Caterine de Sauoye sa Fille vnique, & luy substitua à defaut d'Enfans Aymon Comte de Sauoye ; & si le Comte de Sauoye mouroit auant sa Fille, il appelle Preuues pag. 61.

à son hoirie celuy qui seroit Comte de Sauoye, porueu qu'il fut du nom & de la ligne paternelle de Sauoye; & où il n'en seroit pas: Il fait des Legats à Guy Comte de Forests & à Renaud de Forests ses Neueux, à Iean Comte de Sarrebruche & à ses Sœurs, à Ieane de Sauoye Dame de Gex & à Beatrix de Sauoye Dame de Clermont ses Sœurs & à leurs Enfans, & à Otthon de Grandson Seigneur de Pesmes, à Guillaume de Grandson son Frere, ses Neueux & à leurs Sœurs. Ce Testament contient encore diuers Legats faits par ce Prince au Monastere de Hautecombe où il éleut sa Sepulture, à l'Eglise de Belley, aux Abbayes de S. Sulpice & de Bons, aux Prieurés d'Aruieres & d'Eyton Ordre de Cisteaux au Diocese de Geneue, aux Religieux de S. François & de S. Dominique de Lausanne, aux Monasteres de Gela, d'Hauteriue, d'Hautecrest, de Belleuaux, d'Estauayé, de Romont & de Fribourg, aux Chartreuses de Charmey, de la Part-Dieu & de la Lance, aux Abbayes du Lac de Ioux, de Marsens & de la Fontaine-André au Diocese de Lausanne, aux Religieux de S. François & de S. Augustin de Fribourg, de Pontaillier & de Nyons. Les Executeurs de sa volonté furẽt Aymon Comte de Sauoye, Isabelle de Chalon Dame de Vaud sa Femme, les Euesques de Lausanne, de Geneue & de Belley, l'Abbé de Hautecombe, Amé Comte de Geneue son Neueu, Girard d'Orrons Chanoine de Syon, & François Prost de Virieu Doyen d'Oulx.

Louys de Sauoye épousa Isabelle de Chalon Dame de Ioigny, de Broyes & de Chauanes Fille de Iean de Chalon Seigneur d'Arlay (& non pas Comte d'Auxerre, comme a écrit du Buttet) Gouuerneur du Comté de Bourgogne & de Marguerite de Bourgogne. Du Chesne a douté de cette alliance & wanderburch l'a ignorée; elle est pourtant vraye. Ce Mariage se fit le 9. de Iuillet 1309. & fut la dotte de cette Princesse assignée sur la Terre de Ioigny. Depuis elle eut le Peage de Ioigny pour sa part en la Succession de Marguerite de Bourgogne sa Mere par Traitté fait auec Hugues de Chalon Seigneur d'Arlay son Frere, & les Seigneuries de Broyes & de Chauanes pour sa part de la succession de Iean de Chalon Euesque de Langres son Frere, dont elle traitta l'an 1343. auec Iean de Chalon Seigneur d'Arlay son Neueu.

Hist. de Bourg. l. 4. ch. 32. Titr. de la Chambre des Com. de Sau. Titr. de l'Arch. de Turin.

Cette Isabelle de Chalon & Catherine de Sauoye sa Fille Dame de Vaud prirent le Chapitre de Lausanne sous leur protection, par Lettres du premier d'Octobre 1351.

Titr. de l'Archiue de Turin.

Pingon, wanderburch & du Buttet ont donné à ce Prince pour premiere Femme Caterine de Milan, Fille de Galeas Seigneur de Milan; ce qui n'est pas veritable: car Henninges, Onufre, Paul Ioue & tous les autres Historiens & Genealogistes de la Maison des Viscomtes Seigneurs de Milan n'en font aucune mention. Aussi est-il vray que Galeas Seigneur de Milan épousa Blanche de Sauoye Niece de Louys & Fille du Comte Amé VI. & ainsi le Baron de Vaud n'a pû épouser sa petite Niece, mesme auant qu'elle fut née.

Chalon. de gueules à la bande d'or.

ENFANS

## ENFANS DE LOVYS DE SAVOYE II. DV nom Baron de Vaud, & d'Isabelle de Chalon son Epouse.

I. Iean de Sauoye Baron de Vaud, mentionné cy-apres.

II. Caterine de Sauoye Dame de Vaud, de Bugey & de Valromay, mariée 1333. l'an mil trois cents trente-trois auec Azzon Viscomte Seigneur de Milan & de Bresse en Italie, Fils de Galeas Seigneur de Milan. Paul Ioue parlant d'elle l'apelle *Dame tres-chaste*. Le Corio dit qu'elle estoit tres-belle & sage, & qu'à ses nopces furent faites des solemnités incroyables à Milan, & remarque encore qu'elle eut de tres riches presents, des Ambassadeurs de Venise, de Genes, du Marquis de Ferrare, des Princes de Verone, de Mantoüe, & des autres Princes d'Italie. Morigia s'est équiuoqué doublement en ce qu'il dit que ce Mariage se fit l'an 1337. & que Caterine estoit Fille du Duc de Sauoye: Elle eut dix mil florins d'or en dot, que Louys de Sauoye son Pere luy assigna sur les Chasteaux de Nyons & de Monts au Pays de Vaud.

*Onufr. Rom. Princip. Ping. Arb. Gent. In vita Actij Mediol. Princ. part 3. Hist. di Milano.* Titre de l'Archiue de Turin.

Milan d'argent à la Giure ou Viure d'azur à l'Enfant yssant de gueules.

1340. Aprés le decés d'Azzon, Caterine de Sauoye épousa au moys d'Octobre mil trois cents quarente Raoul de Brienne Comte d'Eu, & de Guynes, Connestable de France, mal surnommé de Nesle par Pingon & par Wanderburch, il estoit Fils de Raoul de Brienne Comte d'Eu & de Guynes, Connestable de France & de Ieane de Mello. Ce Mariage se fit par l'authorité du Roy Philippes le Bel, de la Reyne, & du Duc de Normandie au Montcel les Ponts sainte Maxence au mois d'Octobre mil trois cents quarante en faueur duquel Caterine eut en dot trente mil florins de Florence, dont dix mil furent payés comptant; cinq mil promis par le Roy, & pour les quinze mil restants Louys de Sauoye, & Isabelle de Chalon son Epouse remirent au Comte d'Eu neuf cents cinquante liures de rente en fonds de terre, que ladite Isabelle auoit à prendre sur le Tresor du Roy. Par lettres d'attée à Morges le 14. de May, & le 12. de Decembre 1345. Ell'eut pour doüaire quatre mil liures de rente au Comté de Guynes. Cette Princesse apres la disgrace de son Mary eut main leuée par lettres du Roy d'attées à Paris en l'an 1350. de mille liures de rente qu'elle auoit à prendre sur le tresor du Roy; & encore de la terre du Sauchey au Vicomté d'Arques Bailliage de Calais, nonobstant la confiscation qui auoit esté faite de tous les biens du Comte d'Eu.

Titre de l'Archiue de Turin. Du Chesne en l'Hist. de Guynes liu. 5. Regiftre de la Chācell. de Fr. n. 80. Titr. de la Chamb. des Com. de Paris

Brienne-Eu. 5. points de gueules équipollés à 4. d'hermines.

Ce Mariage ne dura guieres, tellement qu'en troisiéme nopces Caterine de Sauoye eut pour Mary Guillaume de Flandre Comte de Namur Seigneur de l'Escluse, Fils de Iean de Flandres Comte de Nameur & de Marie d'Artois. Ce Mariage se fit à Seurre en Bourgogne au mois de Mars de l'an mil trois 1352.
cents cinquante-deux.

Titr. de l'Archiue de Turin.

Peu de iours apres il fut Arbitre d'vn differend suruenu entre Iean Seigneur d'Aubonne, & le Chapitre de Lausanne, à cause de quelques violences faites par les Sujets d'Aubonne aux Habitans de sainct Protez dependant dudit Chapitre, de l'aduis toutesfois de Iaques du Gumoins, d'Antoine de Vulliens Cheualiers, & de Guichard de Bourg Baillif de Lausanne nommés par Isabelle de Chalon Belle-Mere, & par Caterine de Sauoye Femme du Comte: Present Louys Seigneur de Neuf-Chastel, Guillaume de Grandson Seigneur de saincte Croix, & Iean de Blonay Baillif de Vaud, Aymé de Chastanay, & Guillaume de Dompierre Cheualiers.

Titre de la Maison de Montreuel.

Ce Comte de Namur en qualité de Seigneur de Vaud fit eschange auec Guillaume de la Baume Seigneur de l'Abbergement, & d'Aubonne l'an 1358. 1358.
& luy remit la Ville & Seigneurie de Marchisie, & tout ce qu'il auoit és Villes & territoires de Gimel, Britignié & Longurel en Iustice, & en recompense Guillaume de la Baume luy delaissa les droits qu'il auoit à Begues, Corcelles & Dullié auec toute Iustice.

Flandres-Namur d'or au Lyon de sable au lambel de 5. pendans de gueules.

Titr. de la Chamb. des C. de Sauoye.

De ces trois Marys Catherine de Sauoye n'eut aucuns Enfans, ce qui la fit 1359.
resoudre estant à Bellay au Palais Episcopal de vendre au Comte Verd les terres de Vaud, & ce qu'elle auoit en Bugey, & en Valromay le neufuiéme de Iuillet mil trois cents cinquante-neuf au prix de cent soixante mille florins d'or, de partie desquels le Comte donna pour cautions Galois de la Baume Seigneur de Valesin, Guillaume de la Baume son Fils Seigneur de l'Abbergement

l'Abbergement & d'Aubonne, Iean Seigneur de la Chambre, Hugues Seigneur de Gramont, François Seigneur de la Serra, Aymar de Beauuoir Seigneur de la Palu, Aymar de Seyssel Seigneur d'Aix, Louys de Riuoyre Seigneur de Domessin, & Humbert Bastard de Sauoye Seigneur d'Aruillars.

# XII.

## *IEAN DE SAVOYE BARON DE VAVD, Seigneur de Virieu le Grand, de Cordon, de Pierre-chastel, de Toucy & de Puysoye.*

### CHAPITRE XI.

CE Prince estant encore fort ieune suyuit Hugues de Geneue Seigneur d'Anthon en la guerre qu'il fit à Amé V. Comte de Sauoye *Fascic. ser. Gen.*
1302. l'an 1302. & fût fait Cheualier auant la bataille, auec Hugard Seig. de Gex & le Seigneur de Beaujeu. Depuis il accompagna Louys de Sauoye Baron de Vaud son Pere au secours qu'il mena au Duc d'Austriche, & se treuua en l'an 1330. à la fameuse bataille de Loupen. Vn Autheur Con- *Bilib Eyr.*
1330. temporain dit qu'il y fut tué, & a remarqué que Iean de Sauoye estoit en si *de bel.* bonne estime aprés des Bernois, qu'encore qu'il se fut aydé à leur faire la *Helu. l. 1.* guerre, ils le regretterent apres sa mort. Neantmoins cét Historien, Iosias Simler & du Buttet se sont trompés de luy auoir donné la qualité de Comte de Sauoye, & de dire qu'il mourut à ce combat; car il seruit encore le Roy Phi- Titr. de la lippes le Bel en la guerre de Flandres en l'an 1336. auec vn Cheualier & vnze Chambre
1336. Escuyers. des Com. de Paris.

Il mourut toutesfois auant Louys de Sauoye son Pere, sans laisser aucuns Enfans, bien qu'il eut esté marié deux fois, & fut inhumé à Modon au Pays de Vaud.

En premieres nopces il se maria auec Ieane de Montbelliard, Fille de Iean *Ping. Arb.* de Montbelliard Seigneur de Montfaucon au Diocese de Besançon, & d'A- *Gent.* gnes de Durnay Dame de Vuillafans (que Pingon a appellé Agnes d'Vriage) Titr. de la ce qui se fit par dispence du Pape Iean XXIII. à cause qu'ils estoient parents Cham. des du troisiéme au quatriéme degré. Comp. de Sauoye.

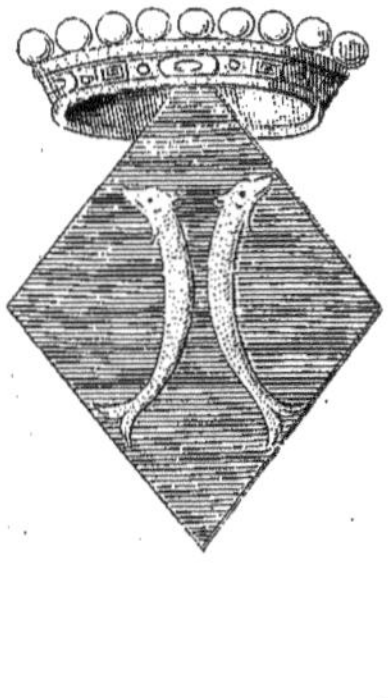

Montbeliard. d'azur à deux Bars adossés d'or.

Sa seconde Femme fut Marguerite de Chalon Dame de Toucy & de Puysoye, Fille Aisnée de Iean de Chalon II. du nom, Comte d'Auxerre & de Tonnerre, Seigneur de Rochefort, & d'Alix de Montbelliard. Ell'eut en dot dix mil liures Esteuenans assignées sur la Saunerie de Salins, & six cents liures de rente en Champagne & en Puysoye. Du Chesne n'a pas sçeu le nom de la Mere de cette Princesse: Il a remarqué seulement que Marguerite de Beaujeu l'auoit nommée au Baptesme, & qu'elle luy donna en augmentation de dot dix mil liures. Cette Alix de Montbelliard estoit Fille de Renaud de Bourgogne Comte de Montbelliard, & de Guillemette de Neuf-chastel.

Hist. de Bourg. l 3. ch. 42. & aux obmiss. pag 705. Inuent. des Titr. du Comté de Bourg. Preuues pag. 639.

Ce mariage fut conclu au Chasteau de Treffort par la negotiation d'Aymon Seigneur de la Serra au Pays de Vaud le 14. de Mars 1329. en presence 1329. d'Aymon Comte de Sauoye, d'Edoüard Seigneur de Beaujeu, de Philippes de Vienne Seigneur de Pymont, de Beraud d'Andelot, de Galois de la Baume, de Iean Seigneur de Corgenon, de Philippes de Bussy, de Girard Seigneur de Varax, dit *la Guespe*, de Lancelot de Chandée & autres. Marguerite de Chalon plaida long-temps contre les Enfans de Iean de Chalon III. du nom son Frere, pour auoir partage des Comtés d'Auxerre & de Tonnerre. Ell'eut pour son doüaire les Chasteaux & Seigneuries de Virieu le Grand, de Cordon & de Pierre-Chastel en Bugey, dont elle fit depuis cession au Comte Verd par Titre du 18. de Nouembre 1366. & deceda à Paris l'11. d'Octobre 1378. & gist en l'Eglise des Chartreux.

Hist. de Bresse & de Bugey. du Chesne *loco cit.*

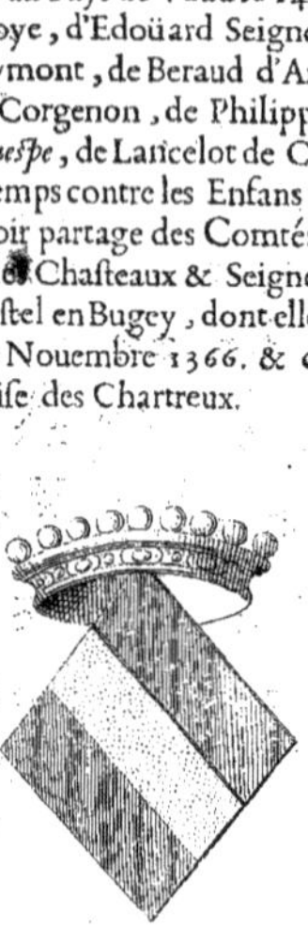

Chalon. de gueules à la bande d'or.

Decade 2. liu. 7.

Du Buttet en son Histoire de Sauoye M. S. a crû que ce Iean de Sauoye estoit Fils d'Amé Comte de Sauoye, surnommé *Le Grand*, & a ignoré sa seconde alliance.

*Fin du troisiéme Liure.*

HISTOIRE

# HISTOIRE
## GENEALOGIQVE
### DE LA
## ROYALE MAISON
### DE SAVOYE,
### Liure quatriéme.

*CONTENANT LES GENEALOGIES des Enfans Naturels de la Royale Maison de Sauoye.*

Les

Les Comtes de Tendes & de Sommeriue
Marquis de Villars.

Les Comtes de Raconis & de Pancalier
Seigneurs de Cauours.

Les Comtes de Collegno.

Les Seigneurs d'Aruillars & de Molettes.

Les Seigneurs de Busque.

LES

# LES COMTES DE TENDE, de Sommeriue & de Beaufort, Marquis de Villars & de Miribel.

De gueules à la Croix d'argent qui est de Sauoye. René de Sauoye auant sa legitimation portoit la barre de sable brochant sur le tout pour brisure.

I.

# *RENE' LEGITIME' DE SAVOYE, Comte de Villars, de Tende, de Sommeriue, & de Beaufort en Anjou, Baron de Precigny, Seigneur d'Aspremont, de Gordans, de S. Iulien, de Virieu le Grand, de Verruë & de Ferrieres-Larçon, Cheualier de l'Ordre de S. Michel, Grand Maistre de France, Gouuerneur & grand Seneschal de Prouence.*

## CHAPITRE I.

1497. CE Prince ayant esté auoüé par le Duc Philippes pour son Fils naturel; le Duc Philibert par Patentes dattées à S. Iean de Maurienne le 19. de Nouembre 1497. luy donna pour son Appannage le Comté de Villars en Bresse, & les Seigneuries d'Aspremont & de Gordans: Ce qui luy fut confirmé par vne autre Patente dattée à Geneue au Palais
1500. Episcopal le premier de Septembre 1500. où furent comprises les Seigneuries de S. Iulien sus Reyssouse en Bresse, & de Virieu le Grand en Bugey; Presents Iean Seigneur de Chales Gouuerneur de Bresse, premier Chambellan de Sauoye, Antoine de Gingin Seigneur de Diuonne President du Conseil, Laurent de Correuod Escuyer du Duc, Claude de Balaison Chambellan, &
1500. Iean de Noyelles General des Finances. *Iuuenal. de Aquin.*

Cette mesme année le Prince luy donna la Lieutenance Generale de ses Estats, mais il ne la garda pas long-temps; car le Duc s'estant marié auec Marguerite d'Austriche, cette Princesse prit d'abord auersion contre René, parce qu'ayant esté éleué en sa ieunesse en France, il y auoit toute son inclination; & Marguerite, qui ne pouuoit oublier l'iniure qu'elle auoit reçeuë du Roy Charles VIII. haïssoit & la France & ceux qui auoient le cœur François. *Apol. pour la Maison de Sauoye.* Elle rendit donc René odieux au Duc, fit passer sa conduite pour vne tyrannie, sa preuoyance pour des pratiques dangereuses, ses aduis pour des feintes, ses bons conseils pour des desseins pestilents; & cette grande authorité pour vn partage de l'Estat. René auoit entre ses mains, comme en depost, la Fille de Philippes de Vigon riche heritiere, que deux Gentils-hommes Piemontois vouloient auoir à Femme, & en plaidoient à Rome. *Iuuen. de Aquin.* L'vn estoit, Philippes des Comtes de Valpergue, & l'autre Augustin Ferrero Fils de Sebastien Ferrero Seigneur de Gallianico. Marguerite qui vouloit fauoriser Valpergue, ordonna qu'elle luy seroit remise: René s'en excusoit, parceque le procés n'estoit pas iugé; neantmoins il fallut obeyr. Ainsi le Comte de Villars preuoyant qu'il n'auroit point de satisfaction de demeurer en Sauoye ayant la Duchesse pour ennemie, medita sa retraitte en France, & accompagna le
1501. Roy Louys XII. à l'entrée solemnelle qu'il fit à Gennes l'an 1502. mais il

executa le deſſein de ſa retraitte pluſtoſt qu'il ne croyoit. Le Duc l'auoit legitimé, & le Pape auoit authoriſé la legitimation à la priere du Roy Louys XII. Marguerite ſous main en écriuit à l'Empereur Maximilian ſon Pere, qui par
Titr. du Chaſteau de Nice. Patentes du 14. May de l'an 1502. caſſa la legitimatiō. Le Duc au lieu de s'y op- 1502.
poſer pour ſouſtenir ce qu'il auoit fait, en ordonna la publication par Lettres du mois de Septembre de l'an 1503. irrité que René s'eſtoit ſeruy à Rome de 1503.
la faueur du Roy, ſans y auoir employé la ſienne. Le Comte de Villars qui eut aduis de cette reſolution ſe retira en France auprés de Louyſe de Sauoye Comteſſe d'Angouleſme ſa Sœur: ſur cela on luy fit ſon procez comme criminel de leze Majeſté, & on luy confiſqua ſes biens.

Le Duc Philibert eſtant mort l'an 1504. René ſollicita ſon reſtabliſſement auprés de Charles le Bon ſon Frere: Le Roy en écriuit, & Louyſe de Sauoye en fit de grandes inſtances: Le Duc y eſtoit diſpoſé, mais vne Lettre de l'Em-
Titr. de l'Archiue de Turin. pereur dattée à Lints le 28. de Decembre 1505. en retarda l'effet. D'ailleurs, 1505.
le Comté de Villars & la Seigneurie de Gordans qui eſtoient de l'Appannage de René, auoient eſté remis à Marguerite d'Auſtriche Ducheſſe Doüairiere de Sauoye pour ſon doüaire, par Traitté que le Duc Charles auoit fait auec elle. Neantmoins la deference que le Duc voulut rendre aux prieres du Roy, le fit conſentir, que George Cardinal d'Amboyſe Legat en France, & Louyſe de Sauoye Comteſſe d'Angouleſme connuſſent de ce different, & prononçaſſent
Titr. de la Chambre des Comptes de Sauoye. ſur les pretentions de René, ce qu'ils firent le 23. de Iuin 1506. & leur aduis 1506.
fut, que le Duc deuoit reſtablir René en tous ſes biens, & caſſer les Arreſts que le Senat de Chambery auoit rendus contre luy. Mais cela ne fut pas executé, à cauſe des empeſchements qu'y apporta la Ducheſſe Marguerite. Cela oſta toute eſperance de retour au Comte de Villars, qui en conçeut vn ſi grand deſpit, que pour s'en vanger il jetta les ſemences des maux, qui quelque temps apres déchirérent cét Eſtat.

Noſtrad. hiſt. de Prouence. Ainſi René s'attacha entierement au ſeruice du Roy Louys XII. qui luy donna les charges de Gouuerneur & de Seneſchal de Prouence; & apres la mort du Roy ſon credit & ſon authorité s'augmenterent en la Cour de France, parce qu'il eſtoit aymé & fauoriſé de Louyſe de Sauoye Mere du Roy
François I. Il aſſiſta l'an 1515. auec tous les Princes, Prelats & Grands Sei- 1515.
gneurs du Royaume à la ceremonie qui ſe fit à Amboyſe pour le Bapteſme de François Daufin de France. Et comme le Roy eut pris reſolution de faire alliance auec les Suiſſes, de peur qu'ils ne s'oppoſaſſent au deſſein qu'il auoit pour la conqueſte du Duché de Milan. Il enuoya en Suiſſe le Comte de Villars & le Seigneur de Lautrec à la Iournée de Galera, pour ſeconder Charles
Mem. de du Bellay. Duc de Sauoye qui en auoit ébauché le Traitté, mais le Cardinal de Syon n'y ayant pas voulu conſentir, le Roy fut obligé de leur donner bataille à Mari-
Du Pleix hiſt. de France. gnan, où René combattit touſiours auprés de la perſonne de Sa Majeſté.

Durant le ſejour que le Roy fit à Milan, les Venitiens aſſiegerent Breſſe, & 1515.
ayants beſoin de ſecours apres la mort de Barthelemy d'Aluiane leur General, Sa Majeſté leur enuoya ſept cents Lances & ſept mil Allemans ſous la conduite du Comte de Villars & de Theodore Triuulce Comte de Melcio.

L'an 1519. le Roy, pour reconnoiſtre le merite & les ſeruices de René, luy
donna la charge de Grand Maiſtre de ſa Maiſon, vacante par le decés du Sei- 1519.
Mem. de du Belley. gneur de Boyſi, & le renuoya en Suiſſe l'an 1521. pour faire vn nouueau Trait- 1521.
té auec les Cantons, afin de les engager à ſeruir Sa Majeſté au deſſein qu'elle auoit fait de la conqueſte du Duché de Milan. En ce voyage René auoit cinq cents cheuaux à ſa ſuite, & eut ordre du Roy de faire vne leuée de ſeize mille Suiſſes pour mener à Lautrec qui eſtoit à Milan: Et auec René furent encore commandés le Mareſchal de Chabannes & le Seigneur de Montmorency. Il

conduiſit

conduisit les Trouppes qu'il auoit leuées en Suisse au Duché de Milan, & se
1522. treuua à la Iournée de la Bicoque.

1523. Le 18. de Iuillet 1523. il fit hommage au Roy de la Baronnie de Precigny & de la Seigneurie de Ferrieres-Larçon en Touraine, & assista en qualité de Grand Maistre de France à plusieurs Conseils tenus à Paris par François I. la mesme année, contre Charles V. éleu Empereur pour la Commise des Comtés de Flandres & d'Artois, & cōtre Charles Duc de Bourbon, à cause de sa reuolte. Mem. de Mr. l'Abbé de Villeloin M. S. Du Tillet.
Il fut mesmes enuoyé en Bourbonnois auec le Seigneur de la Palice & quatre mil hommes de pied & six cents cheuaux, pour se saisir des meilleures places & les asseurer en l'obeyssance du Roy. Enfin le Roy estant allé en personne en Hist. Dise.
1624. Italie pour recouurer le Duché de Milan l'an 1524. & donné bataille aux Imperiaux à Pauie, le Comte de Villars y fut blessé, pris prisonnier, & mourut depuis de ses blessures. Mem. de du Bel l. 2.

Ce fut vn Prince fort pieux : l'Eglise de Nostre Dame de Mians en Sauoye si celebre par ses miracles, a esté bastie en partie à ses despens. Il fit encore bastir l'Eglise de Nostre Dame des Anges d'Antibe. Son Testament fut fait au Chasteau de Marro le 4. de Iuin 1511. Foderé hist. des Conuents de S. Fran.

Quant à son Alliance elle fut fort Illustre, car le 10. de Feurier 1498. il épousa Anne de Lascaris Comtesse de Tende Vefue de Louys Seigneur de Clermont Vicomte de Nebouson, Fils de Tristan de Clermont Seigneur & Vicomte desdits lieux, & de Caterine d'Amboyse. Elle estoit Fille de Iean-Antoine de Lascaris Comte de Tende & de Vintimille Seigneur de Marro Prela, Ville-neufue & Menthon, & d'Isabeau d'Anglure. Ces Comtes de Tendes estoient yssus des Lascaris Princes Grecs, qui ont possedé autrefois l'Empire de Constantinople. Ce fut en suite de ce mariage que le Comte de Tende Pere d'Anne le 28. de Ianuier 1501. luy fit donation de tous ses biens. Titr. de la Maison d'Vrfé. Mem. M. S. de Mr. de Peyresc.

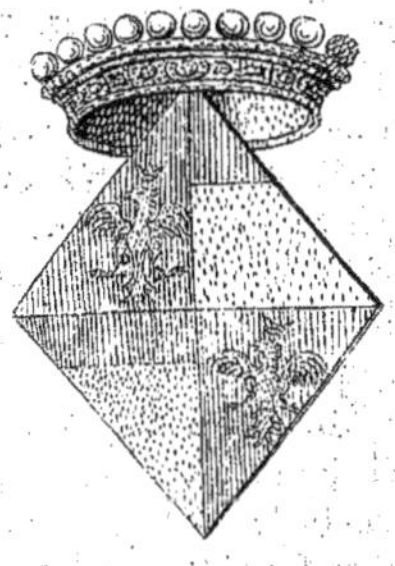

Lascaris-Tende. écartelé au 1. & 4. d'or à l'Aigle de sable, bequé, membré & couronné de gueules au 2. & 3. de gueules au chef d'or.

De ce mariage René de Sauoye eut cinq Enfans qui suiuent.

I. Claude de Sauoye Comte de Tende, qui continua la Ligne.

II. Honorat de Sauoye Marquis de Villars, qui fit la Branche des Marquis de Villars, dont nous parlerons en son ordre.

III. Magdelaine de Sauoye, mariée à S. Germain en Laye le 10. de Ianuier 1526. auec Anne Duc de Montmorency, Pair, premier Baron, Mareschal, Grand Maistre & Connestable de France, Cheualier des Ordres de S. Michel & de la Iartiere, Comte de Dammartin & de Beaumont sur Oyse, Vicomte de Melun & de Monstreüil, Gouuerneur de Languedoc. Ce mariage Hist. de Montm.

se fit en presence du Roy & de Louyse de Sauoye Duchesse d'Angoulesme sa Mere. Anne de Lascaris Mere de l'Espouse, luy donna en dot cinquante mille liures, & le Roy autant; & outre ce la Baronnie de Fere en Tardenois & de Montberon, & Louyse de Sauoye la Seigneurie de Montdeuis.

Montmorency. d'or à la Croix de gueules cantonnée de seize Alerions d'azur.

Hilarion de Coste.

Cette Princesse fut doüée de tant de vertus & de rares qualités, qu'vn des curieux Escriuains de ce siecle luy a donné place parmy les Dames Illustres. Vn autre a dit que son Alliance fut cause des grandes charges & dignités qu'eut le Connestable de Montmorency son Mary. Le Roy Charles IX. eut tant d'estime pour elle, qu'il l'establit premiere Dame d'honneur de la Reyne Elizabeth d'Austriche son Espouse. Elle assista en cette qualité à la ceremonie de son Sacre & de son Couronnement, & à l'entrée qu'elle fit à Paris l'an 1571. 1571.

Ceremon. de France.

Vignier hist. de Luxemb. ch. 57.

IV. Marguerite de Sauoye Espouse d'Antoine de Luxembourg II. du nom, Comte de Brienne & de Ligny, Baron de Rameru & de Piney, Vicomte de Machaut Seigneur de Tingry, Fils de Charles de Luxembourg Comte de Brienne, de Ligny & de Roucy, & de Charlotte d'Estouteville. Leur mariage se fit de l'authorité du Roy François premier à Cremieu en Daufiné le 7. de Mars 1535. auquel assista Sa Majesté; son Mary deceda l'an 1557. L'an 1559. 1535.
elle fit hommage au Roy Henry II. du Vicomté de Machaut, tant à son 1559.
nom, que comme ayant le bail de ses Enfans.

Luxembourg. d'argent au Lyon de gueules, armé, lampassé & couronné d'or à la queuë fourchée ou passée en sautoir.

V. Isabeau de Sauoye, Femme de René de Bastarnay, Cheualier, Comte de Bouchage, Baron d'Anthon & d'Auberiue, Seigneur de Montresor, de Boisdoré en Touraine, & de Moulins en Berry, Chambellan du Roy, Fils de François de Bastarnay, Cheualier, Baron de Bouchage & d'Anthon, Seigneur de de Montresor, & de Françoise de Maillé Fille de François Seigneur de Maillé, & de Marguerite de Rohan. Ce François de Bastarnay estoit Fils d'Imbert de Bastarnay Seigneur de Bouchage, & de Georgette de Montchenu.

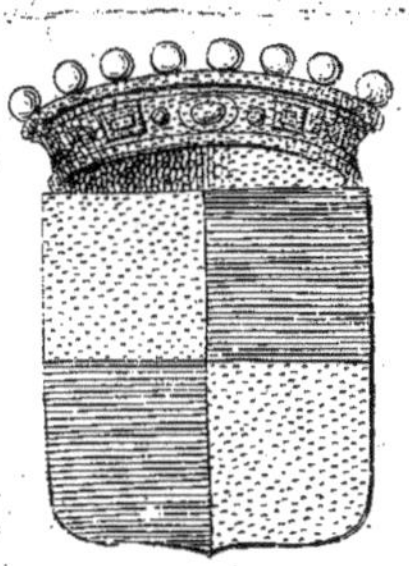

Bastarnay écartelé d'or & d'azur.

René de Bastarnay & Isabelle de Sauoye sa Femme sont inhumés en l'Eglise Collegiale de Montresor. Mem. M. S. de Mr. l'Abbé de Villeloin.

# II.

## *CLAVDE DE SAVOYE COMTE DE Tende & de Sommeriue; Seigneur de Marro & de Prela, Gouuerneur & Grand Seneschal de Prouence.*

### CHAPITRE II.

IL rendit de notables seruices à la Couronne de France en la guerre que l'Empereur Charles V. fit en Prouence. A la prise de Veillane en Piemont par Henry Daufin de France, il estoit General des Suisses. Du Pleix hist. de Fr.

1562. Le Duc Emanuel-Philibert par ses Patentes dattées à Riuoles le 22. de Ianuier 1562. verifiées en la Chambre des Comptes de Sauoye & au Senat de Turin le 14. de May suyuant, & le 28. d'Avril 1563. le declara & ses descendants Masles capables de succeder au Duché de Sauoye en leur rang, par l'extinction de la ligne directe. Tomb. des person. Illustr. pag. 63.

Pendant les guerres ciuiles de France, il mena l'an 1569. en l'Armée du Duc d'Anjou trois mille hommes de pied & quelque compagnies de Caualerie de Daufiné & de Prouence. Du Pleix hist. de Fr.

Il fut marié deux fois: Premierement auec Marie de Chabanes Fille de Iaques de Chabanes Seigneur de la Pallice, Grand Maistre & Mareschal de France, & de Marie de Melun.

En

Chabanes de gueule au Lyon d'Hermines couronné d'or.

En ſecondes nopces il épouſa Françoiſe de Foix, Fille de Iean de Foix Vicomte de Meille, Seigneur de Gurſon, & d'Anne de Villeneuue Marquiſe de Trans.

Foix. d'or à 3. pals de gueules.

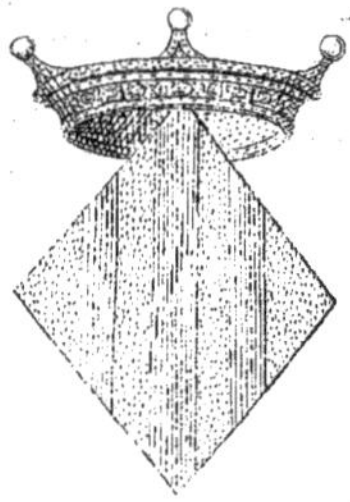

ENFANS DV PREMIER LICT.

I. Honorat de Sauoye Comte de Tende qui ſuit.

II. René de Sauoye Baron de Cypierre mort ſans lignée.

III. Renée de Sauoye Marquiſe de Baugé, Eſpouſe de Iaques Seigneur d'Vrfé, de la Baſtie, & de S. Iuſt en Cheualet, Cheualier de l'Ordre de S. Michel, Gouuerneur & Baillif de Foreſt, Fils de Claude Seigneur d'Vrfé, de S. Iuſt, de Buſſy & d'autres places, Gouuerneur & Baillif de Foreſts, Gouuerneur des Enfans de France, Ambaſſadeur à Rome, & de Ieanne de Balſac d'Entraigues.

Vrfé. vairé au chef de gueules.

ENFANS

ENFANS DV SECOND LICT.

IV. Anne de Sauoye mariée trois fois : Sçauoir auec Iaques de Saluces Seigneur de Cardé, Fils de Iean-François Marie de Saluces Seigneur de Cardé, & de Philiberte-Blanche de Miolans.

Saluces-Cardé. d'argent au chef d'azur.

Puis auec Antoine de Clermont-d'Amboyse Marquis de Renel.

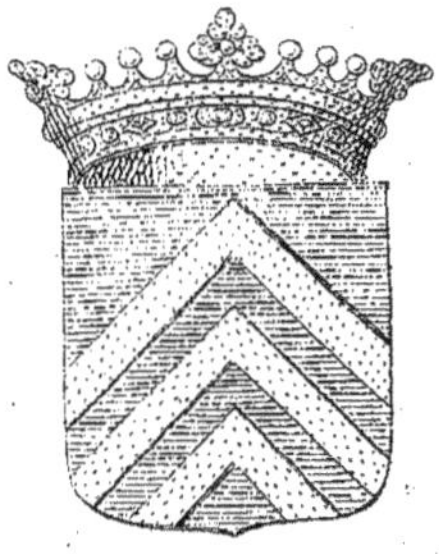

Clermont d'Amboyse. d'azur à 3. cheurons d'or.

Et finalement auec George de Clermont Marquis de Gallerandes, Fils de Louys Seigneur de Clermont & de Gallerandes, & de Renée d'Amboyse.

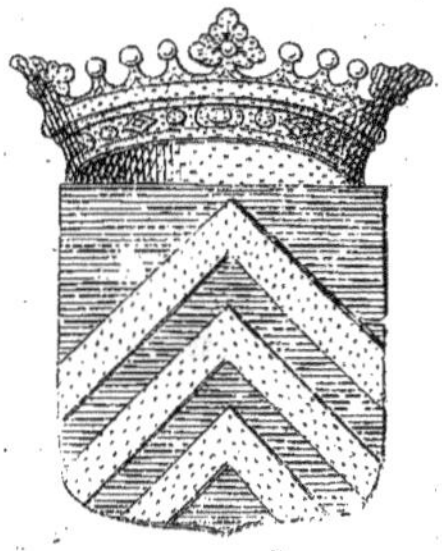

Clemont Gallerandes. de mesme que Clermont d'Amboyse.

# III.

## HONORAT DE SAVOYE COMTE DE *Tende & de Sommeriue, Seigneur de Maro & de Prela, Cheualier de l'Ordre du Roy, Grand Seneschal, & Gouuerneur de Prouence.*

### CHAPITRE III.

Mr. de Ruffy hist. de Marseille.

IL nasquit à Marseille l'an 1538. ainsi qu'a remarqué vn Historien de nostre temps qui le met au rang des Hommes Illustres que cette Ville a produits ; aussi fut-il extraordinairement aymé des Prouençaux : Et ayant fait dessein de donner la tranquillité à cette Prouince pendant la plus grande fureur de nos guerres ciuiles, & de faire reconnoistre le Roy par tout ; il mit sur pied vne petite Armée auec laquelle il prit Orange & Cysteron, nonobstant les efforts de Montbrun Chef des Religionnaires. Depuis ayant pourueu à son Gouuernement sur le nouueau feu des guerres ciuiles l'an 1566. il alla joindre l'Armée du Roy auec trois mille Prouençaux, où il seruit vtilement. Vn Historien François le loüe de s'estre genereusement opposé à tous les desseins qu'eurent les Religionnaires de troubler la Prouence. 1538. 1566.

Du Pleix hist. de Fr.

Nostrad.

Il mourut le 8. d'Octobre 1572. extremement regretté par les vertus qui éclattoient en sa personne. Car, outre la beauté du visage & vne mine fort majestueuse, digne du Sang dont il estoit yssu, il estoit courageux, hardy, gratieux & accessible. Il ne laissa aucuns Enfans, bien qu'il eut esté marié deux fois. 1572.

La premiere, auec Clarice Strozzy, Fille de Pierre Strozzy, Mareschal de France, Lieutenant General du Roy Henry II. en Italie, & de Laudamine de Medicis.

Strozzy. d'or à la fasce de gueules chargée de trois Croissans tournés d'or.

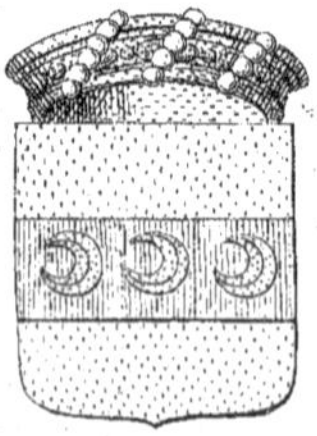

Iustel hist. de la Maison d'Auuerg.

Et la seconde, auec Magdelaine de la Tour-Turenne, Fille de François de la Tour III. du nom Vicomte de Turenne, & d'Eleonor de Montmorency. Ce mariage fut arresté au Chasteau d'Amboyse le 1. de Ianuier 1572.

LES

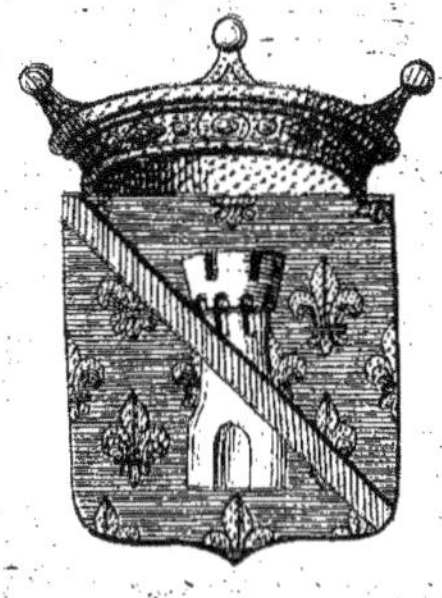

La Tour-Turenne. semé de France à la Tour d'argent au baston de gueules brochant sur le tout

## LES MARQVIS DE VILLARS & de Miribel.

# IV.

## *HONORAT DE SAVOYE II. DV NOM, Cheualier de l'Ordre du Roy, Marquis de Villars, Comte de Tende & de Sommeriue, Baron de Precigny & d'Hauuet, Seigneur de Loyes, de Marro, Prela & de Ferrieres-Larçon, Mareschal & Amiral de France, Gouuerneur de Guyenne & de Prouence, Conseiller du Roy en ses Conseils, & Capitaine de cent hommes d'armes de ses Ordonnances.*

### CHAPITRE IV.

IL estoit le second des Enfans de René de Sauoye Comte de Villars, & d'Anne de Lascaris, qui ne ceda en rien à la vertu & à la generosité de son Pere. Inuent. des Titr. de la Maison de Neuers.

1546. Le 26. de Nouembre 1546. il fit hommage au Roy Henry II. de la Baronnie de Precigny & de la Seigneurie de Ferrieres-Larçon.

1553. Il suiuit Sa Majesté l'an 1553. au voyage & en la guerre de Lorraine, & fut enuoyé par le Roy auec le Seigneur de Montmorency & le Comte Ringraff pour faire le degast autour de Teroüenne, & depuis à Ausbourg pour faire vne negotiation de consequence auec Maurice Duc de Saxe. Il se treuua dans Hesdin lors qu'Emanuel-Philibert de Sauoye Prince de Piemont, Lieutenant General de l'Armée de l'Empereur le prit. Il fut aussi à la bataille de S. Quentin, & y fut blessé ; & apres la deroute de l'Armée Françoise il eut ordre de se jetter dans Laon en Laonnois auec le Prince de Condé & le Seigneur de Montmorency. Depuis il entra dans Corbie assiegé par les Imperiaux auec trois cents hommes d'armes, & en empecha la prise. *Thuan.* Du Pleix hist. de Fr. *Thuan.* Montluc.

1563. Le Duc de Sauoye erigea en sa faueur le Comté de Villars en Marquisat, Hist. de Bresse & Bugey.

1565. par Patentes dattées à Turin le 13. de Iuin 1563.

Il suiuit le Roy Charles IX. au voyage de Bayonne l'an 1565. Les seruices qu'il rendit à la France en tous les employs qu'il eut, luy procurerent les principales charges de l'Estat : Sçauoir celles de Mareschal de France & Du Pleix.

 d'Amiral,

d'Amiral. Il fut installé en la seconde le 14. d'Aoust 1572. apres la mort de l'Amiral de Coligny. Et l'an 1573. le Roy l'enuoya en Guyenne Lieutenant 1572.
Thuan. Du rleix. General du Roy de Nauarre auec vne Armée de huit mil hommes de pied & de deux mille cheuaux, où il fit des exploits signalés, & prit plusieurs Villes en Quercy. 1573.

Il deceda à Paris l'an 1580. Sa Deuise estoit l'Image de la Fortune, portant vne Banniere aux Armes de Sauoye, auec ces mots, *Dieu pour Guyde*, pour monstrer qu'en l'instabilité des choses du monde, il n'est rien de plus seur que la Prouidence & la conduite de Dieu. 1580.

Son mariage fut auec Françoise de Foix, Fille vnique & Heritiere d'Alain de Foix, Vicomte de Castillon, & de Françoise de Montpesat.

Foix, comme cy-deuant

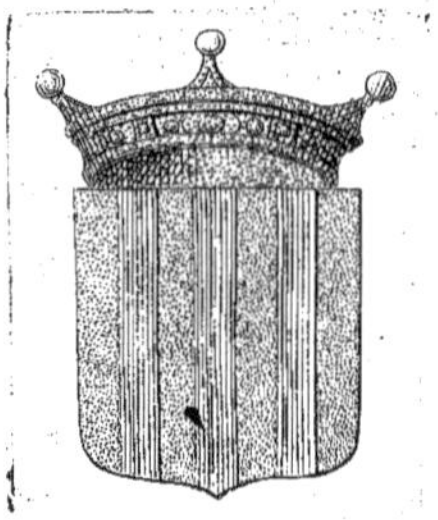

Il n'eut qu'vne seule Fille de ce mariage, sçauoir.

## III.

### *HENRYE DE SAVOYE, MARQVISE de Villars & de Miribel, Comtesse de Tende & de Montpesat, Vicomtesse de Castillon, Dame de Marro, de Prela, de Gordans, Loyes, Hauuet & Loyettes, Certes & Busen, Baronne d'Eguillon, de Madaillan & de S. Liarade.*

#### CHAPITRE V.

ELLE fut mariée deux fois: Premierement, auec Melchior des Prez, Cheualier, Seigneur de Montpesat & du Fou, Seneschal de Poytou, & Gouuerneur de Guyenne, Fils d'Antoine des Prez Seigneur de Montpesat, Mareschal de France, & Lieutenant General pour le Roy en Guyenne.

En

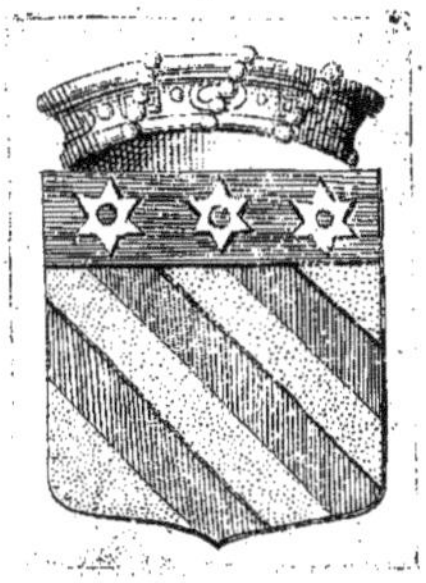

Des Prez-Montpe-zat. d'or à 3. bandes de gueules au chef d'azur chargé de 3. molettes d'argent.

En ſecondes nopces elle épouſa Charles de Lorraine Duc de Mayenne, Pair & Grand Chambellan de France, Fils de François de Lorraine Duc de Guyſe, & d'Anne d'Eſt le 3. de Iuillet 1576. en la preſence du Roy Henry III. de Caterine de Medicis Reyne de France, des Cardinaux de Bourbon & de Guyſe, des Ducs de Nemours, de Guyſe & d'Aumale. Preuues pag. 644.

1576.

1579.

Ce fut de l'authorité de ce ſecond Mary que le 21. d'Octobre 1579. elle remit à S. A. de Sauoye le Comté de Tende, les Seigneuries de Marro & de Prela, & les droits qu'elle auoit ſur les Comtés de Vintimille & d'Oneille, moyennant les Seigneuries de Miribel & de Satonay en Breſſe; & celle de Loyettes en Bugey, qui furent erigées en Marquiſat ſous le Titre de Miribel. Hiſt. de Breſſe & de Bugey.

Lorraine-Mayenne.

couppé de huit pieces, quatre en chef, & quatre en pointe, la premiere du chef, de Hongrie qui eſt faſcé d'argent & de gueules, la 2. de Naples-Sicile qui eſt de France au Lambel de gueules, la 3. de Ieruſalem qui eſt d'argent à la Croix potencée d'or, cantonnée de quatre Croix couppées de meſme, la 4. d'Arragon qui eſt d'or à quatre pals de gueules, la premiere de la pointe d'Anjou qui eſt de France à la bordure de gueules, la 2. de Gueldres qui eſt d'azur au Lyon contourné d'or armé & couronné de gueules, la 3. de Iulliers qui eſt d'or au Lyon de ſable, la 4. de Bar qui eſt d'azur à deux bars adoſsés, ſemé de Croix recroiſettées au pied fiché de meſmes ſur le tout d'or à la bande de gueules chargée de trois Alerions d'argent qui eſt de Lorraine, le tout briſé d'vn lambel de gueules.

Ell'eut plusieurs Enfans de ces deux Marys, dont l'Aisné fut Emanuel-Philibert des Prez, Marquis de Villars, qui prit le Surnom de Sauoye, à cause de sa Mere, & qui mourut sans Enfans, de Leonor de Thomassin, Vefue de Claude de Vergy, Comte de Champlite, Gouuerneur du Comté de Bourgogne, Fille de René de Thomassin, dit de S. Barthelemy, Cheualier, Seigneur de Montmartin, Miribel, Corby, & de Ieane de Vaudetar.

Hist. de Vergy.

LES

# LES COMTES DE RACONIS & de Pancalier, Marquis de la Chiuse & Seigneurs de Cauours.

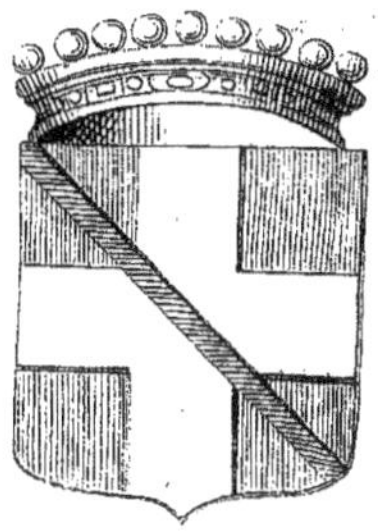

De Sauoye au baston d'azur brochant sur le tout.
Louys Bastard d'Achaye Souche de cette Branche, porta du commencement le filet de sable en barre, & quelquesfois chargeoit la Croix de cinq croisettes: Mais ses Successeurs par permission du Duc Louys prirent les Armes des Princes d'Achaye, qui sont de Sauoye au baston d'azur brochant sur le tout.
Pour Cimier vn Lyon d'or.
Supposts, deux vergettes ou espoussettes d'or.
Deuise, *Tout net*, pour signifier que le Souuerain leur ayant permis de porter les Armes pures des Princes d'Achaye & de la Morée, dont ils descendoient; Il n'y auoit rien à dire en leur origine.

LOVYS

# I.

## LOVYS BASTARD D'ACHAYE, *Seigneur de Raconis, de Pancalier, de Cauours, de Moille-brune, & de Chasteau-Regnier, Mareschal de Sauoye, & Cheualier de l'Ordre du Collier.*

### CHAPITRE VI.

NOVS auons dit cy-dessus, que Louys de Sauoye Prince d'Achaye & de la Morée deceda sans Enfans legitimes, & qu'il laissa ce Fils naturel qui fut nommé Louys comme luy, à qui il donna les Seigneuries de Raconis, de Pancalier, de Moille-brune & de Chasteau-Regnier en Piemont pour son Appannage.

Le Duc Amé VIII. pour recognoissance de ses seruices luy donna aussi l'an 1433. le Chasteau, Ville & Chastellainie de Cauours en Piemont, à la reserue de la Souueraineté & du ressort. Il fut Mareschal de Sauoye & Cheualier de l'Ordre du Collier, dignités des plus éminentes de Sauoye qui marquent l'estime en laquelle il estoit. Mem. M.S. de Mr. du Puy.

1412. Le 3. de Nouembre 1412. il épousa Alix de Montbel, Fille de Guygues de Montbel, Cheualier, Seigneur de Montbel & d'Entremonts, & de Caterine de Maubec sa seconde Femme; presents Iean de Boczesel Cheualier de l'Ordre de S. Iean de Ierusalem, Commandeur de Ville-franche, Claude d'Orly Commandeur de S. Antoine de Chambery, Pierre de Seyssel, Cheualier, Seigneur de S. Cassin & d'Aiguebellette, Guillaume de Grolée, Cheualier, Seigneur de Neyrieu & de Iuys, Louys de Riuoyre, Seigneur de Gerbais, Guillaume de Cordon, Seigneur des Marches, Pierre de Cordon son Frere, Seigneur de la Barre, Cheualiers, Pierre de Riuoyre, Seigneur de Domessin, & Boucicaud de Rauays, Seigneur de S. Mauris. Hist. de Bresse & de Bugey.

Montbel-Entremonts. d'or au Lyon de sable armé & lampassé de gueules à la bande componée d'hermines & de gueules de six pieces.

De ce mariage sortirent deux Fils & vne Fille, sçauoir.

I. François de Sauoye, Seigneur de Raconis, qui continua la ligne.

II. Louys de Sauoye, Cheualier, Seigneur de Cauours, d'Ozasque, de Pancalier & de Chasteau-Regnier en partie viuant 1461. Il fut Pere de Iean-François de Sauoye, Cheualier, Seigneur de Cauours & de Pancalier, qui espousa Aymée de Montbel, Fille de Charles de Montbel, Cheualier, Seigneur du Montelier & de Nattage, & de Françoise de Chiel.

Montbel.

Il ne laissa qu'vne Fille appellée Beatrix de Sauoye, Espouse de Charles-Manfroy, Comte de Luzerne.

Luzerne. bandé d'argent & de gueules de six pieces.

III. Marie de Sauoye alliée auec Aymé Comte de la Chambre, de Leüille & de Dammartin, Vicomte de Maurienne, Fils de Iean de Seyssel, Cheualier, Seigneur de Barjât & de la Rochette, Mareschal de Sauoye, & de Marguerite de la Chambre.

La Chambre. d'azur semé de fleurs de Lys d'or à la bande de gueules brochant sur le tout.

FRANCOIS

# II.

## FRANCOIS DE SAVOYE CHEVALIER, Seigneur de Raconis & de Pancalier.

### CHAPITRE VII.

APRES le decés de Louys Seigneur de Raconis son Pere, il fit hommage auec Louys de Sauoye son Frere le 27. de Mars 1461. à Louys Duc de Sauoye de toutes les Terres qu'ils possedoient en Piemont de la Succession de leur Pere. Sçauoir François, des Seigneuries de Raconis & de Moille-brune, de la moitié de Pancalier & de Chasteau-Regnier. Et Louys, des Chasteaux de Cauours & d'Ozasque, de l'autre moitié de Pancalier & de Chasteau-Regnier. Il épousa Caterine de Seyssel la ieune, Fille de Iean de Seyssel Cheualier, Seigneur de Barjat & de la Rochette Mareschal de Sauoye & de Marguerite de la Chambre. Titr. de l'Archiue de Turin.

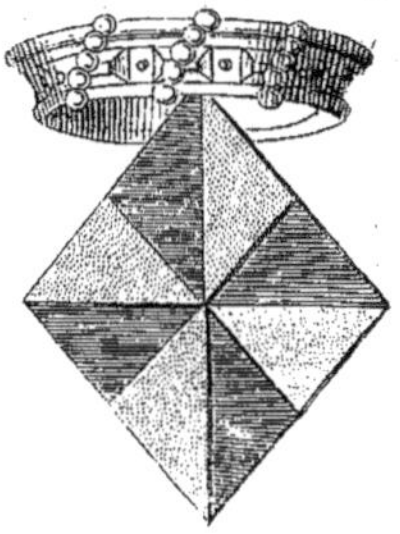

Seyssel. gyronné d'or & d'azur de huit pieces.

Il n'eut qu'vn Fils & vne Fille.

I. Claude de Sauoye Seigneur de Raconis qui suit.

II. Marie de Sauoye mariée à Geoffroy de Riuerol des Comtes de S. Martin, puis à Geoffroy Fauria Gentil-homme de Final. Et finalement à Manfroy de Saluces Cheualier, Seigneur de Cardé. Mem. M. S. de Mr. l'Eu. de Saluces

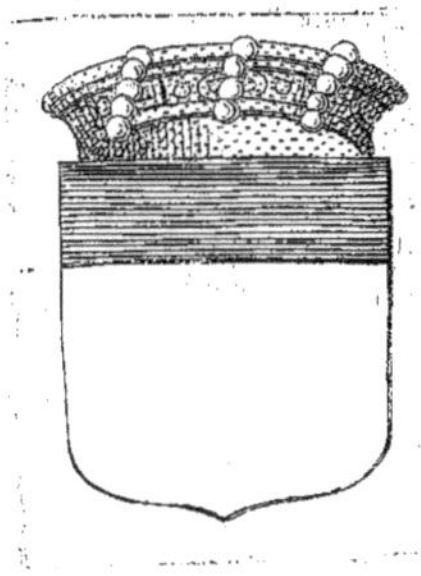

Saluces-Cardé. d'argent au chef d'azur.

## III.

## *CLAVDE DE SAVOYE, SEIGNEVR de Raconis, Cheualier de l'Ordre du Collier, Mareschal de Sauoye.*

### CHAPITRE VIII.

IL épousa Hyppolite Borromée, Fille de Iean Borromée, Comte d'Arona, Gentil-homme Milanois.

Borromée de geules à la moraille mise en bande d'argent.

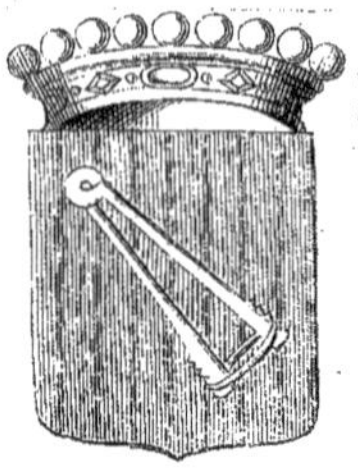

Il eut deux Masles de cette Femme.

I. Bernardin de Sauoye, Seigneur de Raconis, mentionné cy-apres.

II. Antoine-Louys de Sauoye, Cheualier de l'Ordre de S. Iean de Ierusalem l'an 1524.

## IV.

## *BERNARDIN DE SAVOYE, Cheualier, Seigneur de Raconis & de Pancalier.*

### CHAPITRE IX.

IL s'allia par mariage auec Violante Adorne, d'vne des plus Illustres Familles de Genes.

Adorne. d'or à la bande échiquerée d'argent & de sable de 3. traits.

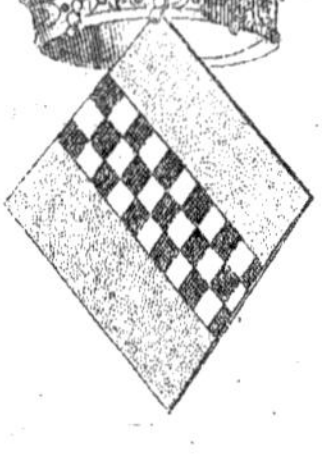

Cette

Cette Femme luy procrea cinq Masles.

I. Louys de Sauoye, Seigneur de Raconis, Cheualier de l'Ordre de l'Annonciade, mort sans alliance.

II. Philippes de Sauoye, Comte de Raconis, qui continua la ligne.

III. Claude de Sauoye, Comte de Pancalier, Sommelier de corps de S. A. & Cheualier de l'Ordre de l'Annonciade, qui eut pour Femme Marie de Gondy Comtesse de S. Triuier, premiere Dame d'honneur de Marguerite de France, Duchesse de Sauoye & de Berry, Gouuernante de la Personne & de la Maison de Charles-Emanuel de Sauoye Prince de Piemont, & Fille d'Antoine de Gondy, Seigneur du Peron & de Toyssey, & de Marie de Pierre-viue, dont il n'eut point d'Enfans.

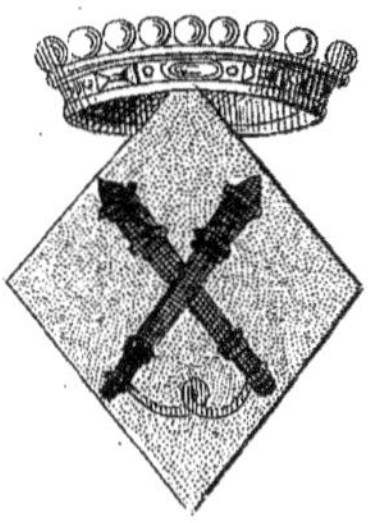

Gondy. d'or à deux masses d'armes de sable passées en sautoir, & liées de gueules.

IV. Charles de Sauoye.

V. François de Sauoye.

## V.

## *PHILIPPES DE SAVOYE, COMTE de Raconis, Cheualier de l'Ordre de l'Annonciade.*

### CHAPITRE X.

C'EST luy qui fut deputé l'an 1560. auec George Coste Comte de la Trinité, pour faire executer l'Edit que le Duc Emanuel-Philibert auoit fait contre les Religionnaires de la Valée de Lucerne.

Son alliance fut auec Paule Coste, de la Maison des Comtes de Bennes en Piemont.

Coste-Bennes. coticé d'or & d'azur.

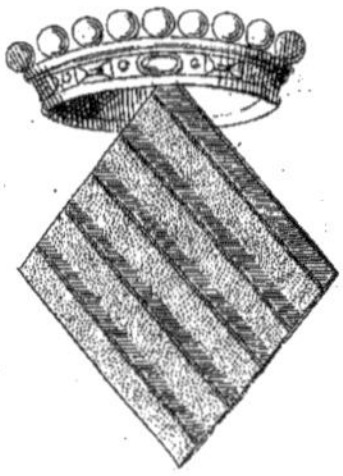

D'où sortirent dix Enfans, cinq Fils & cinq Filles.

I. Bernardin de Sauoye II. du nom, qui aura son eloge cy-apres.

II. Iean-Baptiste de Sauoye, Marquis de la Chiuse, Cheualier de l'Ordre de l'Annonciade & Grand Chambellan de Sauoye, mort en Arragon au voyage que fit Charles-Emanuel pour son mariage l'an 1585. 1585.

III. François de Sauoye fut nourry Page de Philippes II. Roy d'Espagne, mourut à la bataille de Lepanthe 1571. 1571.

IV. Violante de Sauoye Femme d'Octaue Henry Comte de Cremieu en Daufiné & d'Altezan en Piemont.

Henry. d'azur à vn Leopard d'or surmonté de deux estoiles de mesme au chef d'argent à vn cœur d'azur chargé d'vn nom de IESVS d'or.

De ce mariage vint vne Fille vnique Espouse de N. . . . . . . Prouana des Seigneurs de Leyni Gouuerneur de Nice, puis Veador General de S. A. R. Pere de Iean-François Prouana Comte de Druent, Cheualier de l'Ordre de l'Annonciade, Mary d'Helene Henry sa Cousine, Fille d'Artus Henry Seigneur de la Salle, de Chamagnieu, de Retourtour, Conseiller & Maistre d'Hostel ordinaire du Roy, & de Denise de Belieure.

V. Louys de Sauoye.

VI. Philibert de Sauoye, Cheualier, qui épousa Octaue Solara de Macello, de la Maison des Seigneurs de Morette en Piemont.

Il

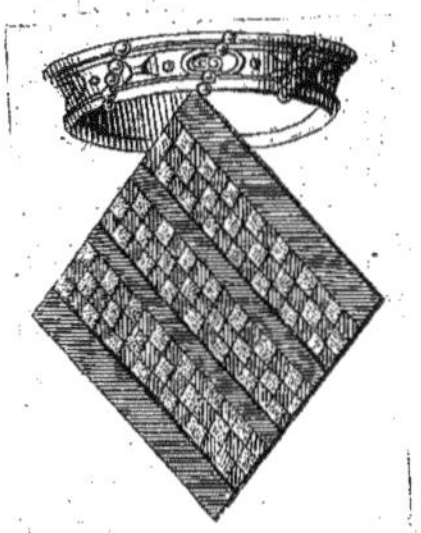

Solara. d'azur à trois bandes échiquetées d'or & de gueules de trois traits.

1585. Il mourut en Arragon auec Iean-Baptiste de Sauoye son Frere l'an 1585.

VII. Bonne de Sauoye mariée auec Claude de Chalant, Cheualier, Seigneur de Villarse, Cheualier de l'Ordre de l'Annonciade, & Grand Maistre de la Maison de S. Altesse, Fils de Charles de Chalant, Cheualier, Seigneur de Fenis & de Montbreton, & de Françoise de Grueres. De ce mariage il n'y eut qu'vne Fille appellée Paule de Chalant, mariée à Louys Solare Comte de Morette, Marquis de Dogliani, Lieutenant General de S. A. au Comté de Nice, d'où sont yssus trois Fils & deux Filles: Sçauoir, François-Emanuel Solare Comte de Morette, Marquis de Dogliani, Grand Maistre de l'Artillerie, Gouuerneur de Vercel, puis du Comté d'Ast. Maurice Euesque de Montdeuis, Charles-Ierosme Solare Comte de Morette Marquis du Bourg S. Dalmace, Gouuerneur d'Ast, puis du Marquisat de Ceue, à present viuant. Bonne-Lucresse Solare Comtesse de Colegno, & Victorie-Marguerite Marquise de la Chiuse.

Chalant. d'argent au chef de gueules au baston de sable brochant sur le tout

Ferrero-Messeran. écartelé au 1. & 4. d'argent au Lyon d'azur armé & lampassé de gueules au 2. & 3. d'argent à l'Aigle à 2. testes de sable courõnées de mesme & sur le tout bandé d'argent & d'azur qui est de Fiesque.

VIII. Claudine de Sauoye, alliée auec Besso-Ferrero de Fiesque Marquis de Messeran & de Creuecœur, Fils de Philibert Ferrero Marquis de Messeran, & de Barthelemie de Fiesque.

IX. Louyse

IX. Louyse de Sauoye, Espouse de Louys Isnard de Castello, Comte de Sanfré, Cheualier de l'Ordre de S. Michel, yssu d'vne des plus Illustres & anciennes Familles de la Ville d'Ast, qui se diuisa en trois branches : Sçauoir, és Isnards de Castello, Guttuers & Turcs. Il estoit Fils de Thomas Isnard de Castello, Comte de Sanfré, & d'Anne de Carreto de la Maison des Marquis de Sauone & de Final.

Louys Isnard eut de cette alliance entr'autres Enfans.

Thomas Isnard de Castello Comte de Sanfré Cheualier de l'Annonciade, 1569. Ambassadeur extraordinaire en Allemagne pour S. A. R. De Iulia Canale Fille du Comte Louys Canale & de Faustine Spinola. Il laissa deux Fils & vne Fille, sçauoir.

Charles, mentionné cy-apres. Ierosme Isnard de Castello Comte de la Monta, qui fit branche; & Marguerite Isnard mariée à Dominique Prouana Comte de Beynette.

Charles Isnard de Castello, Comte de Sanfré, Grand Chambellan de Sauoye & Grand Croix de S. Maurice & de S. Lazare, prit alliance auec Caterine Coste, Fille d'Emanuel Coste, Comte d'Arignan & de Polonguera, & de Françoise Solara de Macello, & en eut les Enfans qui suyuent.

Charles-Thomas qui continua la ligne. Louys Isnard Cheualier de Malte, mort en vn combat contre les Turcs, & enterré à la Rochelle. Amé Isnard des Comtes de Sanfré mort à Orbitello commandant les Gardes du Prince Thomas. Emanuel Iesuite, & Leonore mariée au Marquis Charles-Emanuel de Pallauicin Cheualier de l'Annonciade.

Charles-Thomas Isnard de Castello sus-nommé, Marquis de Carail, Comte de Sanfré & de Montald, Cheualier de l'Annonciade, & Grand Veneur de S. A. R. aujourd'huy viuant, a esté marié deux fois: Premierement, auec Hieronyme Asinara, Fille de Iean-Michel Asinara, Seigneur de Virle & de Banne. Puis auec Geneuiefue Millet de Chales, Fille d'Hector Millet de Chales Seigneur de Chales, premier President du Senat de Sauoye, & de Magdelene de Montchenu.

Du premier mariage il a eü.

Charles-Maurice Isnard de Castello Comte de Sanfré, Capitaine des Gens-d'armes de S. A. R. & Gentil-homme ordinaire de sa Chambre, Mary de Chrestienne Solare, Fille de François-Emanuel Solare, Marquis de Dogliani, & de Syluie Ville, Fille du Marquis Guy Ville.

Et du deuxiéme mariage.

François-Antoine, & Iean-Baptiste jeunes. Catherine, Femme de François-Maurice Scaglia Comte de Verruë & Marquis de Caluxe, Commissaire General de la Caualerie de S. A. R. Magdelene, alliée auec le Comte Iean-Paul de Lascaris, Neueu du feu Grand Maistre de Malte, duquel elle n'a eü aucuns Enfans. Paule & Chrestienne en bas âge.

Quant à Ierosme Isnard de Castello Comte de la Monta sus-mentionné, Gentil-homme ordinaire de la Chambre de Charles-Emanuel, il épousa Leonore Roëre de S. Seuerin, Fille de Sylla Roëre de S. Seuerin, Grand Escuyer de Sauoye, & de Diane Prouana, Sœur du Chancelier Prouana; d'où vinrent

Iean-François Isnard de Castello des Comtes de la Monta, premier Gentil-homme de la Chambre de S. A. R. qui mourut sans lignée 1653. Diane Femme de Robert Asinara Comte de Costigliolles. Thomas Isnard de Castello Comte de la Monta, Abbé de Caramagne en Piemont, & de sainte Melaine de Rennes en Bretaigne, Conseiller d'Estat de S. A. R. personnage fameux par ses Ambassades & negotiations. Sylla Isnard Cheualier de Malte, & Charles Isnard de Castello Comtte de la Monta, Gentil-homme de la Chambre

Chambre de S. A. R. qui s'est marié auec Ieane Marguerite de Piozasque, Fille du Comte Geule de Piozasque, Cheualier de l'Annonciade, Capitaine des Gardes de S. A. R. & de Louyse de Pobel de la Maison de S. Alban en Sauoye; duquel mariage il a deux Filles jeunes nommées Chrestienne-Felicitas, & Constance-Yoland.

Isnard. d'argent l'Aigle couronné de sable membré & bequé de gueules.

X. Octauia de Sauoye, Femme de Iean-François Prouana Comte de Beynette, de l'ancienne Maison de Prouana en Piemont.

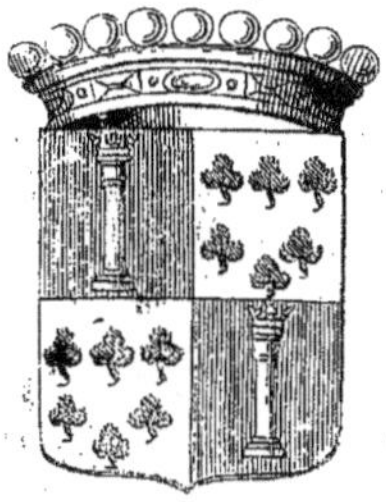

Prouana. écartelé au 1. & 4. de gueules à vne colomne d'argent, le Chapiteau sommé d'vne couronné d'or, la base & le Chappiteau de mesme au 2. & 3. d'argent à six feuilles de vigne au naturel 3. 2. & 1.

De ce mariage vinrent entr'autres Enfants Dominique Prouana Comte de Beynette, Antonio & Flaminio Commandeurs de Malte, & Paule Prouana alliée auec le Comte de Morette.

Ce Dominique Prouana épousa Marguerite Isnard de Sanfré, dont il eut plusieurs Enfans: Sçauoir, Bernardin-Louys Prouana des Comtes de Beynette, Grand M^e d'Hostel de Marguerite de Sauoye Duchesse de Mantoüe, qui de Marie Lomelline de Genes sa Femme, n'a laisé qu'vne Fille nommée Marie-Marguerite, Hyacinte Prouana Capucin. Iulienne Prouana mariée au Comte d'Enuie. Antoine Prouana Commandeur de Malte. François & Philippes Prouana, Bernardin Prouana Comte de Beynette sus-nommé, Gentilhomme ordinaire de la Chambre de Victor-Amé, a eü de Marie du Puy de Voghera son Espouse, vn Fils & trois Filles: Sçauoir, Victor-Dominique Prouana Comte de Beynette auiourd'huy viuant, Mary de Françoise Fauzzon d'vne noble & ancienne Famille du Montdeuis. Lucresse Prouana Espouse du Comte de Bros, Paule Prouana & Bernardine Prouana mariée au Marquis de Bros.

# V I.

## *BERNARDIN DE SAVOYE II. DU nom, Seigneur de Cauours, de Ville-franche & de Cazelle, puis Comte de Raconis & de Pancalier, Cheualier de l'Ordre de l'Annonciade, & Capitaine des Archers de la Garde de S. A.*

## CHAPITRE XI.

C'EST en luy que faillit la ligne directe des Comtes de Raconis & de Pancalier; parce qu'il ne laissa aucuns Enfans d'Isabelle de Grillet son Espouse Marquise de la Chiuse & Dame de Cazelle, Fille de Nicolas de Grillet, Seigneur de Pomier & du Bessey en Bresse, & de Marie de Gondy Comtesse de S. Triuier. C'estoit vn des Seigneurs des plus accomplis de la Cour de Sauoye, qui eut sa part des plus belles charges de l'Estat, & qui laissa vn souuenir eternel de sa personne & de ses belles qualités.

Grillet. de gueules à la face ondée d'or au Lyon leopardé passant en chef d'argent & à 3. besans aussi d'argent en pointe.

LES

# LES COMTES DE Colegno, Seigneurs d'Altezzan le Bas.

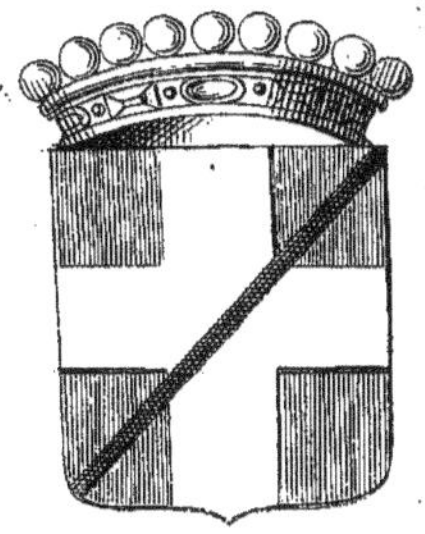

De Sauoye à la barre de ſable brochant ſur le tout.

# I.

## *ANTELME BASTARD D'ACHAYE, Cheualier, Seigneur de Colegno & d'Altezzan le Bas.*

### CHAPITRE XII.

IL estoit Fils naturel de Philippes de Sauoye Prince d'Achaye & de la Morée, Comte de Piemont, qui luy donna pour son Appannage la Seigneurie de Colegno & celle d'Altezzan le Bas en Piemont, à la charge de l'hommage.

L'an 1343. il accompagna Iaques de Sauoye Prince d'Achaye, au voyage qu'il fit en Auignon pour les differents qu'il auoit auec le Marquis de Montferrat. Et l'an 1346. il fit hommage des Terres de son Appannage à Philippes de Sauoye Prince d'Achaye au Chasteau de Pignerol; Presents Amé Comte de Geneue, Rodolphe Abbé de S. Michel de la Cluse, Thomas & Edoüard de Sauoye, Louys de Riuoyre, Pierre de Geneue & Pierre de Compeys Cheualiers, & Martinet des Comtes de S. Martin. Depuis il deffendit l'an 1360. la Ville de Pignerol assiegée par le Comte Verd, sous Iean Seigneur de Leualdisio qui en estoit Gouuerneur. Il suyuit le Comte Verd au voyage de Grece l'an 1366. & fut Gouuerneur du Chasteau de Limeno. La Chronique de Sauoye M. S. l'appelle Antoine, & le nomme Seigneur de Champagne au lieu de Colegno. Il est mis present à la confirmation qu'Aymon Comte de Sauoye & Iaques de Sauoye Prince d'Achaye firent d'vn Traitté fait l'an 1337. entre ceux de la Maison de la Ruuere & les Marquis de Romagnan, pour la Iurisdiction de Virle.

Titr. de la Chamb. des Com. de Sau.

Chroniq. de Sauoye M. S.

Il seruit en France sous le Roy Charles V. l'an 1369. auec quinze Escuyers. Son alliance est ignorée; ses Enfans pourtant furent ceux-cy.

Titr. de la Chamb. des Com. de Paris.

I. Philippes de Sauoye Seigneur de Colegno qui suit.

II. Iaques de Sauoye, Religieux en l'Abbaye de Pignerol.

# II.

## *PHILIPPES DE SAVOYE, CHEVALIER, Seigneur de Colegno & d'Altezzan le bas.*

### CHAPITRE XIII.

APRES la paix iurée entre le Comte Verd & Iaques de Sauoye Prince d'Achaye l'an 1363. il fit hommage des Chasteaux de Colegno & d'Altezzan au Prince d'Achaye son Oncle. Depuis il fut retenu pour Conseiller ordinaire d'Amé de Sauoye Prince d'Achaye, laissa les Enfans suyuants.

I. Antoine de Sauoye qui continua la ligne.

II. Antoine de Sauoye le ieune, surnommé *Turillia*, viuant l'an 1396. qui s'allia auec Michelette de Piozasque.

Piozasque d'argent à neuf merlettes de sable 3.3. 2. & 1.

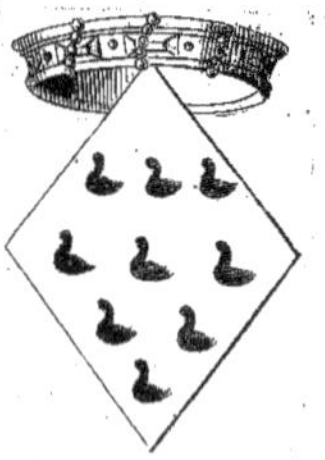

Il eut de ce mariage Philippes de Sauoye, Seigneur en partie de Colegno & d'Altezzan, viuant l'an 1450. Pere d'Antelme de Sauoye mort sans Enfans. 1450.

## III.

## *ANTOINE DE SAVOYE, CHEVALIER, Seigneur de Colegno.*

## CHAPITRE XIV.

IL prit alliance l'an mil trois cents nonante-vn auec Marguerite de Riualta, de la Maison de Riualta ou Ripalta en Piemont, & en eut vn seul Fils qui suit. 1391.

Ripalta ou Riualta. d'argent à la bande crenelée de sable.

MICHEL

## I V.

### *MICHEL DE SAVOYE CHEVALIER, Seigneur de Colegno & d'Altezzan.*

CHAPITRE XV.

Les Titres qui font mention de luy, sont de l'an 1424. & luy donnent deux Masles.

I. Antoine de Sauoye, mentionné cy-apres.

II. Nicolas de Sauoye, mort sans lignée.

## V.

### *ANTOINE DE SAVOYE II. DU NOM, Cheualier, Seigneur de Colegno & d'Altezzan.*

CHAPITRE XVI.

IL viuoit l'an mil quatre cents quatre vingt trois, & laissa entr'autres Enfans.

I. François de Sauoye.

## V I.

### *FRANCOIS DE SAVOYE CHEVALIER, Seigneur de Colegno.*

CHAPITRE XVII.

DE son mariage auec Iaqueline Ferrero, Fille de Geoffroy Ferrero, Cheualier, Marquis de Bordellano. Il laissa

Ferrero. d'argent au Lyon d'azur, lampassé & armé de gueules.

ANTOINE

## VII.

## *ANTOINE-MARIE DE SAVOYE Cheualier Seigneur de Colegno.*

### CHAPITRE XVIII.

QVI se maria auec vne Damoyselle de Padoüe, nommée Iulia Obizzi.

Obizzi. bandé d'argent & d'azur de six pieces.

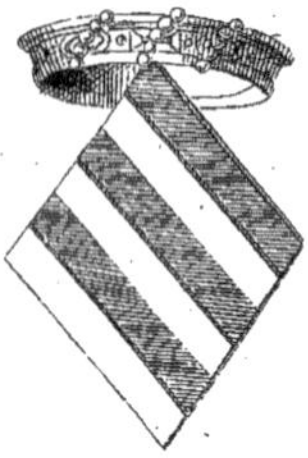

De ce mariage sortit vn Fils appellé

## VIII.

## *EMANVEL-PHILIBERT DE SAVOYE Cheualier, Comte de Colegno.*

### CHAPITRE XIX.

C'EST en sa faueur que le Duc Emanuel-Philibert erigea la Seigneurie de Colegno en Comté. Il se maria auec Marguerite Tesauro de la Maison de Tesauro de Fossan Comtes de Sarmatore, de laquelle il n'eut point d'Enfans.

Tesauro. d'argent à vne pointe d'azur.

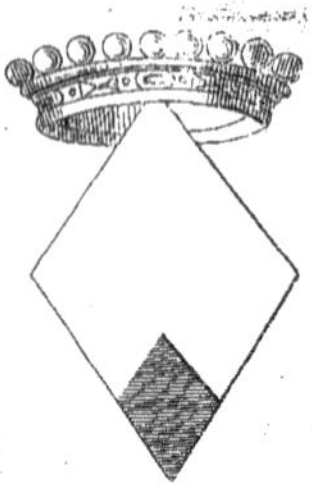

LES

# LES SEIGNEVRS d'Aruillars, des Molettes & de l'Orme.

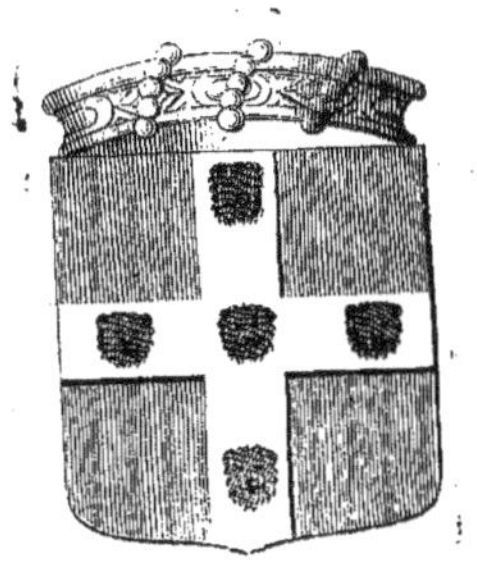

De Sauoye, la Croix chargée de cinq Muffles de Lyon de ſable pour briſure.

# I.

## HVMBERT BASTARD DE SAVOYE
### *Cheualier, Seigneur d'Aruillars & des Molettes.*

### CHAPITRE XX.

IL estoit Fils naturel d'Aymon Comte de Sauoye, & témoigna en ses employs son courage & son esprit. Le Roy Philippes de Valois se seruit long-temps de luy ; & pour recompense de ses seruices luy donna trois cents liures de rente à sa vie sur la Recepte de Mascon, par Patentes du 13. Decembre 1342. Du Tillet.

L'an 1347. il fut l'vn de ceux qui iurerent de la part du Comte Verd, le Traitté d'alliance & de confederation perpetuelle, conclu entre les Maisons de Sauoye & de Bourgogne. Titr. de la Chambre des Com. de Sau.

Il suyuit le mesme Prince au voyage qu'il fit en Flandre l'an 1355. où il mena des Trouppes au Roy Iean. La liste de cette Armée qui est en la Chambre des Comptes de Paris, met cét Humbert de Sauoye au rang des Cheualiers Bannerets ; & porte qu'il auoit auec soy vn Cheualier Bachelier, & dix-huit Escuyers.

Le mesme Prince l'enuoya en Ambassade l'an 1362. auec Louys de Riuoyre Seigneur d'Amesin & de Gerbais, pour conclurre vn Traitté de confederation auec le Marquis de Montferrat. Mem. M.S. de Mr. l'Euesq de Saluces

Blanche de Sauoye Dame de Milan qui possedoit plusieurs Terres en Sauoye pour seurté de sa dot luy en donna la direction, par Patentes dattées à Milan le penultiéme de Decembre de la mesme année. Titr. du Chasteau d'Aruillars.

Et le Comte Verd pour le payer de deux mille florins d'or, luy remit par Lettres dattées à Riuoles le 24. d'Aoust 1364. les reuenus du Chasteau de Marches auec la Iustice, le Peage, & la Leyde de Veillane. *Idem.*

Il fut marié deux fois : La premiere, auec Andize d'Aruillars, Fille de Pierre ou Peronet d'Aruillars Cheualier, Seigneur dudit lieu en Daufiné, & de Iaqueline de Ternier. Leur mariage fut arresté au Chasteau de S. Genys en Sauoye le 28. de Iuin 1341. en presence d'Aymon Comte de Sauoye, & du consentement d'Antelme Seigneur de Miolans, de Girard Seigneur de Ternier, de Chabert de Morestel Seigneur de Leüille, de Iaques de Compeys, de Boniface de Cuyne, d'Hugues Fils d'Humbert de Montmayeur, & de Lancelot de Chastillon Parents de l'Espouse. Ce fut en suite de ce Mariage & d'vne Transaction qu'il fit le 7. de May 1364. auec Antelme Seigneur de Miolans son Beau-frere, Mary de Ieane d'Aruillars qu'il eut la Seigneurie d'Aruillars. Preuues pag. 643.

Aruillars. d'or à l'Aigle d'azur membrée, bequée & couronnée de gueules.

Mem. M. S. de Mr. de Comnene

La seconde, auec Marguerite de Villette-Chevron Dame de l'Orme, Fille d'Humbert de Villette Cheualier, Seigneur de Chevron, & d'Ancelize de Pontuerre. Le 16. de Septembre 1367. ell'eut different auec Humbert & Pierre de Villette Seigneur de Chevron ses Freres, pour le payement de sa dot, qui fut terminé par vn Traitté du 9. d'Aoust 1399. en presence d'Amé de Sauoye Prince d'Achaye, duquel le Comte de Sauoye fut l'Arbitre ; & les Cautions Guygues de Montbel Seigneur d'Entremonts, Iean de Conflens Chancelier de Sauoye, Iean Seigneur du Vernay Mareschal de Sauoye, François de Menthon Maistre d'Hostel du Comte Aymon Seigneur d'Aspremont, George de Montbel Seigneur de Fruzasque, Antoine de Clermont Seigneur de la Bastie, Pierre de Martel, Amblard de Gerbais Seigneur de Billia, Guillaume de Chales Maistre d'Hostel du Comte, Pierre Andreuet Tresorier, Antoine de Belletruche, Pierre des Granges, François de Serraual, Amé de Bonniuard, Guillaume de Chabod, Hugonet de Chabod Docteur és Loix & autres.

Villette-Chevron. d'azur au chevron d'or bordé de gueules accompagné de 3. Lyons d'or 2. & 1

Du premier mariage vinrent.

I. Humbert de Sauoye II. du nom Cheualier Seigneur d'Aruillars, mentionné cy-apres.

II. Caterine de Sauoye promise en mariage le 10. de Feurier 1358. estant majeure de douze ans, à Guillaume de Luyrieux Cheualier, Seigneur dudit lieu & de Prangin, Fils de Pierre Seigneur de Luyrieux & de Montveran, Baillif de Bresse, & de Petronille de la Balme Dame de Prangin.

En

Luyrieux. d'or au chevron de sable.

En secondes nopces Caterine de Sauoye, épousa à Yenne le 17. de Mars 1380. Berlion de Riuoyre Cheualier, Seigneur de Romagnieu & de Bruzolz, Fils de Louys de Riuoyre Cheualier, Seigneur d'Amesin & d'Aigline, Dame de Gerbais; Presents Iean Seigneur de Montbel & d'Entremonts, & Pierre d'Amesin Cheualiers, Sibued de Riuoyre, Seigneur de Gerbais, Pierre de Riuoyre Seigneur de Domessin, Henry de Montfalcon, Thomas de la Balme, Aymé d'Orly, & Guygues de Soumont Damoyseaux.

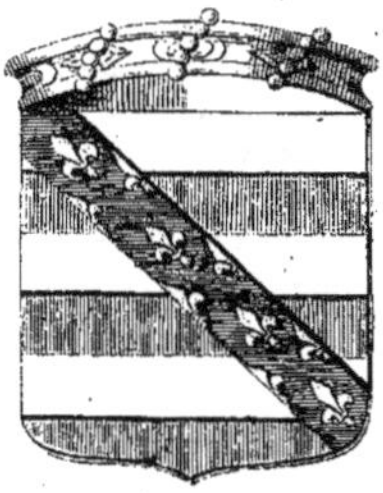

Riuoyre. fascé d'argent & de gueules de six pieces à la bande de France brochant sur le tout

III. Antoine de Sauoye.

Du second lict Humbert Bastard de Sauoye laissa.

IV. Amé de Sauoye Cheualier, Seigneur de Molettes & de l'Orme.

Qui eut aussi pour Espouse vne Fille de la Maison de Chevron, appellée Marguerite de Villette. Il testa le 9. de May 1400. estant sur le point de faire le voyage de Rome; & declara Executeurs de sa volonté Iean des Clés, Humbert de Luyrieux, & Pierre de Cornillon. Il ne laissa aucuns Enfans. Titr. du Chasteau d'Aruillars.

Outre les Enfans legitimes, Humbert Bastard de Sauoye eut vn Fils naturel nommé Hugonet.

# I I.

## *HVMBERT DE SAVOYE II. DV NOM, Cheualier, Seigneur d'Aruillars, d'Eſcloſe, des Molettes & de l'Orme, Gouuerneur de Foucigny.*

### CHAPITRE XXI.

Titr. de l'Archiue de Turin Mem. M. S. de Mr. l'Euef. de Saluces. Titr. du Chaſteau d'Aruillars.

LE 21. de Nouembre 1374. le Comte Verd luy fit don des biens de Guillaume de la Rochetre, par Lettres dattées au Bourget.

Bonne de Berry Comteſſe d'Armagnac, & Doüairiere de Sauoye luy donna l'an 1398. le Gouuernement du Pays de Foucigny, dont elle joüiſſoit pour ſon Doüaire.

Le 10. de May 1400. il fit ſon Teſtament à Leſcherene, ſur le point de faire le voyage de S. Iaques de Galice par deuotion; par lequel on apprend qu'il n'auoit encore qu'vne Fille, & qu'il éleut ſa Sepulture à la Chartreuſe du Val de S. Hugon. Il en fit depuis vn autre le 4. de Iuin 1422. au Conuent des Freres Preſcheurs de Montmeillan; où il donne à Caterine des Clés ſa Femme ſon Chaſteau de l'Orme en la Parroiſſe de Planeſe, & fit ſon Heritier Iean de Sauoye ſon Fils du 2. lict.

Titr. de Mr. le Marquis de Lullins

Il eut deux Femmes: La premiere fut Marguerite de Mouxy, Fille de Iaques Seigneur de Mouxy Cheualier, & de Nicolette de Ceruens.

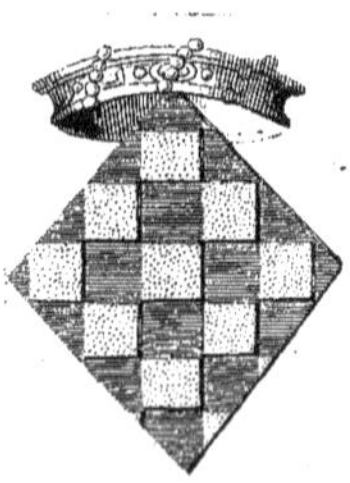

Mouxy. échiqueté d'or & d'azur.

Titr. du Chaſteau d'Aruillars.

La ſeconde Femme, Caterine des Clés, Fille d'Albert des Clés Cheualier, Seigneur de la Val des Clés. Leur mariage ſe fit le 27. d'Octobre 1401. au Chaſteau de l'Orme; en preſence de Iean Seigneur de Miolans, & de Iean Seigneur des Clés.

DV

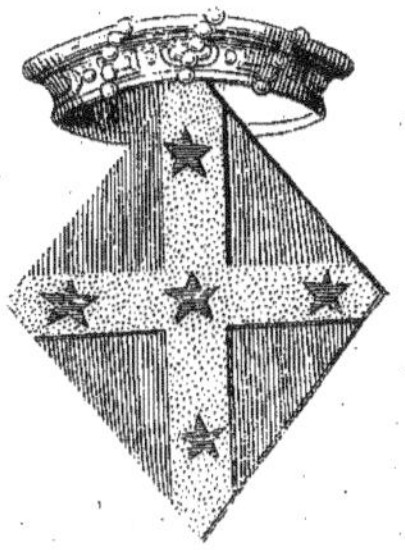

Les Clés de gueules à la croix d'or chargée de 5. estoiles d'azur.

DV PREMIER LICT.

I. Bonne de Sauoye mariée le 15. de Mars 1405. auec Rodolphe ou Raoul de Villette-Chevron Cheualier, Seigneur de Bonuillaret & de Teneysel, Fils de Pierre de Villette Seigneur de Chevron, Vidame & Seneschal de Syon, & de Caterine de la Chambre.

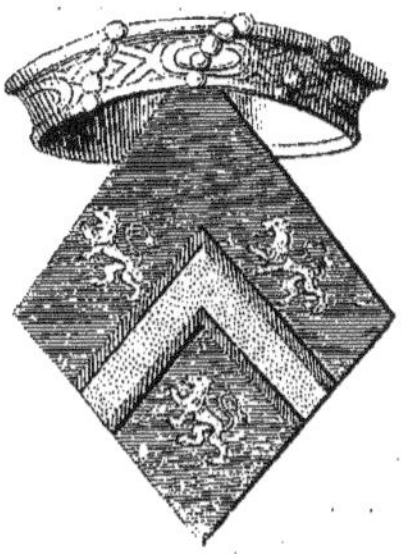

Villette-Chevron. comme cy-dessus.

DV SECOND LICT.

II. Caterine de Sauoye mariée le 8. de Decembre 1422. au Chasteau de l'Orme, à Iean Aleman Cheualier, Seigneur d'Vriage, de Reuel, de Montaymon & de S.Mauris; d'où entr'autres Enfans sortirent.

Aymon Aleman Cheualier, Seigneur d'Vriage & de Reuel. Guygues Aleman Seigneur du Molard, & Françoise Aleman Femme de François de Villette Seigneur de Chevron.

Aleman-Vriage. de gueules semé de fleurs de Lys d'or à la bande d'argent.

III. Iean

III. Iean de Sauoye Seigneur d'Aruillars, qui suit.

## III.

## IEAN DE SAVOYE CHEVALIER, *Seigneur d'Aruillars, des Molettes & de l'Orme.*

### CHAPITRE XXII.

Titr. du Chasteau d'Aruillars.

C'EST luy qui fit hommage au Duc Amé le Bien-heureux, au Chasteau de Chambery le 5. de Iuillet 1469. des Terres & Seigneuries d'Aruillars, des Molettes & de l'Orme.

Son Alliance fut auec Caterine de Villette-Chevron, Fille de Rolet de Villette Cheualier, Seigneur de Chevron, & de Louyse de Saleneufue, de laquelle il n'eut qu'vne seule Fille appellée

## IV.

## FRANCOISE DE SAVOYE DAME *d'Aruillars, des Molettes & de l'Orme.*

### CHAPITRE XXIII.

Titr. de la Cham. des Comp. de Sauoye.

IE n'ay rien pû aprendre d'elle, sinon que l'an 1479. elle fit hommage de ces Terres au Duc Philibert.

LES

# LES SEIGNEVRS de Buſque en Piemont.

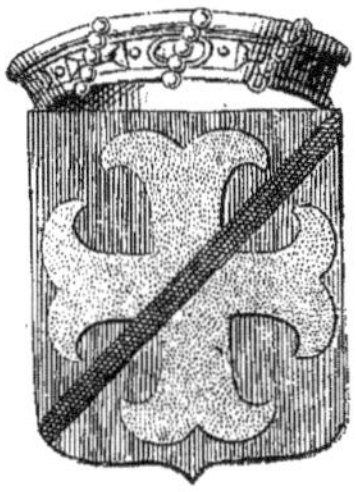

De gueules à la Croix ancrée d'or qui eſt d'Achaye ou de la Morée à la Barre de ſable brochant ſur le tout.

# I.

## *ANTOINE BASTARD DE LA MOREE, Seigneur de Buſque en Piemont.*

### CHAPITRE XXIV.

CETTE Branche de Baſtards a eü peu de reputation; ceux qui en ſont yſſus ne s'eſtans point ſignalés aux guerres, pour reſpondre en quelque façon à la grandeur de la Famille dont ils auoient l'honneur d'eſtre yſſus. Celuy qui en eſt la Souche eſtoit Fils naturel de Iaques de Sauoye Prince d'Achaye & de la Morée, & prit le ſurnom de la Morée. Il viuoit l'an mil trois cents nonante, & eut pour ſon Appannage le viel Chaſteau de Buſque, & pluſieurs autres biens Mem. M. S. de Mr.l'Eueſ. de Saluces
1390. Feodaux, à la reſerue de la Iuſtice. Il laiſſa trois Maſles & vne Fille.

I. Antoine de la Morée Poſthume, Pere de Marie de la Morée, Femme de François Graffione.

II. Louys de la Morée viuant mil quatre cents vingt-quatre, Pere de Ber-
1424. nard & de Iean-Iaques de la Morée, qui viuoient mil quatre cents quatre
1483. vingt trois.

III. Martin de la Morée, qui continua la ligne.

IV. Manfroy de la Morée.

# II.

## *MARTIN DE LA MOREE, Seigneur de Buſque.*

### CHAPITRE XXV.

LE vingt-troiſiéme de Iuin mil quatre cents ſoixante-cinq, il fit
1465. hommage de la Seigneurie de Buſque à Amé IX. du nom, Duc de Sauoye, auec Antoine & Louys de la Morée ſes Freres. Il eut trois Fils, ſçauoir.

I. Geoffroy de la Morée mentionné cy-apres.

II. Guillaume de la Morée.

III. Antoine de la Morée, Pere de Magdelaine de la Morée, alliée auec André d'Imola de Pignerol, d'où vint Martin d'Imola, qui prit, à cause de sa Mere, le surnom de la Morée, & fut Pere de deux Masles; l'vn nommé Hortensio de la Morée Lieutenant des Gardes de S. A. R. Charles-Emanuel Duc de Sauoye, mort sans Enfans. L'autre appellé Antoine de la Morée, Mary d'Anne Signorilla de Busque, d'où sortit Charles-Thomas de la Morée aujourd'huy viuant, Capitaine de la Milice de Busque.

## III.

## *GEOFFROY DE LA MORÉE Seigneur de Busque* 1480.

### CHAPITRE XXVI.

IL fut Pere de deux Masles, sçauoir.

I. Martin de la Morée qui suit.

II. Constant de la Morée.

## IV.

## *MARTIN DE LA MORÉE II. du nom, Seigneur de Busque* 1500.

### CHAPITRE XXVII.

ON n'a pas sçû son alliance; il est vray pourtant qu'il eut trois Masles.

I. Louys de la Morée, mort sans posterité.

II. Guillaume de la Morée, decedé sans Enfans.

III. Laurent de la Morée, qui continua la Branche.

LAVRENT

V.

# LAVRENT DE LA MOREE
*Seigneur de Busque 1540.*

## CHAPITRE XXVIII.

A Celvy-cy succeda son Fils vnique nommé.

VI.

# GEOFFROY DE LA MOREE
*Seigneur de Busque, Capitaine d'Infanterie 1580.*

## CHAPITRE XXIX.

Il laissa pour Fils.

VII.

# GVILLAVME DE LA MOREE
*Seigneur de Busque.*

## CHAPITRE XXX.

En luy faillit la Branche des Seigneurs de Busque, parce qu'il mourut l'an 1610. sans laisser Enfans.

Il y a vne Famille Illustre en Italie, qui est celle des Pies Comtes de Carpi, Seigneurs de Sassolo, Princes de S. Gregoire, qui portent le nom & les Armes de Sauoye; non pas qu'ils soyent yssus de cette Royale Maison (quoy qu'vn Autheur moderne l'ayt ainsi publié) mais par agregation seulement. Ce qui arriua sous le Duc Louys, qui ayant reçeu de notables seruices d'Albert Pie Seigneur de Carpi, en la guerre que ce Prince eut contre François Sforce, & en consideration aussi de ce qu'il tiroit son origine de la Maison de Saxe, luy permit & à Galeas Pie son Frere, à Marc & Louys Pies leurs Neueux

Aubery hist. des Carpi tom.3. p.536.

Neueux & à leurs descendants Masles Seigneurs de Carpi, de porter le nom & les Armes de Sauoye, par Patentes dattées à Turin le 27. de Ianuier 1450. en presence de Iaques de la Tour Chancelier, de Louys de Sauoye Seigneur de Raconis Mareschal de Sauoye, de François de la Palu Seigneur de Varambon Comte de la Roche, de Guillaume de Luyrieux Seigneur de la Cueille, de Iaques des Comtes de Valpergue President du Conseil de Chambery, de Nicod de Menthon, de Iaques de Chalant Seigneur d'Aymeuille, de Louys de Luyrieux, de Vautier de Chabod, de Guillaume de Conflans Aduocat Fiscal, de Guillaume de Viry Maistre d'Hostel de Iaques Meynier & d'André Malet.

Preuues pag. 647.

*Fin du quatriéme Liure.*

# HISTOIRE
## GENEALOGIQVE
DE LA
## ROYALE MAISON
DE SAVOYE,
### Liure cinquiéme.

*CONTENANT LES TABLES Genealogiques de plusieurs Familles Illustres, qui ont pris ou donné alliance à cette Royale Maison.*

TABLE

# TABLE ALPHABETIQVE des Familles dont les Genealogies sont en ce Liure.

Il y a encore d'autres Familles Illustres qui descendent de la Royale Maison de Sauoye par Femmes, dont les Genealogies n'ont pas esté mises en ce Liure, parce qu'elles ont esté placées dans le corps de l'Histoire.

TABLE

# TABLE I.

## *EXTRACTION D'ADELAYDE Marquise de Suze, Espouse d'Oddon Comte de Sauoye & de Maurienne, Marquis d'Italie.*

MANFROY Comte du Palais sous le Regne de Pepin Roy de France.

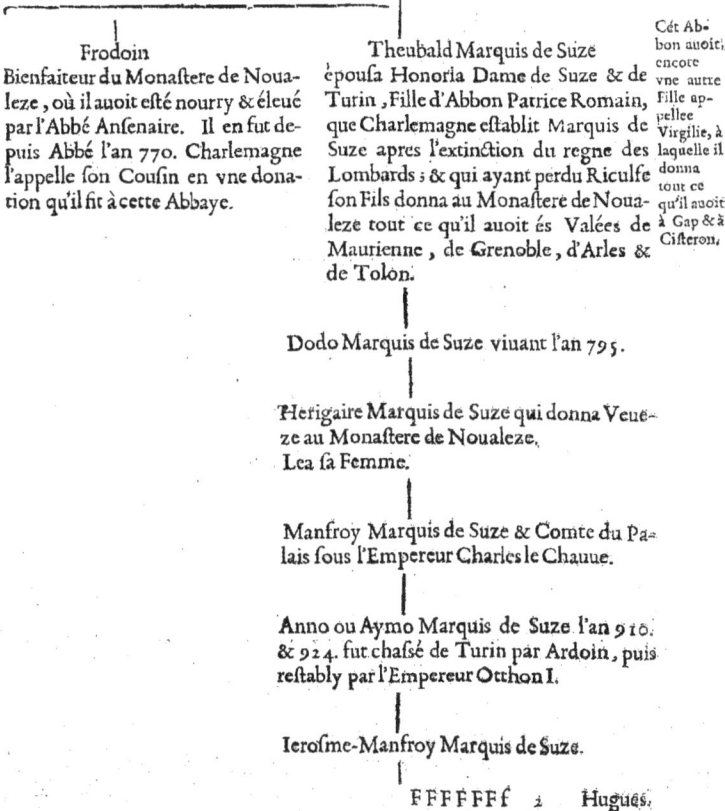

Frodoin
Bienfaiteur du Monastere de Noualeze, où il auoit esté nourry & éleué par l'Abbé Ansenaire. Il en fut depuis Abbé l'an 770. Charlemagne l'appelle son Cousin en vne donation qu'il fit à cette Abbaye.

Theubald Marquis de Suze
épousa Honoria Dame de Suze & de Turin, Fille d'Abbon Patrice Romain, que Charlemagne establit Marquis de Suze apres l'extinction du regne des Lombards; & qui ayant perdu Riculfe son Fils donna au Monastere de Noualeze tout ce qu'il auoit és Valées de Maurienne, de Grenoble, d'Arles & de Tolon.

Cét Abbon auoit encore vne autre Fille appellee Virgilie, à laquelle il donna tout ce qu'il auoit à Gap & à Cisteron.

Dodo Marquis de Suze viuant l'an 795.

Herigaire Marquis de Suze qui donna Veueze au Monastere de Noualeze.
Lea sa Femme.

Manfroy Marquis de Suze & Comte du Palais sous l'Empereur Charles le Chauue.

Anno ou Aymo Marquis de Suze l'an 910. & 924. fut chassé de Turin par Ardoin, puis restably par l'Empereur Otthon I.

Ierosme-Manfroy Marquis de Suze.

Hugues.

Alrich ou Arderic Euesque d'Ast 1027.

Olderic ou Vlric surnommé Manfroy Marquis de Suze 986. c'est luy qui fonda l'Abbaye de S. Iust de Suze auec Alrich Euesque d'Ast son Frere & Berthe sa Femme l'an 1029. Il fonda encore celle de Caramagne. Guillaume Duc d'Aquitaine luy écriuit deux Lettres, il mourut apres l'an 1031.
Berthe Fille d'Albert Marquis d'Yvrée.

*Apud Fulbert. epist. 58. & 60.*

Otthon.

Immille Duchesse de Turin morte sans Enfans l'an 1078. Elle fonda vn Conuent de Religieuses de l'Ordre de S. Benoist à Caramagne, & depuis l'Eglise de S. Pierre de Musinasque.

*ADELAYDE MARQUISE DE SUZE, COMTESSE DE SAVOYE.*

## TABLE II.

### *EXTRACTION D'AGNES DE GUYENNE ou de Poitiers, Espouse de Pierre de Sauoye, Marquis de Suze & d'Italie.*

BERNARD Comte de Poitou mort l'an 844.
Blitilde d'Anjou.

Ranulfe I. Duc d'Aquitaine & Comte de Poitou, decedé 867.

Ranulfe II. du nom Duc d'Aquitaine & Comte de Poitou, mort 890.

Ebald Duc d'Aquitaine & Comte de Poitou, mort 935.
Adelays d'Angleterre.

Guillaume surnommé *Teste d'Estouppe* Duc d'Aquitaine

d'Aquitaine & Comte de Poitou, mort 963.
Adelays de Normandie.

Adelays.
Hugues Capet
Roy de France.

Guillaume II. du nom Duc d'Aquitaine & Comte de Poitou, decedé l'an 993.
Emme . . . . . . . .

Guillaume III. Duc d'Aquitaine & Comte de Poitou, qui mourut le 31. de Ianuier 1030.
Agnes de Bourgogne.

*AGNES D'AQVITAINE OV DE GVYENNE MARQVISE DE SVZE ET D'ITALIE.*

## TABLE III.

### *EXTRACTION DE BONIFACE MARQVIS de Saluces, Mary d'Alix de Sauoye, Fille de Pierre de Sauoye, Marquis de Suze, & d'Agnes de Guyenne, & leur Posterité.*

GVILLAVME Comte viuant l'an 910.

Aleran premier Marquis de Montferrat, qui eut inuestiture du Marquisat de Montferrat de l'Empereur Otthon, l'an 967.
Gerberge Fille de Berenger Roy d'Italie.

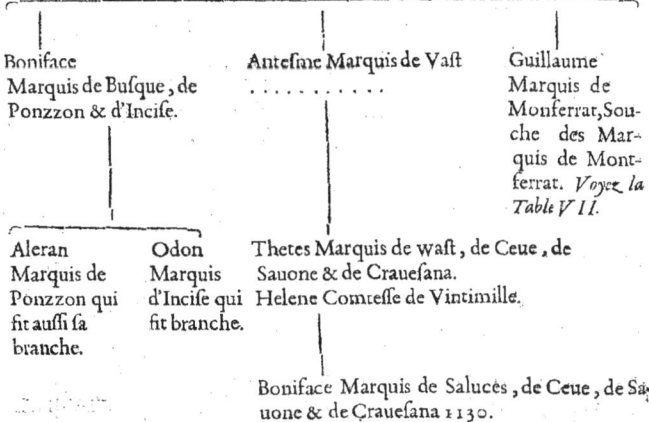

Boniface
Marquis de Busque, de Ponzzon & d'Incise.

Aleran
Marquis de Ponzzon qui fit aussi sa branche.

Odon
Marquis d'Incise qui fit branche.

Antesme Marquis de Vast
. . . . . . . . . . .

Thetes Marquis de wast, de Ceue, de Sauone & de Crauesana.
Helene Comtesse de Vintimille.

Boniface Marquis de Saluces, de Ceue, de Sauone & de Crauesana 1130.

Guillaume
Marquis de Monferrat, Souche des Marquis de Montferrat. *Voyez la Table VII.*

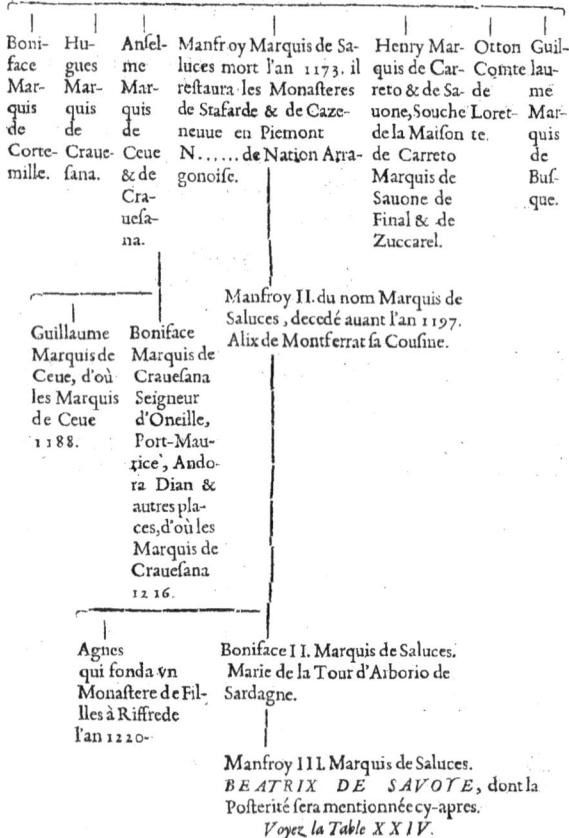

*ALIX DE SAVOYE.*

Boniface Marquis de Cortemille.

Hugues Marquis de Crauesana.

Anselme Marquis de Ceue & de Crauesana.

Manfroy Marquis de Saluces mort l'an 1173. il restaura les Monasteres de Stafarde & de Cazeneuue en Piemont
N...... de Nation Arragonoise.

Henry Marquis de Carreto & de Sauone, Souche de la Maison de Carreto Marquis de Sauone de Final & de Zuccarel.

Otton Comte de Lorette.

Guillaume Marquis de Busque.

Guillaume Marquis de Ceue, d'où les Marquis de Ceue 1188.

Boniface Marquis de Crauesana Seigneur d'Oneille, Port-Maurice, Andora Dian & autres places, d'où les Marquis de Crauesana 1216.

Manfroy II. du nom Marquis de Saluces, decedé auant l'an 1197.
Alix de Montferrat sa Cousine.

Agnes qui fonda vn Monastere de Filles à Riffrede l'an 1220.

Boniface II. Marquis de Saluces.
Marie de la Tour d'Arborio de Sardagne.

Manfroy III. Marquis de Saluces.
*BEATRIX DE SAVOYE*, dont la Posterité sera mentionnée cy-apres.

*Voyez la Table XXIV.*

TABLE

## TABLE IV.

### *EXTRACTION DE L'EMPEREVR Henry III. Mary de Berthe de Sauoye, Fille de Pierre de Sauoye Marquis de Suze, & leur Posterité.*

CONRAD Duc de Franconie éleu Empereur l'an 1024. decedé 1039.
Gisele Fille de Lothaire Roy de France.

Henry II. dit *le Noir*, Empereur, mort l'an 1056.
Agnes de Poitiers.

| | | | |
|---|---|---|---|
| Conrad Duc de Bauiere. | Matilde premiere Femme de Rodolphe Duc de Suaube. | Henry III. dit *le Vieil*, Empereur, decedé 1106.<br>*BERTHE DE SAVOYE.* | Iudith.<br>Salomon Roy de Hongrie. |

| | | |
|---|---|---|
| Conrad Roy d'Italie, decedé auant son Pere, épousa Matilde Fille de Royer Comte de Sicile deceda sans lignée. | Henry IV. Empereur, decedé l'an 1125.<br>Matilde d'Angleterre, mourut sans Enfans. | Adelays.<br>1. Frideric Duc de Suaube.<br>2. Leopold Marquis d'Austriche. |

## TABLE V.

### *EXTRACTION DE RODOLPHE DVC de Sueue, ou de Suaube, Comte de Rinsfeld Empereur, Mary d'Adelays de Sauoye, & leur Posterité.*

FRIDERIC Duc de Mosellane.
Beatrix de France.

Cuno Comte de Rinsfeld mort l'an 1026.
Ricuaire . . . . . . sa Femme.

| | |
|---|---|
| Adalberon Euesque de wormes 1065. | Rodolphe Comte de Rinsfeld, Duc de Sueue ou de Suaube, éleu Empereur ou Roy d'Alemagne, decedé l'an 1080. |

ADELAYS

*ADELAYS DE SAVOYE.*

| | | | | |
|---|---|---|---|---|
| Otthon mort en ieuneſſe. | Agnes Comteſſe de Rinsfeld. Berthold Duc de Zeringen. | Adelays de Rinsfeld. Colman Roy d'Hongrie. | Bertold decedé ieune. | Matilde. Erneſt Marquis d'Auſtriche 1075. |

## TABLE VI.

### *EXTRACTION MATERNELLE de Ieane de Geneue Comteſſe de Sauoye.*

RODOLPHE I. du nom Roy de la Bourgogne Transjurane l'an 888.
wille ou Giſle . . . . .

| | |
|---|---|
| wille. Boſon Marquis de Toſcane. | Rodolphe II. du nom Roy de Bourgogne, d'Allemagne, de Prouence & d'Italie, mort l'an 937. Egildrude ſa Femme . . . . |

| | | |
|---|---|---|
| Burchard. Eueſque de Lauſanne, puis Archeueſque de Lyon. | Adelayde. 1. Lothaire Roy d'Italie. 2. Otthon Empereur. | Conrad Roy de Bourgogne, d'Allemagne & de Prouence, ſurnommé *le Pacifique*, decedé l'an 994. Matilde de France Comteſſe de Lyon, Sœur de Lothaire Roy de France. |

Matilde de Bourgogne.
Baudoüin Comte de Flandre.

Berthe de Flandre.
Aymon Comte de Geneue.

Gerold Comte de Geneue.
Giſele Niece de Rodolphe Roy de Bourgogne.

Ieane de Geneue.
*AMÉ II. du nom COMTE DE SAVOYE.*

TABLE

# TABLE VII.

## *EXTRACTION DE BONIFACE Marquis de Montferrat Mary de Constance de Sauoye, & leur Posterité.*

Voyez la Table III.

GVILLAVME Marquis de Montferrat premier du nom 980.

Boniface Marquis de Montferrat premier du nom.

Guillaume Marquis de Montferrat II. du nom.
Sa Femme wuaria.

Boniface II. du nom Marquis de Montferrat.
*CONSTANCE DE SAVOYE.*

Guillaume III. du nom Marquis de Montferrat.

. . . . . . . . . . .

Raynier Marquis de Montferrat 1126.
Guille ou Gisle de Bourgogne Vefue d'Humbert II. Comte de Sauoye.

| | | |
|---|---|---|
| Ieane.<br>Guillaume ~~Duc~~ Cliton de Normandie.<br>C. de Flandres | Guillaume IV. Marquis de Montferrat, surnommé *le Vieil*, qui fit le voyage de la Terre Sainte.<br>Iudith, Fille de Leopold Duc d'Austriche, Sœur vterine de l'Empereur Conrad. | Isabelle.<br>Guy Comte de Blandrate. |

| | | | | |
|---|---|---|---|---|
| Iordaine.<br>Alexis Empereur. | Raynier Roy de Thessalonique, épousa Kaire-Maria Fille de Manuel Comnene Empereur de Grece 1170. mort sans Enfans. | Guillaume Marquis de Montferrat surnommé *longue Espée*.<br>Sybille Sœur de Baudoüin Roy de Ierusalem, d'où Baudoüin de Montferrat couronné Roy de Ierusalem decedé ieune 1185. | Boniface III. Marquis de Montferrat, Roy de Thessalie, fut Chef de l'armée des Chrestiens au voyage de la Terre Sainte. Il vendit l'Isle de Candie aux Venitiens l'an 1204.<br>1. Helene Fille du Marquis de Busque.<br>2. Marguerite ou Marie d'Hongrie Vefue d'Isac l'Ange Empereur de Grece, n'en eut lignée.<br>3. *ELEONOR DE SAVOYE.* | Agnes.<br>1. Guy Guerra Comte de Romandiole & de Casentin.<br>2. Albert Marquis de Malespine. |

GGGGGGg Demetrius

Demetrius Roy de Thessalie.
Beatrix Daufine n'en eut Enfans, & fit heritier l'Empereur Frideric II.

Guillaume VI. Marquis de Montferrat.
Berthe, Fille de Boniface Marquis de Crauezana.

Alix.
Manfroy Marquis de Saluces.

Boniface IV. Marquis de Montferrat, surnommé *le Geant.*
*MARGVERITE DE SAVOYE.*

Beatrix.
André Daufin de Viennois.

Guillaume VII. Marquis de Montferrat, surnommé *le Grand*, mort 1292.
1. Isabelle Fille de Richard Comte de Glocestre en Angleterre (qui fut puis Empereur) 1257.
2. Beatrix de Castille Fille d'Alfonse Roy de Castille, dit *le Sage*, 1271.

Alix.

1. Lict. Marguerite.
Iean de la Cerde.

2. Lict. Yoland.
Andronic Paleologue Empereur de Grece.

2. Lict.
Iean Marquis de Montferrat, surnommé *le Iuste*, il conquit Cazal, & mourut 1305.
*MARGVERITE DE SAVOYE,* Fille d'Amé le Grand Comte de Sauoye n'en eut Enfans, & en luy faillit la premiere lignée des Marquis de Montferrat.

2. Lict. Alix.
Ponce Vrsin Patrice Romain.

## TABLE VIII.

### *EXTRACTION DE GISLE OV Guille de Bourgogne, Comtesse de Sauoye.*

BERENGER II. du nom Roy d'Italie, mort l'an 996.
Wille ou Gisle Fille de Boson Marquis de Toscane.

D'Oddo ou Oddo Marquis d'Yvrée, Pere d'Ardoin Roy d'Italie, Pere de Guy Comte de Canaueys, Souche des Maisons de S. Martin d'Aillé, de Valpergue, de Mazin, de Coconas & de Castellemont.

Adelbert Roy d'Italie, Duc des Lombards, Marquis d'Yvrée.
Gerberge de Bourgogne.

Gerbrge.
Aleran Marquis de Montferrat.

Otthe

Otthe-Guillaume, surnommé *l'Estranger*, Comte de Bourgogne & de Dijon.
Hermentrude de Rheims.

Renaud Comte de Bourgogne 1026.
Iudith, Fille de Richard II. Duc de Normandie, & de Iudith de Bretagne.

Guillaume, surnommé *Teste-hardie*, Comte de Bourgogne, de Vienne & de Mascon, Sire de Salins.
Gertrude de Limbourg.

*Guille ou Gisle de Bourgogne, Comtesse de Sauoye.*

## TABLE IX.

## *POSTERITE D'ALIX DE SAVOYE, Reyne de France.*

ALIX DE SAVOYE espousa Louys VI. dit *le Gros*, Roy de France 1115.

| | | | | | | |
|---|---|---|---|---|---|---|
| Henry Euesque de Beauuais Archeuesque de Rheims. | Hugues. | Philippes couronné Roy de France, mort 1131. | Robert Comte de Dreux. | Louys VII. Roy de France, surnommé *le Pieux* & *le Ieune*, mort 1180. 1. Alienor de Guyenne. 2. Constance de Castille. 3. Alix de Champagne. | Pierre Sire de Courtenay. | Constāce. Raymond V. Comte de Tholose & de S. Gilles, Duc de Narbonne, Marquis de Prouence. |

| | | | | |
|---|---|---|---|---|
| Marie Comtesse de Champagne, | Alix Comtesse de Chartres. 1. Lict. | Marguerite Reyne d'Angleterre & d'Hongrie. 2. Lict. | Philippes II. surnommé *Auguste* & *Conquerant*, Roy de France. 3. Lict. mort 1223. 1. Isabelle de Haynaut. 2. Ingeburge de Dannemarch n'en eut Enfans. 3. Agnes de Meranie. | Agnes Imperatrice de Constantinople. |

Philippes 3. Lict. Comte de Bologne, de Clermont, de Mortaing, d'Aumale, & de Dammartin.

Louys VIII. Roy de France, du premier Lict, mort 1226. Blanche de Castille.

---

Philippes.

Robert Comte d'Artois.

Estienne.

Alfonse Comte de Tolose & de Poitou.

Isabelle.

S. Louys Roy de France IX. du nom, mort 1270. Marguerite de Prouence.

Charles Comte d'Anjou & de Prouence Roy de Sicile.

Iean Comte d'Anjou & du Mayne.

---

Louys mort ieune.

Iean dit Tristan Comte de Neuers & de Valois.

Pierre Comte d'Alençon, de Chartres, du Perche & de Blois.

Isabelle Reyne de Nauarre.

Blanche Princesse de Castille.

Philippes III. Roy de France, surnommé *le Hardy* mort en 1285.
1. Isabelle d'Arragon.
2. Marie de Brabant.

Marguerite Duchesse de Brabant.

Agnes Duchesse de Bourgogne.

---

Louys mort ieune. 1. Lict.

Charles Comte de Valois. 1. Lict.

Robert decedé en ieunesse. 1. Lict.

Louys Comte d'Evreux. 2. Lict.

Philippes IV. Roy de France & de Nauarre, surnommé *le Bel*, 1. Lict. mort 1314. Ieane Reyne de Nauarre.

Marguerite Reyne d'Angleterre. 2. Lict.

Blanche Duchesse d'Austriche. 2. Lict.

---

Philippes IV. Roy de France & de Nauarre, dit *le Long*. Ieane de Bourgogne.

Charles IV. Roy de France & de Nauarre, surnommé *le Bel*. 1. Blanche de Bourgogne n'eut Enfans. 2. Marie de Luxembourg. 1. Ieane d'Evreux n'eut lignée.

Robert de France.

Marguerite.

Louys X. surnommé *Hutin*, Roy de France & de Nauarre.
1. Marguerite de Bourgogne.
2. Clemence d'Hongrie.

Isabelle Reyne d'Angleterre.

Blanche.

---

Louys mort ieune. Ieane Comtesse de Bourgogne. Marguerite Comtesse de Flandre. Isabelle Daufine de Viennois. Blanche Religieuse.

Louys de France mort au berceau. Marie morte ieune. Blanche Duchesse d'Orleans.

Iean premier Roy de France & de Nauarre, mort 1316. ne vesquit que huit iours.

Ieane de France Reyne de Nauarre. Philippes Comte d'Evreux.

*EXTRACTION*

## TABLE X.

### *EXTRACTION D'ARCHEMBAVD Seigneur de Bourbon, Mary d'Agnes de Sauoye, Fille d'Humbert III. & de Guille de Bourgogne, & leur Posterité.*

ADEMAR Seigneur de Bourbon, qui fonda l'Abbaye de Souuigny l'an 921.
Ermengarde . . . . . .

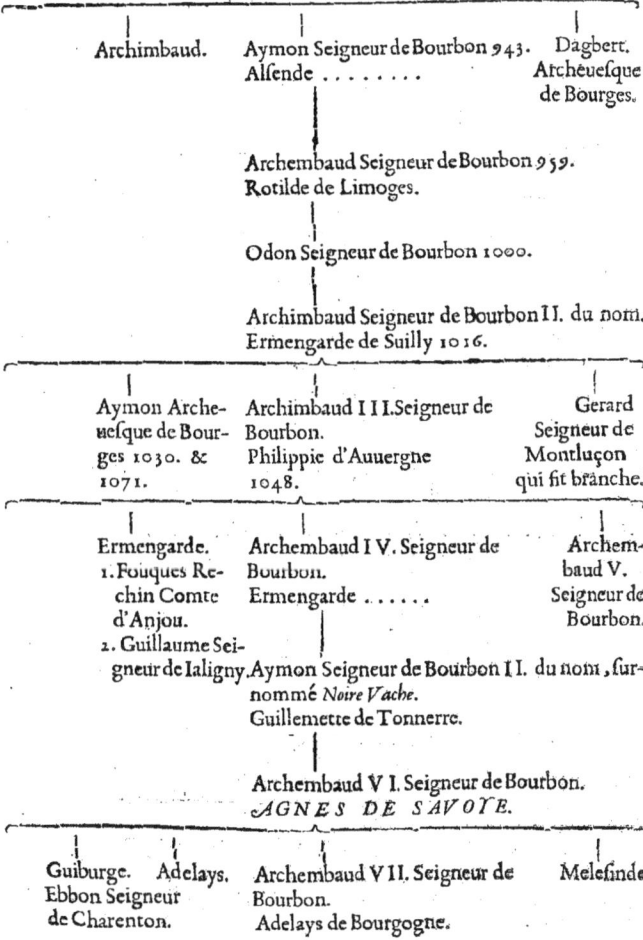

Archimbaud. | Aymon Seigneur de Bourbon 943. Alsende . . . . . . . . | Dagbert. Archeuesque de Bourges.

Archembaud Seigneur de Bourbon 959.
Rotilde de Limoges.

Odon Seigneur de Bourbon 1000.

Archimbaud Seigneur de Bourbon II. du nom.
Ermengarde de Suilly 1016.

Aymon Archeuesque de Bourges 1030. & 1071. | Archimbaud III. Seigneur de Bourbon. Philippie d'Auuergne 1048. | Gerard Seigneur de Montluçon qui fit branche.

Ermengarde. 1. Fouques Rechin Comte d'Anjou. 2. Guillaume Seigneur de Ialigny. | Archembaud IV. Seigneur de Bourbon. Ermengarde . . . . . . | Archembaud V. Seigneur de Bourbon.

Aymon Seigneur de Bourbon II. du nom, surnommé *Noire Vache*.
Guillemette de Tonnerre.

Archembaud VI. Seigneur de Bourbon.
*AGNES DE SAVOYE.*

Guiburge. Ebbon Seigneur de Charenton. | Adelays. | Archembaud VII. Seigneur de Bourbon. Adelays de Bourgogne. | Melesinde.

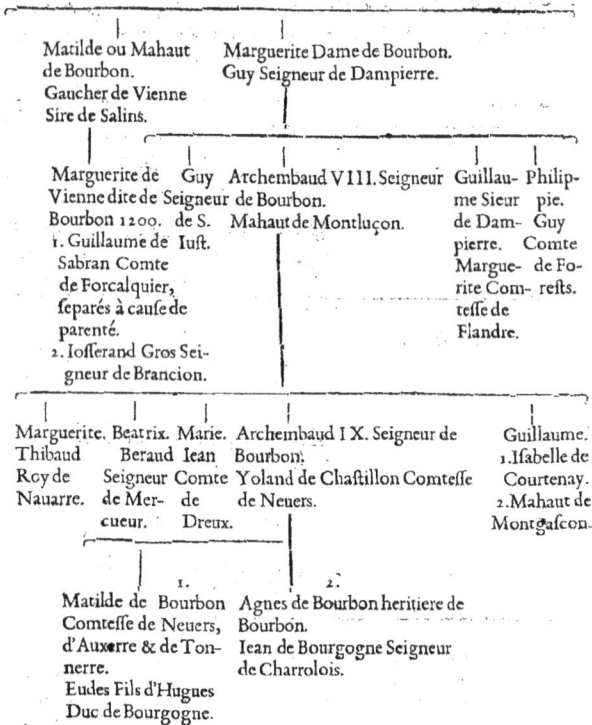

Matilde ou Mahaut de Bourbon.
Gaucher de Vienne Sire de Salins.

Marguerite Dame de Bourbon.
Guy Seigneur de Dampierre.

Marguerite de Vienne dite de Bourbon 1200.
1. Guillaume de Sabran Comte de Forcalquier, separés à cause de parenté.
2. Iosserand Gros Seigneur de Brancion.

Guy Seigneur de S. Iust.

Archembaud VIII. Seigneur de Bourbon.
Mahaut de Montluçon.

Guillaume Sieur de Dampierre.
Marguerite Comtesse de Flandre.

Philippie.
Guy Comte de Forests.

Marguerite.
Thibaud Roy de Nauarre.

Beatrix.
Beraud Seigneur de Mercueur.

Marie.
Iean Comte de Dreux.

Archembaud IX. Seigneur de Bourbon.
Yoland de Chastillon Comtesse de Neuers.

Guillaume.
1. Isabelle de Courtenay.
2. Mahaut de Montgascon.

1\. Matilde de Bourbon Comtesse de Neuers, d'Auxerre & de Tonnerre.
Eudes Fils d'Hugues Duc de Bourgogne.

2\. Agnes de Bourbon heritiere de Bourbon.
Iean de Bourgogne Seigneur de Charrolois.

## TABLE XI.

Mem. M.S. de Mr. du Bouchet.

## *EXTRACTION DE MAHAUT d'Albon Espouse d'Amé III. Comte de Sauoye.*

GVYGVES I. du nom Comte d'Albon & de Grenoble, qui donna auant l'an 940. à l'Eglise de Romette certaines Terres dans le territoire de Champsaur.

Il viuoit encore l'an 991.

Sa Femme Fredeburge.

Humbert

Humbert Euesque de Grenoble donna l'an 991. à Cluny la moitié du Chasteau de Vizile, auec le Bourg & les Eglises, Dixmes & oblations de Ponteroso, en presence de sa Mere Fredeburge, de Guygues son Frere, & d'Humbert son Neueu Euesque de Valence.

Guygues II. du nom Comte d'Albon & de Grenoble fut present à la donation que son Frere Humbert Euesque de Grenoble fit à S. Odile Abbé de Cluny l'an 991.
Petronille ...... sa Femme.

Guygues III Comte d'Albon & de Grenoble assista au Couronnement de l'Empereur Conrad II. fait à Rome par le Pape Iean XX. le iour de Pasques de l'an 1027. & consentit au don que le Pape fit le mesme iour à S. Odile Abbé de Cluny des terres que Guygues son Ayeul auoit concedées à l'Eglise de S. Pierre dans le Territoire de Champsaur, en presence d'Humbert Euesque de Valence son Frere.
Mahaut, surnommée *Reyne*, auec laquelle l'an 1005. il fit des donations à l'Eglise d'Oulx en Daufiné, où il se dit Fils de Petronille.

Humbert Euesque de Valence; il suyuit Rodolphe Roy de Bourgogne qui accompagnoit l'Empereur Conrad II. à Rome.

Guy IV. Comte d'Albon & de Grenoble, mentionné en deux Chartes de Cluny de l'an 1040.

Humbert éleu Euesq. du Puy.

Guygues V. Comte d'Albon & de Grenoble, surnommé *le Vieil*, qui l'an 1053. donna ce qu'il auoit à Sezane aux Chanoines d'Oulx en Daufiné, se fit Religieux à Cluny, & y gist.
Sa Femme Gottelene.

Guygues-Raymond Souche des Comtes de Lyon & de Forests.
*Voyez la Table XXXVII.*

Guy VI. Comte d'Albon & de Grenoble, surnommé *le Gras*, fit donation à Cluny (où presidoit S. Hugues) de l'Eglise de S. Priest en Valée, & de la Chappelle de la Mure l'an 1079. en presence de Guygues Raymond, de Richard & d'Armand ses Freres. Par vne autre Charte où il se dit Fils de Gottelene, il donna

Richard.

Armand.

donna à Cluny l'Egliſe de ſainte Marie de Vizile, du conſentement de Guygues ſon Fils l'an 1120. Il fut caution enuers le Pape Calixte II. des conuentions faites entre Guillaume Comte de Forcalquier ſon Gendre, & l'Abbé de Montmayeur. Il fut inhumé au Prieuré de S. Robert prés de Grenoble qu'il auoit fondé, mourut l'an 1125.
Agnes Fille de Berenger I. du nom Comte de Barcellonne, & d'Almodis de la Marche.

| | | |
|---|---|---|
| *MAHAVT D'ALBON COMTESSE DE SAVOYE.* | Guygues VII. ſurnommé *le Daufin*, Comte d'Albon & de Grenoble, fut tué deuant le Chaſteau de Montmeillan 1142. Marguerite de Bourgogne, Fille d'Eſtienne I. du nom, Comte de Bourgogne & de Stephanie ſa Femme, laquelle mourut le 7. de Ianuier 1163. | Gerſende. Guillaume Comte de Forcalquier auant l'an 1120. Il mourut 1129. & elle viuoit encore l'an 1150. |

| | | |
|---|---|---|
| Beatrix. Guillaume V. Comte d'Auuergne, dit *le Ieune*, qui viuoit encore l'an 1168. | Guygues VIII. du nom, Comte d'Albon, de Grenoble & de Vienne, ſurnommé *Daufin*. Bertold Duc de Zeringen luy donna tout ce qu'il auoit dans la Ville de Vienne. Il mourut l'an 1162. Beatrix de Montferrat, Couſine Germaine de l'Empereur Frideric Barberouſſe, Fille de Guillaume Marquis de Montferrat, & de Iudith d'Auſtriche. | Marquiſe. Guillaume de Poitiers Comte de Valentinois. Elle mourut l'an 1176. |

Beatrix Comteſſe d'Albon & de Grenoble, Daufine de Viennois.

1. Alberic Comte de S. Gilles, ſurnommé *Taillefer* 1163.
2. Hugues III. Duc de Bourgogne, qui mourut en la Terre Sainte l'an 1192.
3. Hugues Sire de Coligny & du Reuermont.

TABLE

## TABLE XII.

### EXTRACTION D'HVMBERT SIRE de Beaujeu, Mary d'Auxilie de Sauoye, & leur Posterité.

BERAVD Sire de Beaujeu mort auant l'an 967.
wandelmode.

| | | | | |
|---|---|---|---|---|
| Guichard Sire de Beaujeu. Adelmodis. | Estienne. | Humbert Sire de Beaujeu, il confirma vne donation faite à Cluny par Guichard de Beaujeu son Frere Aisné l'an 977. | Vinfred donna à Cluny l'Eglise de S. Annemond au Diocese de Lyõ l'an 977. | Guygues. |

Guichard II. Sire de Beaujeu, mentionné en vne Charte de S. Vincent de Mascon, sous le regne d'Henry I.
Ricoaire de Salornay Bienfaitrice de Cluny, sous l'Abbé S. Hugues.

| | | | | |
|---|---|---|---|---|
| Guichard nommé auec son Pere & ses Freres en vne Charte de S. Vincentd e Mascon. | Dalmace mentionné en vne Charte de Cluny auec sa Mere. | Humbert II. Sire de Beaujeu 1075. wandelmode..... | N.... Liebaud Seigneur de Digoine en Charrolois. | Hugues nommé en vn Titre de l'Abbaye de Sauigny en Lyonnois. |

| | | | | |
|---|---|---|---|---|
| Iosserand. | Elizabeth. | Guichard III. Sire de Beaujeu. Luciane de Rochefort de Montlehery, Fille de Guy de Montlehery Comte de Rochefort, & d'Adele de la Ferté. | wandelmode. | Hugues Abbé de Cluny 1117. |

Humbert III. Sire de Beaujeu, Fondateur de l'Abbaye de Belleville l'an 1158.
*AVXILIE DE SAVOYE.*

| | | | |
|---|---|---|---|
| Hugues Sire de Beaujeu. | Guichard Abbé de | Humbert IV. Sire de Beaujeu. | Guy 1194. |

HHHHHHh

Guicharde

Guicharde de Beaujeu.
Archambaud V. du nom, Vicomte de Combro, mort auant l'an 1221.

Pontigny 1164. éleu Archeuesque de Lyon. 1166.

Agnes de Tiern, Dame de Montpensier.

---

Alix.
Remond de Neuers Comte de Tonnerre, elle Vefue 1199.

Guichard IV. Sire de Beaujeu, testa au Chasteau de Douvres en Angleterre le 8. de Septembre 1216.
Sybille de Haynaut, Fille de Baudoin Comte de Haynaut, & de Marguerite de Flandre.

Pierre Prieur de la Charité sur Loyre 1219.

---

Agnes.
Thibaud IV. Comte de Champagne Roy de Nauarre.

Marguerite accordée à Henry Fils de Guillaume Comte de Mascon.

Guichard Seigneur de Montpensier en Auuergne.
1. Caterine de Clermont.
2. *LEONOR DE SAVOYE* n'en eut Enfans.

Henry Seigneur de Valromey.

Humbert V. du nom, Sire de Beaujeu.
Marguerite de Baugé Dame de Mirebel.

Louys Chanoine en l'Eglise de Lyon.

Philippine Religieuse à Fontevraud.

Sybille

---

Isabeau.
Renaud Comte de Forest, d'où les derniers Seigneurs de Beaujeu & de Dombes.

Florie.
Aymar de Poitiers Comte de Valentinois.

Beatrix.
Fougues Seigneur de Montgascon.

Guichard V. Sire de Beaujeu decedé sans Enfans l'an 1265. [illegible]

Ieane, Prieure de Poleteins en Bresse.

---

# TABLE XIII.

## *POSTERITE DE MAHAVT DE Sauoye Reyne de Portugal.*

*MAHAVT* ou *MATILDE de Sauoye.*
Alfonse I. du nom Roy de Portugal, Fils d'Henry de Bourgogne Comte de Portugal, & de Terese de Castille 1146.

Vtraque

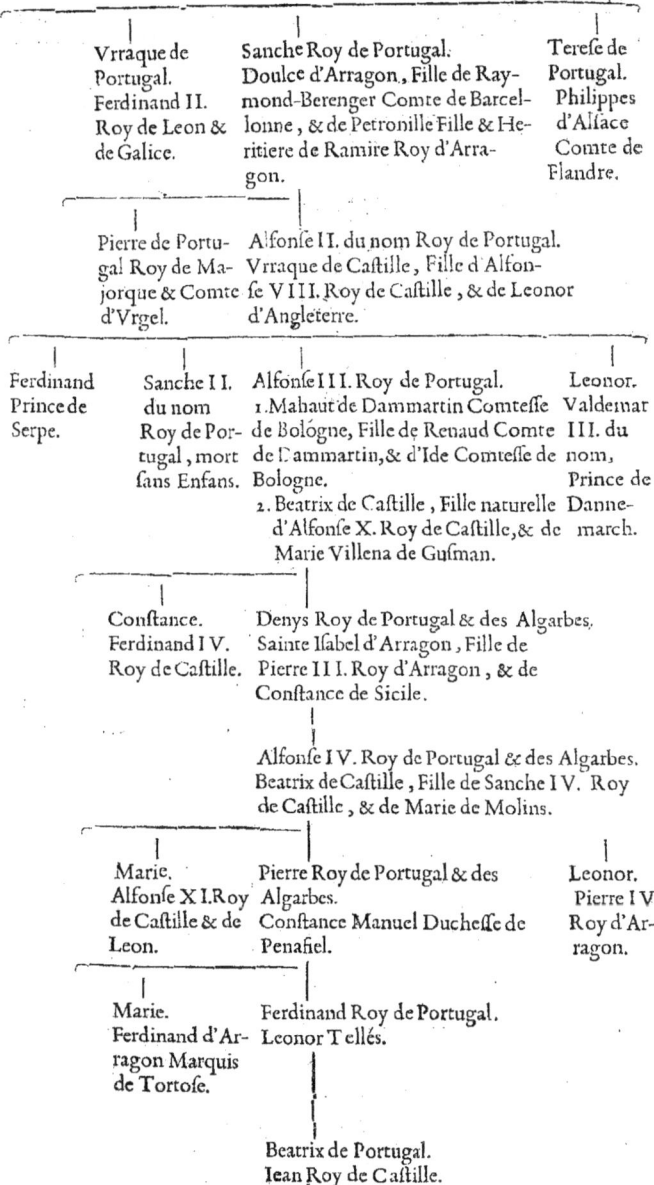

Vrraque de Portugal.
Ferdinand II. Roy de Leon & de Galice.

Sanche Roy de Portugal.
Doulce d'Arragon, Fille de Raymond-Berenger Comte de Barcellonne, & de Petronille Fille & Heritiere de Ramire Roy d'Arragon.

Terese de Portugal.
Philippes d'Alsace Comte de Flandre.

Pierre de Portugal Roy de Majorque & Comte d'Vrgel.

Alfonse II. du nom Roy de Portugal.
Vrraque de Castille, Fille d'Alfonse VIII. Roy de Castille, & de Leonor d'Angleterre.

Ferdinand Prince de Serpe.

Sanche II. du nom Roy de Portugal, mort sans Enfans.

Alfonse III. Roy de Portugal.
1. Mahaut de Dammartin Comtesse de Bologne, Fille de Renaud Comte de Dammartin, & d'Ide Comtesse de Bologne.
2. Beatrix de Castille, Fille naturelle d'Alfonse X. Roy de Castille, & de Marie Villena de Gusman.

Leonor.
Valdemar III. du nom, Prince de Dannemarch.

Constance.
Ferdinand IV. Roy de Castille.

Denys Roy de Portugal & des Algarbes.
Sainte Isabel d'Arragon, Fille de Pierre III. Roy d'Arragon, & de Constance de Sicile.

Alfonse IV. Roy de Portugal & des Algarbes.
Beatrix de Castille, Fille de Sanche IV. Roy de Castille, & de Marie de Molins.

Marie.
Alfonse XI. Roy de Castille & de Leon.

Pierre Roy de Portugal & des Algarbes.
Constance Manuel Duchesse de Penafiel.

Leonor.
Pierre IV Roy d'Arragon.

Marie.
Ferdinand d'Arragon Marquis de Tortose.

Ferdinand Roy de Portugal.
Leonor Tellés.

Beatrix de Portugal.
Iean Roy de Castille.

# TABLE XIV.

## EXTRACTION DE FAYDIDE de Tholoſe Comteſſe de Sauoye.

RAYMOND I. du nom Comte de Tholoſe.

Eudes Comte de Tholoſe 911.

Raymond II. du nom Comte de Tholoſe, nommé Fils du Comte Eudes, par vne Charte de S. Eudes Abbé de Cluny, en la vie de S. Gerard d'Aurillac 923.

Raymond III. ſurnommé *Pons*, Comte de Tholoſe, Duc de Gotthie & d'Aquitaine, fonda l'Abbaye de S. Pons de Thomieres l'an 936.
1. Garſende, laquelle il repudia.
2. Berthe Vefue de Boſon Comte de Prouence, vers l'an 948. à cauſe dequoy il fut excommunié par Eſtienne Eueſque d'Auuergne. Il reprit depuis Garſende, auec laquelle il viuoit l'an 972. comme enſeigne vne Charte de l'Abbaye de Gaillac, mourut apres l'an 977.

Pons Comte de Tholoſe 987.
Adelays Vefue de luy 1032.

Guillaume Comte de Tholoſe 992. ne viuoit plus l'an 1045.
Emme ou Emone, Fille de Rotbold Comte de Forcalquier & d'Hermengarde 1032. comme témoigne vne Charte de S. Pons de Fauars, de l'an 1015.

D'autres luy donnent pour Femme Sancie d'Arragon, Fille de Ramir Roy d'Arragon.

| | |
|---|---|
| Emme. | Pons Comte de Tholoſe, dés l'an 1045. iuſqu'à 1068.<br>Adalmodis de la Marche. |
| Raymond IV. Comte de S. Gilles, de Narbonne & de Niſmes, qui auec Adalmodis ſa Mere donna à l'Abbaye de Cluny l'Egliſe | Guillaume Comte de Tholoſe 1061.<br>Emme Fille de Robert Comte de Mortain, & de Matilde de Montgommery. |

de

de S. Giles le 8. des Kalendes de Ianuier 1066. en presence d'Adele Comtesse de Melgueil, de Guillaume & d'Emenon de Sabran Freres, de Durand Euesque de Tolon, & d'Hugues Euesque d'Vzés.

Eluire, Fille du Roy d'Arragon.

| Guillaume Comte de Tholose mort 1116. | Pons decedé ieune 1068. | Philippine, Duchesse d'Aquitaine. | Adalmodis. Pierre Comte de Melgueil. | Hugues 1063. |
|---|---|---|---|---|

Alfonse I. du nom, Comte de Tholose, de S.Gilles, de Narbonne & de Nismes, Marquis de Prouence.
Faydide de Prouence, Fille de Gilbert Comte de Prouence, & de Tyburge Comtesse de Rhodez.

| | |
|---|---|
| Raymond V. Comte de Tholose mort 1194.<br>Constance de France Fille de Louys le Gros. | *Faydide de Tholose.*<br>*Humbert III. Comte de Sauoye.* |

| | |
|---|---|
| Raymond VI. Comte de Tholose mort 1222.<br>Ieane, Sœur de Richard Roy d'Angleterre morte 1249. | Constance de Tholose<br>Pierre Bermond Seigneur d'Anduze. |

Raymond VII. Comte de Tholose mort 1249. Il testa à Millau le 22. de Septembre 1249. ordonna d'estre enterré à Fonteuraud auprés d'Henry Roy d'Angleterre son Ayeul, & du Roy Richard son Oncle & la Reyne Ieane sa Mere, institua Ieane sa Fille, Femme d'Alfonse Comte de Potiers son Heritiere; & declare Executeurs de sa volonté les Euesques de Tholose, d'Agen, d'Alby, de Cahors, de Rhodez, de Carpentras & de Cauaillon, Bernard de Comminges & Sicard Aleman Cheualier, à qui il donne le

gouuernement de ses Estats, iusqu'à ce que sa Fille soit en âge.
Sanche Fille du Roy d'Arragon.

Ieane Comtesse de Tholose.
Alfonse de France Comte de Poitiers, Frere du Roy S. Louys.

## TABLE XV.

## *EXTRACTION DE GERMAINE de Zeringen Comtesse de Sauoye.*

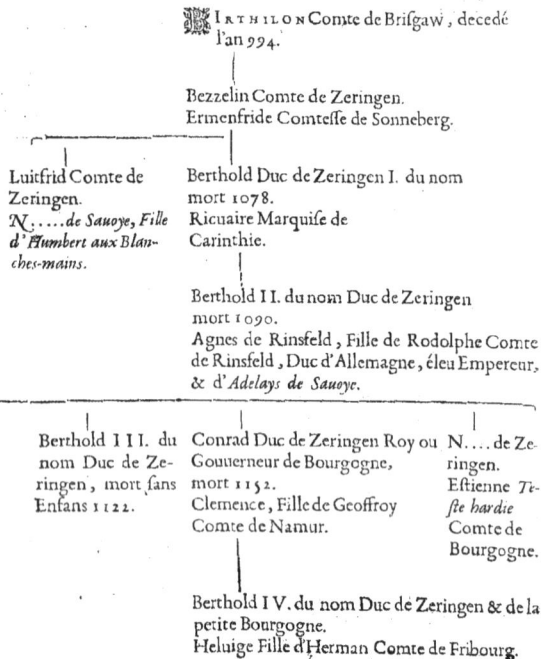

BIRTHILON Comte de Brisgaw, decedé l'an 994.

Bezzelin Comte de Zeringen.
Ermenfride Comtesse de Sonneberg.

Luitfrid Comte de Zeringen.
*N.... de Sauoye, Fille d'Humbert aux Blanches-mains.*

Berthold Duc de Zeringen I. du nom mort 1078.
Ricuaire Marquise de Carinthie.

Berthold II. du nom Duc de Zeringen mort 1090.
Agnes de Rinsfeld, Fille de Rodolphe Comte de Rinsfeld, Duc d'Allemagne, éleu Empereur, & d'*Adelays de Sauoye*.

Berthold III. du nom Duc de Zeringen, mort sans Enfans 1122.

Conrad Duc de Zeringen Roy ou Gouuerneur de Bourgogne, mort 1152.
Clemence, Fille de Geoffroy Comte de Namur.

N.... de Zeringen.
Estienne *Teste hardie* Comte de Bourgogne.

Berthold IV. du nom Duc de Zeringen & de la petite Bourgogne.
Heluige Fille d'Herman Comte de Fribourg.

Anne

| | | | |
|---|---|---|---|
| Anne. Vlrich Comte de Ki-bourg. | *Germaine. Humbert III. Comte de Sauoye.* | Berthold V. du nom Duc de Zeringen, & de la petite Bourgogne, mort l'an 1218. Ide Comteſſe de Bologne ſans laiſſer Enfans, ſes Sœurs luy ſuccederent. | Agnes, Aegon Comte de Furſtemberg. |

## TABLE XVI.

### *EXTRACTION DE BEATRIX de Vienne ou de Maſcon Comteſſe de Sauoye.*

OTHE-Guillaume, ſurnommé *l'Eſtranger*, Comte de Bourgogne & de Dijon mort 1027.

Renaud Comte de Bourgogne premier du nom mort 1057.
Alix de Normandie.

Guillaume, ſurnommé *Teſte hardie*, Comte de Bourgogne, de Vienne & de Maſcon.
Getrude de Limbourg.

Eſtienne *Teſte hardie* Comte de Bourgogne, de Vienne & de Maſcon.
Agnes de Zeringen.
Guillaume II. du nom Comte de Bourgogne, de Vienne, de Maſcon & d'Auxonne.
Ponce Dame de Traues.

| | |
|---|---|
| Eſtienne *Teſte hardie* Comte de Bourgogne. | Girard Comte de Maſcon & de Vienne. Guygonne de Salins, ſurnommée *More* ou *Morette*, Fille & Heritiere de Gaucher ou Gauthier Sire de Salins. |

| | | | | | |
|---|---|---|---|---|---|
| N.... Vlrich Sire de Baugé & de Breſſe. | Girard. | Ide. 1. Simon II. du nom Duc de Lorraine. 2. Humbert Sire de Coligny & du Reuermont. | *Beatrix de Vienne ou de Maſcon. Humbert III. Comte de Sauoye.* | Guillaume Comte de Maſcon & de Vienne. Scholaſtique de Champagne. | Gaucher Sire de Salins. |

Girard

Girard II. du nom Comte de Mascon & de Vienne.
Ieane de Bourgogne.

| | |
|---|---|
| Alix Comtesse de Mascon & de Vienne.<br>Iean de Dreux de Braine. | Guillaume Comte de Mascon & de Vienne, viuant l'an 1274. par Titre de la Chartreuse de Seillon, où il se dit Fils du Comte Girard, mourut sans Enfans, laissa sa Sœur son Heritiere. |

## TABLE XVII.

### *EXTRACTION DE GERTRUDE d'Alsace ou de Flandre Comtesse de Sauoye.*

ADELBERT Comte d'Alsace, Fondateur de l'Abbaye de Bousonville.
Iudith..... 1000.

Albert d'Alsace Comte de Mets, Duc de Lorraine, tué l'an 1048.
Iutte......

Gerard d'Alsace Duc de Lorraine & Marchis, mort 1070.
Hadwide de Namur.

Thierry d'Alsace Duc de Lorraine & Marchis mort 1115.
Getrude Fille de Robert Comte de Flandre.

| | |
|---|---|
| Simon I. Duc de Lorraine & Marchis.<br>Adelayde Sœur de l'Empereur Lothaire. | Thierry d'Alsace Comte de Flandre.<br>Sybille d'Anjou. |

*Getrude d'Alsace ou de Flandre.*
*Humbert III. Comte de Sauoye.*

## TABLE XVIII.

### *EXTRACTION DE BEATRIX de Geneue Comteſſe de Sauoye.*

RATBERT 880.
Richilde.

Albitius Comte de Geneue 931. bienfaiteur de Nantua.
Odda.

Conrad Comte de Geneue.

Robert Comte de Geneue, l'an 1012, bienfaiteur de l'Egliſe de Pellionex.

Conrad.

Albert Comte de Geneue. Il ne pouvoit pas estre fils de Albert ny pere d'Aymon, puisqu'il estoit mort le [illegible] Janvier 935.
Eldegarde Fondatrice de l'Egliſe de Verſoy, & Veſue de luy 1001.

Renaud Comte de Geneue 1004.

Aymon Comte de Geneue 1016.
Berthe de Flandre, Fille de Baudoin Comte de Flandre, & de Matilde Fille de Conrad Roy de Bourgogne.

Gerard I.
Gerold Comte de Geneue, vaincu par Conrad le Salique 1034. [illegible] et donc Berthe dans [illegible] lettre a Renaud Cte de [illegible] escrivit apres l'an 1060 a Guy Geoffroy Duc de Guienne [illegible] elle estoit petite fille de Conrad Roy de Bourgogne, mais elle ne pouvoit pas estre fille de Baudouin III Cte de Flandres, dont la femme estoit Mathilde fille de Herman Duc de Saxe selon Sigebert, et l'Epitaphe qui se voit sur son tombeau, [illegible] Baudouin mourut l'an 961. et Conrad Roy de Bourgogne n'espousa Mathilde de France qu'apres l'an 964.
Giſele Niece de Rodolphe Roy de Bourgogne, mentionné en vn Titre de l'Egliſe de Geneue.

Robert Comte de Geneue, viuant 1060. mort ſans Enfans.

*Ieane de Geneue. Amé II. Comte de Sauoye.*

Gerard ou Gerold Comte de Geneue II. du nom, viuant 1080. ou apres l'an 1062 suivant la lettre de Renaud Cte de [illegible], qui fait voir quel estoit son cousin au 4 degré.
Thetberge ſa Femme, laquelle ſe remaria auec Louys Seigneur de Foucigny.

Conon, qui donna l'Eglise de S. Marcel au Monastere de Lemens sur Chambery.

Aymon II. du nom Comte de Geneue, il donna l'an 1090. à Hunalde Abbé de S. Oyen de Ioux ce qu'il auoit en Alleud au Village de Sessy au Pays de Gex, du consentement d'Ita sa Femme, & de Gerard leur Fils. Il fonda l'Abbaye de Bonmont au Pays de Vaud 1134.
Ite Fille de Louys Seigneur de Foucigny, & d'vne premiere Femme.

Burchard Moyne, puis Abbé d'Abondance en Chablais sur la fin de ses iours 1153.

Gerard Comte de Geneue.

Alix de Geneue.
Guy Viscomte Seigneur d'Albuzagne & de Besnato.

Amé premier du nom Comte de Geneue, donna l'an 1153. droit de pasturage dans ses Terres à l'Abbaye d'Abondance. Il eut guerre auec Conrad Duc de Zeringen; S. Bernard s'employa pour les mettre d'accord, & en écriuit à Conrad; vesquit iusqu'à l'an 1157. qu'il traitta auec Ardutius de Foucigny Euesque de Geneue. [illegible]
Matilde ~~son Espouse.~~ [illegible]

Guillaume.

Amé de Geneue Seigneur de Gex, qui eut different auec l'Abbé de S. Maurice en Chablais, que l'Empereur Frideric I. termina par Lettres du 25. de Septembre 1186. presents Roger Euesque de Lausanne, & Nautellin Euesque de Geneue.
N. . . . .

Guillaume Comte de Geneue & de Vaud I. du nom, Fondateur de la Chartreuse de Pommiers en Geneuois 1179. il transigea auec Ardutius Euesque de Geneue l'an 1184. & auec l'Euesque Nautellin l'an 1186. par vn Titre de Taloyre de l'an 1192. il se qualifie *Gebennensium & Valdensium Comes.*
Beatrix. . . . . Fondatrice du Monastere de saincte Catherine sur Annecy de l'Ordre de Cisteaux, où elle gist.

Amé Seigneur de Gex, qui donna 1225. à l'Eglise de S. Oyen de Ioux le Fief du Chasteau de Diuonne & le Village de Souuergnieu.
1. Beatrix de Baugé, Fille d'Vlrich Sire de Baugé, &

Aymon de Geneue Seigneur d'Annessy, puis Euesque de Maurienne 1220.

Humbert Comte de Geneue.
*Agnes de Sauoye Fille d'Amé III. Comte de Sauoye.*

Ebal Comte de Geneue mort en Angleterre 1259.

Guillaume Comte de Geneue, qui vsurpa le Comté de Geneue sur Ebal son Neueu; de luy sont yssus les autres Comtes de Geneue. *Voyez la Table XLVII.*

*Beatrix de Geneue.*
*Thomas I. du nom Comte de Sauoye.*

Pierre de Geneue 1200.

d'Alexandrine

d'Alexandrine de Vienne.
2. N. . . Fille de Ponce Seigneur de Cuseau, & de Laurence, Niece de Miles Comte de Bar sur Seyne.

Lyonette Dame de Gex.
Simon de Ioinville Seigneur de Marnay, d'où les derniers Seigneurs de Gex.
*Voyez la Table LXXXXI.*

## TABLE XIX.

### *EXTRACTION DE MARGUERITE de Foucigny Comtesse de Sauoye.*

EMERARD Seigneur de Foucigny.

Louys Seigneur de Foucigny.
1. N. . . . sa Femme.
2. Thetberge.

Enfants :

- 1. Lict. Ita. Aymon I. Comte de Geneue.
- Guy Euesque de Geneue, qui donna [1041] à Cluny l'Eglise de Contamine l'an 1159.
- Amé, ces trois Freres en plusieurs titres sont nommés Freres vterins d'Aymon Comte de Geneue.
- Guillaume Seigneur de Foucigny mort auant l'an 1119. Vtilie. . . .

Enfants de Guillaume :

- Raymond.
- Rodolphe Seigneur de Foucigny, viuant l'an 1125. N. . . . .
- Gerard Euesque de Lausanne.
- Amé Euesque de Maurienne 1119.

Enfants de Rodolphe :

- Ardutius Euesque de Geneue 1150.
- Ponce Abbé de Sixt
- Aymon Fondateur de la Chartreuse
- Raymond.
- Humbert Seigneur de Foucigny vesquit iusqu'à l'an 1170.
- Rodolphe de Foucigny dit *Aleman*, Tige des
- Raymond Seigneur de Thoire.

IIIIIIi 2 &

& 1178. du Reposoir. . . . . . . . .

Alemans Seigneurs de Valbonnois & d'Aubonne.

Rodolphe de Thoire, d'où les Seigneurs de Thoire & de Boussy en Geneuois.

Aymon Seigneur de Foucigny II. du nom.

Henry 1178.

Marquis.

Guillaume Seigneur de Foucigny viuant encore l'an 1202.

Beatrix. Estienne Sire de Thoire & de Villars.

Agnes de Foucigny. Pierre Comte de Sauoye.

Leonor. Simon de Ioinville Seigneur de Gex.

*Marguerite de Foucigny. Thomas I. du nom Comte de Sauoye.*

## TABLE XX.

### *EXTRACTION D'HERMAN COMTE de Kibourg, Mary de Marguerite de Sauoye Fille du Comte Thomas & de Marguerite de Foucigny.*

HERMAN I. du nom Comte de Kibourg viuant l'an 861.

Hugobald Comte de Kibourg & de Dillingen. Ditburge Comtesse de Veringen.

Herman II. Comte de Kibourg, dit *le Vieil,* 950. Adeleyde.

Herman III. Comte de Kibourg, dit *le Ieune.*

Manegold Comte de Kibourg 994.

Warman Euesque de Constance mort 1034.

Manegold II. du nom Comte de Kibourg.

Ebard Euesque de Constance mort 1051.

Vlrich Comte de Kibourg.

Herman IV. Comte de Kibourg.

Garnier

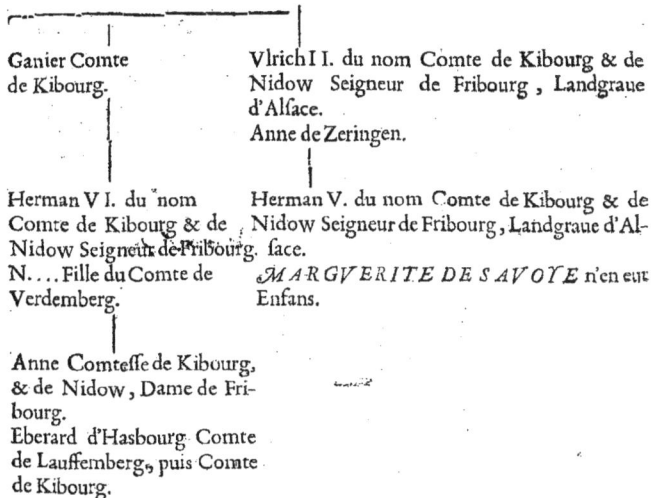

Ganier Comte de Kibourg.

Vlrich I I. du nom Comte de Kibourg & de Nidow Seigneur de Fribourg, Landgraue d'Alsace.
Anne de Zeringen.

Herman V I. du nom Comte de Kibourg & de Nidow Seigneur de Fribourg.
N.... Fille du Comte de Verdemberg.

Herman V. du nom Comte de Kibourg & de Nidow Seigneur de Fribourg, Landgraue d'Alsace.
*MARGVERITE DE SAVOYE* n'en eut Enfans.

Anne Comtesse de Kibourg, & de Nidow, Dame de Fribourg.
Eberard d'Hasbourg Comte de Lauffemberg, puis Comte de Kibourg.

TABLE XXI.

*EXTRACTION DE RAYMOND-Berenger Comte de Prouence, Mary de Beatrix de Sauoye, Fille du Comte Thomas, & de Marguerite de Foucigny, & leur Posterité.*

VIFRED Comte de Barcelonne, mort l'an 858.

Wifred I I. du nom Comte de Barcelonne, mort l'an 914.
Guntilde de Flandre.

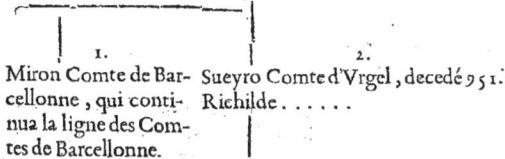

1\. Miron Comte de Barcellonne, qui continua la ligne des Comtes de Barcellonne.

2\. Sueyro Comte d'Vrgel, decedé 951.
Richilde......

Borel Comte de Barcellonne & d'Vrgel, mort 993.
Letgarde......

Ermengaud Comte d'Vrgel, mort 1037,

Raymond-Borel Comte de Barcellonne, mort 1026.

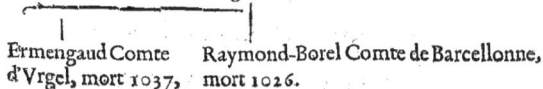

 Constance

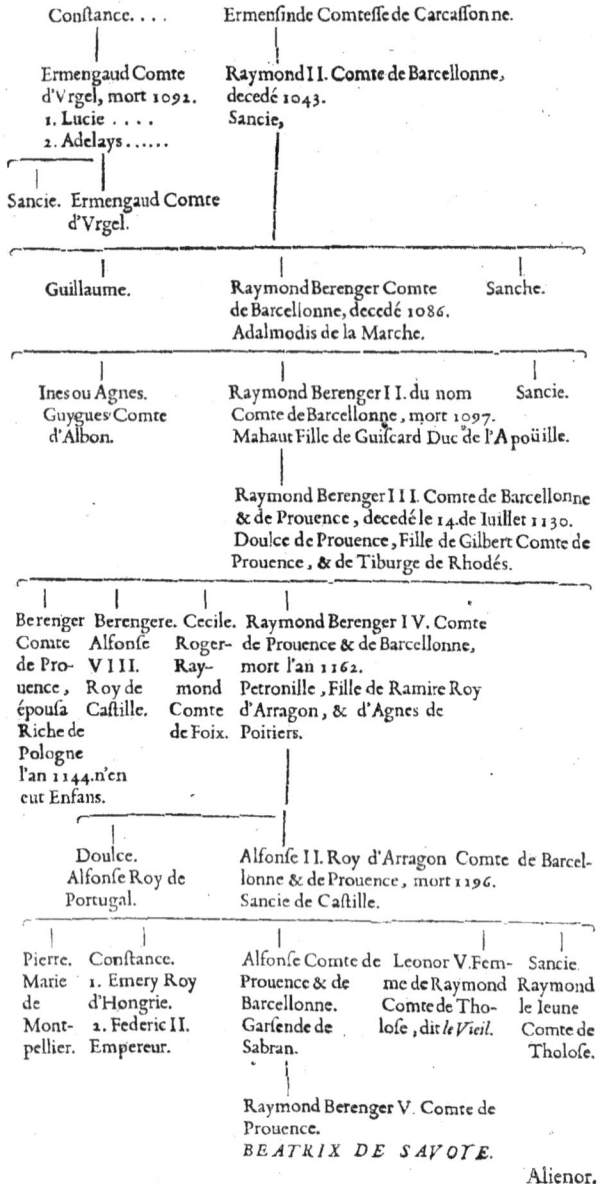

Constance. . . .

Ermensinde Comtesse de Carcassonne.

Ermengaud Comte d'Vrgel, mort 1092.
1. Lucie . . . .
2. Adelays . . . . . .

Raymond II. Comte de Barcellonne, decedé 1043.
Sancie,

Sancie.

Ermengaud Comte d'Vrgel.

Guillaume.

Raymond Berenger Comte de Barcellonne, decedé 1086.
Adalmodis de la Marche.

Sanche.

Ines ou Agnes.
Guygues Comte d'Albon.

Raymond Berenger II. du nom Comte de Barcellonne, mort 1097.
Mahaut Fille de Guiscard Duc de l'Apoüille.

Sancie.

Raymond Berenger III. Comte de Barcellonne & de Prouence, decedé le 14. de Iuillet 1130.
Doulce de Prouence, Fille de Gilbert Comte de Prouence, & de Tiburge de Rhodés.

Berenger Comte de Prouence, épousa Riche de Pologne l'an 1144. n'en eut Enfans.

Berengere.
Alfonse VIII. Roy de Castille.

Cecile.
Roger-Raymond Comte de Foix.

Raymond Berenger IV. Comte de Prouence & de Barcellonne, mort l'an 1162.
Petronille, Fille de Ramire Roy d'Arragon, & d'Agnes de Poitiers.

Doulce.
Alfonse Roy de Portugal.

Alfonse II. Roy d'Arragon Comte de Barcellonne & de Prouence, mort 1196.
Sancie de Castille.

Pierre.
Marie de Mont-pellier.

Constance.
1. Emery Roy d'Hongrie.
2. Federic II. Empereur.

Alfonse Comte de Prouence & de Barcellonne.
Garsende de Sabran.

Leonor V. Femme de Raymond Comte de Tholose, dit *le Vieil.*

Sancie.
Raymond le Ieune Comte de Tholose.

Raymond Berenger V. Comte de Prouence.
*BEATRIX DE SAVOYE.*

Alienor.

2. Alienor.
Henry
Roy d'Angleterre.

Edoüard I. du nom Roy d'Angleterre.
Marguerite de France.

Edoüard II. Roy d'Angleterre.
Isabel de France.

Edoüard III. Roy d'Angleterre.
Philippine de Haynaut.

Iean Duc de Lancastre.
Blanche de Lancastre.

Henry IV. Roy d'Angleterre.
Marie d'Herford.

Henry V. Roy d'Angleterre.
Caterine de France.

Henry VI. Roy d'Angleterre.
Marguerite d'Anjou.

3. Sancie.
Richard
Empereur.

1. Marguerite de Prouence.
S. Louys Roy de France.

Philippes le Hardy Roy de France.
Isabelle d'Arragon premiere Femme.

Philippes le Bel Roy de France & de Nauarre.
Ieane Reyne de Nauarre.

Charles le Bel Roy de France & de Nauarre.

Philippes le Long Roy de France & de Nauarre.

Louys Hutin. Roy de France & de Nauarre.
Clemence de Hongrie sa seconde Femme.

Iean Roy de France & de Nauarre premier du nom.

4. Beatrix Comtesse de Prouence.
Charles Duc d'Anjou, puis Roy de Naples & de Sicile.

Charles II. Roy de Naples & de Sicile & de Ierusalem.
Marie de Hongrie.

Robert Roy des deux Siciles.

Charles, surnommé *Martel*, Roy de Hongrie.
Clemence de Hasbourg.

Charles Roy de Hongrie, dit *Charobert*.
Elizabeth de Pologne.

André d'Hongrie Roy de Sicile.

Louys le Grand Roy de Hongrie & de Pologne.

Heduige Reyne de Pologne.

Marie Reyne d'Hongrie & de Dalmatie.
Sigismond de Luxembourg Empereur.

TABLE

# TABLE XXII.

## *EXTRACTION D'ANNE DAVFINE, Eſpouſe d'Amé IV. Comte de Sauoye.*

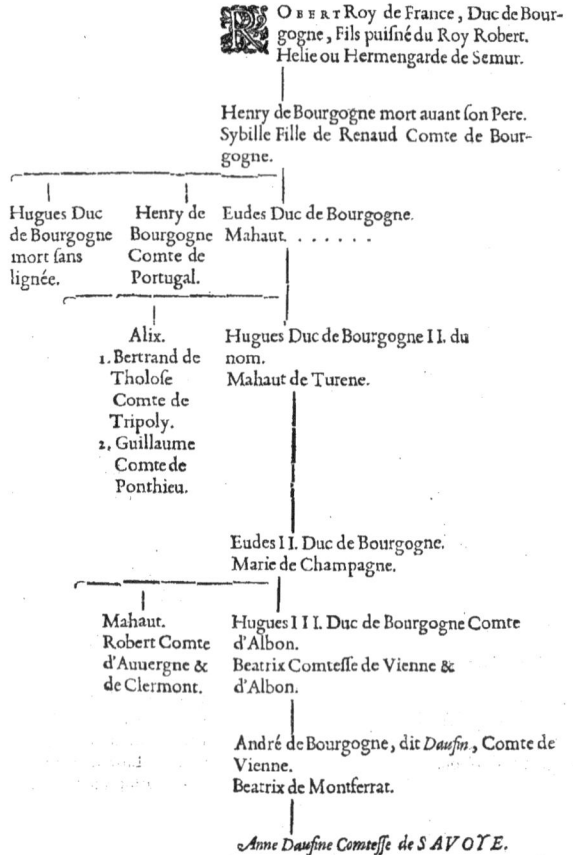

ROBERT Roy de France, Duc de Bourgogne, Fils puiſné du Roy Robert.
Helie ou Hermengarde de Semur.

Henry de Bourgogne mort auant ſon Pere.
Sybille Fille de Renaud Comte de Bourgogne.

Hugues Duc de Bourgogne mort ſans lignée.

Henry de Bourgogne Comte de Portugal.

Eudes Duc de Bourgogne.
Mahaut. . . . . . .

Alix.
1. Bertrand de Tholoſe Comte de Tripoly.
2. Guillaume Comte de Ponthieu.

Hugues Duc de Bourgogne II. du nom.
Mahaut de Turene.

Eudes II. Duc de Bourgogne.
Marie de Champagne.

Mahaut.
Robert Comte d'Auuergne & de Clermont.

Hugues III. Duc de Bourgogne Comte d'Albon.
Beatrix Comteſſe de Vienne & d'Albon.

André de Bourgogne, dit *Daufin*, Comte de Vienne.
Beatrix de Montferrat.

*Anne Daufine Comteſſe de SAVOYE.*

TABLE

## TABLE XXIII.

Tiré des Mem. de Mr. du Bouchet.

### *EXTRACTION DE CECILE DE BAUX seconde Femme du Comte Amé IV.*

HVGVES Seigneur de Baux & de Marignane, viuant 1045. sa Femme Aenor.

Raymond de Baux Doyen de Posquieres 1105. fit le voyage de la Terre Sainte, & souscriuit le Testament de Raymond Comte de S. Giles.

Guillaume-Hugues Seigneur de Baux 1088. vesquit iusqu'à l'an 1127. Sa Femme Vierme qui mourut le 3. des Ides d'Octobre.

Ponce de Baux.

Raymond I. du nom Seigneur de Baux, qui eut droit de battre Monnoye dans ses Terres, de Conrad l'Empereur, auec confirmation de tous les Fiefs qu'il auoit eüs de Guillaume-Hugues son Pere, & des Terres procedées du Comte Gilbert de Prouence, par Bulle dattée à wirtsbourg le 3. des Ides d'Aoust 1146. Indict. 8. & le 5. du regne de l'Empereur. Il épousa Estiennette, Fille de Gilbert Comte de Prouence, laquelle traitta auec Berenger Comte de Prouence des droits qu'elle auoit audit Comté, à cause du Comte Gilbert son Pere, du consentement d'Hugues, de Guillaume, de Bertrand & de Gilbert ses Enfans.

Bertrand de Baux Seigneur de Berre, épousa auant l'an 1171. Thiburge Fille de Guillaume IV. du nom Prince d'Aurenge; il mourut l'an 1181.

Hugues Seigneur de Baux, qui testa le 7. de Septembre 1170.

Guillaume, mort sans posterité.

Gilbert mort sans Enfans.

Raymond II. du nom Seigneur de Baux, mort sans lignée apres l'an 1178.

Bertrand de Baux Seigneur de Berre, qui fit la Branche

Hugues Seigneur de Baux, apres la mort de Raymond son Cousin germain, viuant encore 1234.

Guillaume de Baux Prince d'Aurenge & Roy d'Arles, duquel descendent les Prin-

Tyburge de Baux. Lambert Seigneur de Monteil.

Adalmodis. Rostan de Sabran Connesta-

Hermeline Abbesse de S. Sauueur 1215.



des

des Ducs d'Andrie au Royaume de Naples. | Baralle Fille de Barral Vicomte de Marseille. | ces d'Aurenge. | ble du Comte de Tolose. 1215.

Guillaume Chanoine d'Arles.

Barral Seigneur de Baux Vicomte de Marseille Connestable du Comte de Tolose 1236.
1. Beatrix d'Anduze Fille de Pierre Bermond Seigneur d'Anduze, & de Constance de Tolose.
2. Sybille de . . . . qui prenoit qualité de Vefue de luy l'an 1275.

Gilbert de Baux Seigneur d'Aubagne Vicomte de Marseille, testa 1243. & n'eut Enfans de Sybille Fille de Geoffroy Seigneur de Tolon.

1. Lict. *Cecile de Baux, surnommée* Passe-rose, *COMTESSE DE SAVOYE.*

2. Lict. Bertrand Seigneur de Baux Comte d'Auelin, grand Iusticier du Royaume de Naples.
1. Philippie de Poitiers, Fille d'Aymar Comte de Valentinois, & de Florie de Beaujeu.
2. Agathe d'Agoult Vefue de luy 1313.

2. Lict. Marquise de Baux premiere Femme d'Henry III. Comte de Rodez.

1. Lict. Barral Seigneur de Lorette en l'Abrusse. 1312.

1. Lict. Hugues. Seigneur de Laure.

1. Lict. Cecile.

1. Lict. Raymond Seigneur de Baux Comte d'Auelin.

1. Lict. Elix. Ermengaud de Sabran Comte d'Arian.

2. Lict. Agoult de Baux.

## TABLE XXIV.

*POSTERITE' DE BEATRIX DE Sauoye, & de Manfroy Marquis de Saluces son premier Mary,*

Voyez la Table III.

MANFROY III. du nom Marquis de Saluces, mort 1244. épousa *BEATRIX DE SAVOYE* l'an 1233.

Agnesine.

Thomas Marquis de Saluces decedé 1299. Il fonda vn Monastere de Filles

Alix.

de

de l'Ordre de S. Dominique à Reuel 1291.
Alix de Ceue.

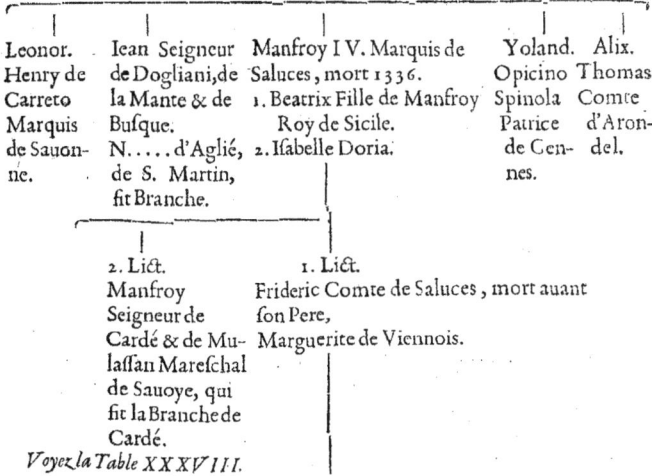

Leonor.
Henry de Carreto Marquis de Sauonne.

Iean Seigneur de Dogliani, de la Mante & de Buſque.
N..... d'Aglié, de S. Martin, fit Branche.

Manfroy IV. Marquis de Saluces, mort 1336.
1. Beatrix Fille de Manfroy Roy de Sicile.
2. Iſabelle Doria.

Yoland.
Opicino Spinola Patrice de Gennes.

Alix.
Thomas Comte d'Arondel.

2. Lict.
Manfroy Seigneur de Cardé & de Mulaſſan Mareſchal de Sauoye, qui fit la Branche de Cardé.
*Voyez la Table XXXVIII.*

1. Lict.
Frideric Comte de Saluces, mort auant ſon Pere,
Marguerite de Viennois.

Thomas II. Marquis de Saluces; il teſta au Chaſteau de Saluces le 15. d'Aouſt 1357. & mourut peu apres.
Richarde de Craueſana.

N......
Pierre de Cambian Seigneur de Ruffia.

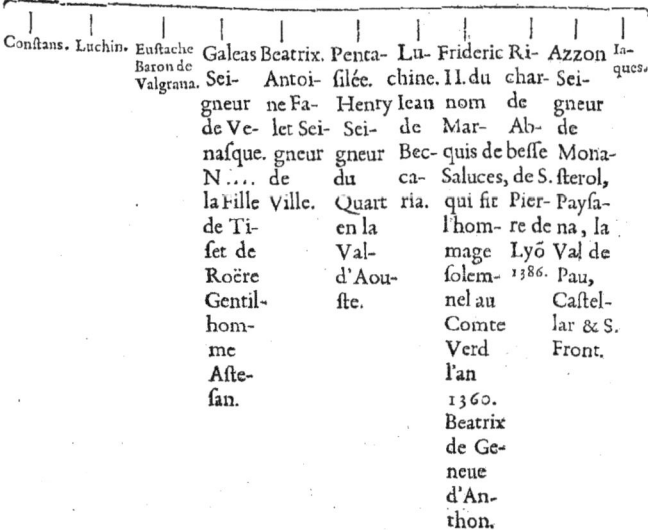

Conſtans.

Luchin.

Euſtache Baron de Valgrana.

Galeas Seigneur de Venaſque.
N.... la Fille de Tiſet de Roëre Gentilhomme Aſteſan.

Beatrix.
Antoine Falet Seigneur de Ville.

Pentaſilée.
Henry Seigneur du Quart en la Val-d'Aouſte.

Luchine.
Iean de Beccaria.

Frideric II. du nom Marquis de Saluces, qui fit l'hommage ſolemnel au Comte Verd l'an 1360.
Beatrix de Geneue d'Anthon.

Richarde Abbeſſe de S. Pierre de Lyō 1386.

Azzon Seigneur de Monaſterol, Payſana, la Val de Pau, Caſtellar & S. Front.

Iaques.

| | | | | | |
|---|---|---|---|---|---|
| Hugues Baron de Montjay. | Amé Cardinal. | Pierre Archeuesque de Vienne. | Thomas III. Marquis de Saluces, decedé 1416. Marguerite de Roucy, Fille du Comte de Braine, & de Blanche de Coucy. | Polie. François de Carreto Marquis de Sauone. | Yoland. Antoine Porro Marquis de la Val de Trebia. |

| | | |
|---|---|---|
| Richarde. Nicolas Marquis d'Est. | Louys Marquis de Saluces, qui fonda le Chapitre de Carmagnole, & mourut l'an 1475. Isabelle de Montferrat 1433. | Ieane. Guy Seigneur de Nesle & d'Offemont. |

| | | | | | |
|---|---|---|---|---|---|
| Charles-Dominique Abbé du Villars, de Caseneuue & de Stafarde, Prieur de Pagno. | Federic. Euesque de Carpentras. | Blanche. Vitallian Borromée Comte d'Arone. | Louys II. Marquis de Saluces deceda à Gennes l'an 1504. 1. Ieane de Montferrat. 2. Marguerite de Foix. | Thomas. | Marguerite. Iean d'Armagnac Comte de Comminges. |

| | | | | |
|---|---|---|---|---|
| 2. François Marquis de Saluces, qui deceda au siege de Carmagnole 1537. & ne fut marié. | 3. Gabriel de Saluces Euesque d'Ayre Abbé de Caseneuue & de Stafarde, puis Marquis de Saluces mort sans laisser Enfans de Magdelaine d'Annebaut sa Femme. 1548. | 4. Iean-Louys, Abbé de Caseneuue & de Stafarde deceda l'an 1563. au Chasteau de Beaufort en Anjou. | 1. Michel-Antoine Marquis de Saluces mort à Auerse, l'an 1528. sans Enfans. | Marguerite de Saluces. 1. Antoine-Marie de S. Seuerin. 2. Claude de Miolans Comte de Montmayeur. 3. Le Comte de Sauueterre Espagnol. |

Aleran Bastard de Saluces Abbé du Villars en Piemont.

| | |
|---|---|
| Auguste Bastard de Saluces. | Michel-Antoine Bastard de Saluces, |

qui ont laissé vne grande Posterité en France.

TABLE

## TABLE XXV.

### *POSTERITE' DE BEATRIX DE Sauoye, & de Manfroy Roy de Sicile ſon ſecond Mary.*

MANFROY Roy de Sicile.
*BEATRIX DE SAVOYE.*

Conſtance de Sicile.
Pierre Roy d'Arragon III. du nom.

Alfonſe Roy d'Arragon mort 1291.

Frideric Roy de de Sicile.
Leonor, Fille de Charles II. Roy de Naples.

Iaques Roy d'Arragon.
Blanche, Fille de Charles II. Roy de Naples, & de Marie d'Hongrie.

Elizabeth.
Eſtienne Duc de Bauiere.

Pierre Roy de Sicile.
Iſabelle de Carinthie.

Alfonſe Roy d'Arragon.
Tereſe d'Vrgel.

Beatrix.
Robert Comte Palatin.

Leonor.
Pierre Roy d'Arragon.

Frederic Roy de Sicile mort 1377.
Conſtance d'Arragon.

Iean.

Louys Roy de Sicile mort 1355.

Pierre Roy d'Arragon.
Leonor de Sicile.

Robert Empereur.
Iſabelle de Nuremberg.

Marie de Sicile.
Martin d'Arragon.

Martin Roy d'Arragon.

Iean Roy d'Arragon.
1. Matthie d'Armagnac.
2. Ioland de Bar.

Leonor.
Iean Roy de Caſtille.

1. Lict.
Ieane.
Matthieu Comte de Foix.

2. Lict.
Ioland d'Arragon.
Louys Duc d'Anjou.

## TABLE XXVI.

### *EXTRACTION DE PIERRE DE Chalon Seigneur de Chasteaubellin, Mary de BEATRIX DE SAVOYE la Ieune, Fille d'Amé IV. & de Cecile de Baux.*

GVILLAVME Comte de Bourgogne, de Vienne, de Mascon & d'Auxonne.
Ponce Dame de Traues.

Gerard. Comte de Vienne & de Mascon, qui fit Branche.

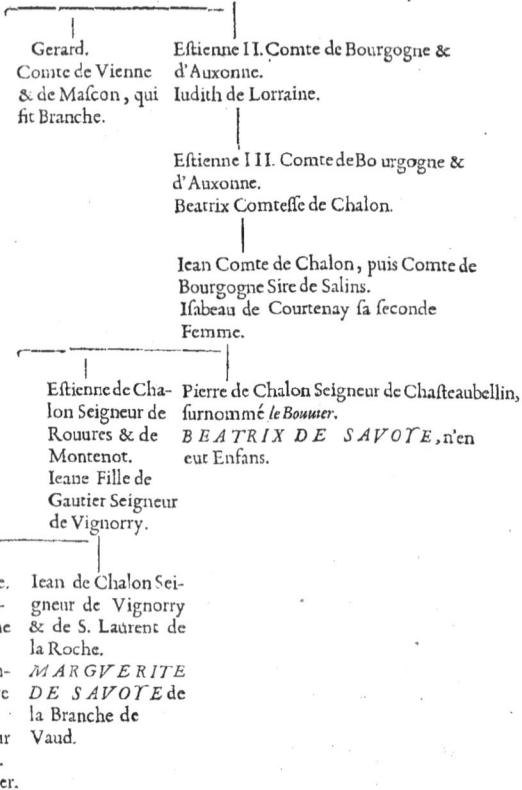

Estienne II. Comte de Bourgogne & d'Auxonne.
Iudith de Lorraine.

Estienne III. Comte de Bourgogne & d'Auxonne.
Beatrix Comtesse de Chalon.

Iean Comte de Chalon, puis Comte de Bourgogne Sire de Salins.
Isabeau de Courtenay sa seconde Femme.

Estienne de Chalon Seigneur de Rouures & de Montenot.
Ieane Fille de Gautier Seigneur de Vignorry.

Pierre de Chalon Seigneur de Chasteaubellin, surnommé *le Bouuier*.
*BEATRIX DE SAVOYE*, n'en eut Enfans.

Ieane. Guillaume de Dampierre Seigneur de S. Disier.

Iean de Chalon Seigneur de Vignorry & de S. Laurent de la Roche.
*MARGVERITE DE SAVOYE* de la Branche de Vaud.

# TABLE XXVII.

## *EXTRACTION DE DOM MANUEL Prince de Castille, Mary de BEATRIX DE SAVOYE, & leur Posterité.*

ALFONSE Roy de Leon & de Castille, mort 1230.
Berengere de Castille.

Ferdinand Roy de Castille & de Leon, decedé 1252.
Beatrix de Suaube.

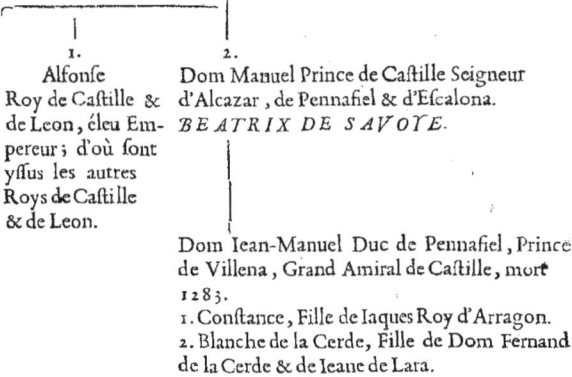

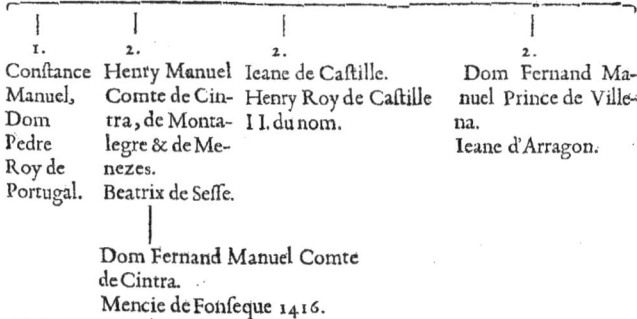

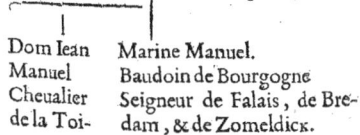

1. Alfonse Roy de Castille & de Leon, éleu Empereur; d'où sont yssus les autres Roys de Castille & de Leon.

2. Dom Manuel Prince de Castille Seigneur d'Alcazar, de Pennafiel & d'Escalona.
*BEATRIX DE SAVOYE.*

Dom Iean-Manuel Duc de Pennafiel, Prince de Villena, Grand Amiral de Castille, mort 1283.
1. Constance, Fille de Iaques Roy d'Arragon.
2. Blanche de la Cerde, Fille de Dom Fernand de la Cerde & de Ieane de Lara.

1. Constance Manuel, Dom Pedre Roy de Portugal.

2. Henry Manuel Comte de Cintra, de Montalegre & de Menezes.
Beatrix de Sesse.

2. Ieane de Castille.
Henry Roy de Castille II. du nom.

2. Dom Fernand Manuel Prince de Villena.
Ieane d'Arragon.

Dom Fernand Manuel Comte de Cintra.
Mencie de Fonseque 1416.

Dom Iean Manuel Cheualier de la Toi-

Marine Manuel.
Baudoin de Bourgogne Seigneur de Falais, de Bredam, & de Zomeldick.

son

son d'or, Seigneur de Belmonte, de Campos, & de Zebico de la Torne.

Charles de Bourgogne Baron de Falais & de Zomeldick.
Marguerite de Verchin.

Charles de Bourgogne Seigneur desdits lieux.
Ieane de Culembourg.

Herman de Bourgogne Comte de Falais, Gouuerneur du Duché de Limbourg.
Yoland de Longueual de Buquoy.

Isabelle de Bourgogne.
Charles-Emanuel de Gorreuod Duc de Pont de Vaux, Marquis de Marnay Prince du S. Empire, Cheualier de la Toison, Gouuerneur du Duché de Limbourg, premier Chambellan de l'Archiduc Albert.

Philippe-Eugene de Gorreuod Duc de Pont de Vaux, Marquis de Marnay, Prince du S. Empire 1658.

Charles-Emanuel Marquis de Marnay. Prince du S. Empire, Haut Doyen, puis Archeuesque de Besançon 1658.

## TABLE XXVIII.

### *EXTRACTION DE GASTON Vicomte de Bearn, Mary de BEATRIX DE SAVOYE, Fille du Comte Pierre.*

OVP Centulle Duc de Gascogne 820.

Centulle

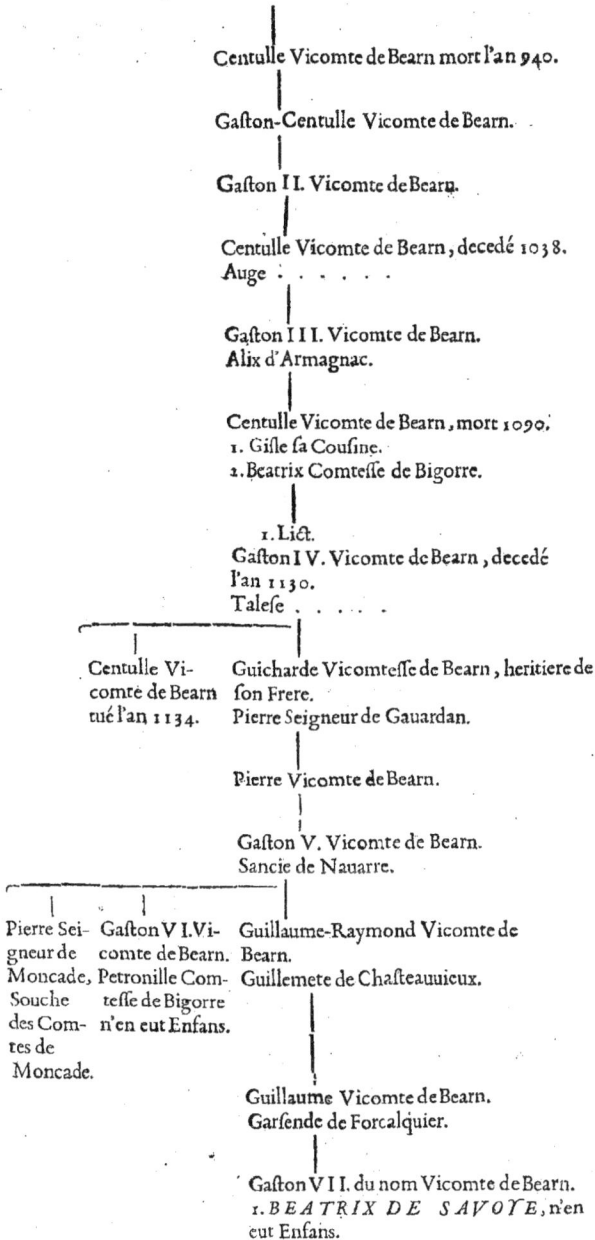

Centulle Vicomte de Bearn mort l'an 940.

Gaſton-Centulle Vicomte de Bearn.

Gaſton II. Vicomte de Bearn.

Centulle Vicomte de Bearn, decedé 1038.
Auge . . . . . .

Gaſton III. Vicomte de Bearn.
Alix d'Armagnac.

Centulle Vicomte de Bearn, mort 1090.
1. Giſle ſa Couſine.
2. Beatrix Comteſſe de Bigorre.

1. Lict.
Gaſton IV. Vicomte de Bearn, decedé l'an 1130.
Taleſe . . . . .

Centulle Vicomte de Bearn tué l'an 1134.

Guicharde Vicomteſſe de Bearn, heritiere de ſon Frere.
Pierre Seigneur de Gauardan.

Pierre Vicomte de Bearn.

Gaſton V. Vicomte de Bearn.
Sancie de Nauarre.

Pierre Seigneur de Moncade, Souche des Comtes de Moncade.

Gaſton VI. Vicomte de Bearn.
Petronille Comteſſe de Bigorre n'en eut Enfans.

Guillaume-Raymond Vicomte de Bearn.
Guillemete de Chaſteauuieux.

Guillaume Vicomte de Bearn.
Garſende de Forcalquier.

Gaſton VII. du nom Vicomte de Bearn.
1. *BEATRIX DE SAVOYE*, n'en eut Enfans.

## TABLE XXIX.

### EXTRACTION D'ALIX COMTESSE de Bourgogne, Espouse de PHILIPPES COMTE DE SAVOYE.

FRIDERIC I. du nom, surnommé *Barberousse*, Empereur.
Beatrix Comtesse de Bourgogne 1157.

Beatrix.
Guillaume Comte de Chalon.

Otthon I. du nom Comte de Bourgogne-Palatin.
Marguerite de Blois, Fille de Thibaud Comte de Blois, & d'Alix de France.

Beatrix Comtesse de Bourgogne-Palatine.
Otthon Duc de Meranie, Fils de Berthold IV. Duc de Meranie, & d'Alix de Rodechs.

Otthon III. du nom Comte de Bourgogne, mort sans Enfans.

*ALIX COMTESSE DE BOURGOGNE ET DE SAVOYE.*

## TABLE XXX.

### EXTRACTION DE IEANE COMTESSE de Flandres, Espouse de THOMAS DE SAVOYE Comte de Maurienne & de Piemont.

BAUDOIN Comte de Flandres, mort l'an 879.
Iudith de France, Fille du Roy Charles le Chauue.

Rodolphe Comte de Cambray.

Baudoin II. Comte de Flandres, mort 918.
Estrulde, Fille d'Elfred Roy d'Angleterre.

Adolphe Comte de Bologne ou de Teroüenne.

Arnoulf Comte de Flandres, dit *le Grand*, mort 964.
Adele de Vermandois.

Lietgarde

| | | | |
|---|---|---|---|
| Lietgarde.<br>Guillaume Comte, d'autres disent Chastellain de Gand. | Elstrude.<br>Valeran Comte du Vexin, ou Sifrid Comte de Guynes. | Baudoin III. Comte de Flandres.<br>Matilde, Fille d'Herman Duc de Saxe. | Heribert. |

Arnoulf II. Comte de Flandres, dit *le Ieune*.
Roseille, Fille de Berenger III. Roy d'Italie.

Baudoin IV. Comte de Flandre, dit le *Barbu*, mort 1034. ou 1036.
1. Otgiue, Fille de Frederic I. Comte de Luxembourg.
2. N . . . . . Fille de Richard II. Duc de Normandie.

Baudoin V. Comte de Flandres, mort le 1. de Septembre 1067.
Adele de France, Fille du Roy Robert.

| | | | | | |
|---|---|---|---|---|---|
| Eudes Archeuesque de Treues. | Iudith.<br>1. Teotic Comte de Quent.<br>2. Guelfe Duc de Bauieres. | Robert le Frison Comte de Flandre par vsurpation sur ses Neueux.<br>Getrude de Saxe.<br>Il fit la Branche des Comtes de Flandre. | Baudoin VI. dit *de Monts*, Comte de Flandre & de Haynaut.<br>Richilde Comtesse de Haynaut. | Mahaut.<br>Guillaume Duc de Normandie. | Ide.<br>Lutolf Marquis de Saxe. |

| | |
|---|---|
| Baudoin VII. Comte de Haynaut, dit *de Ierusalem* 1098.<br>Ide, Fille de Lambert Comte de Louuain. | Arnoul Comte de Flandre, tué à la bataille de Montcassel 1071. n'eut lignée. |

| | | | |
|---|---|---|---|
| Ide.<br>1. Guy Seigneur de Chieures.<br>2. Thomas Sire de Coucy. | Alix.<br>Hugues Seigneur de Rumigny. | Baudoin VIII. Comte de Haynaut, mort 1120.<br>Yoland, Fille du Comte de Gueldres, où selon d'autres du Comte de Ponthieu. | Richilde.<br>Amaury Comte de Montfort. |

| | | | |
|---|---|---|---|
| Yoland, Grand Seigneur de Crequy. | Baudoin IX. Comte de Haynaut, dit *le Bastisseur*, mort 1170. Ide, Fille de Godefroy Comte de Namur. | Getrude. | Alix. Thierry d'Auesnes Chastellain de Tournay. |

| | | | | |
|---|---|---|---|---|
| Guillaume Seigneur de Chasteau-Thierry. | Yoland. 1. Yues Comte de Soyssons. 2. Hugues Comte de S. Paul. | Baudoin X. Comte de Flandre & de Haynaut, mort le 17. de Septembre 1197. Marguerite d'Alsace Comtesse de Flandre. | Agnes. Raoul Sire de Coucy. | Laurence. 1. Thierry Seigneur d'Alost. 2. Bouchard Seigneur de Montmorency. |

| | | |
|---|---|---|
| Philippes Marquis de Namur. Marie, Fille de Philippes II. Roy de France, n'en eut Enfans. | Baudoin XI. Comte de Flandre & de Haynaut, Empereur de Constantinople. Marie de Champagne. | Henry, Empereur de Constantinople 1216. Agnes de Montferrat. |

| | |
|---|---|
| Marguerite Comtesse de Flandre & de Haynaut. 1. Baudoin d'Auesnes. 2. Guillaume de Dampierre. | *Ieane Comtesse de Flandre & de Haynaut.* 1. Ferdinand ou Ferrand Prince de Portugal. 2. *THOMAS DE SAVOYE COMTE DE MAVRIENNE & de Piemont*, n'en eut lignée. |

## TABLE XXXI.

### *EXTRACTION DE BEATRIX de Fiesque, seconde Femme de THOMAS DE SAVOYE Comte de Maurienne & de Piemont.*

ROBOALD de Fiesque Comte de ~~Lauanie~~ Lauagna 1150.

Thedisio de Fiesque Comte de Lauanie.

Rubald

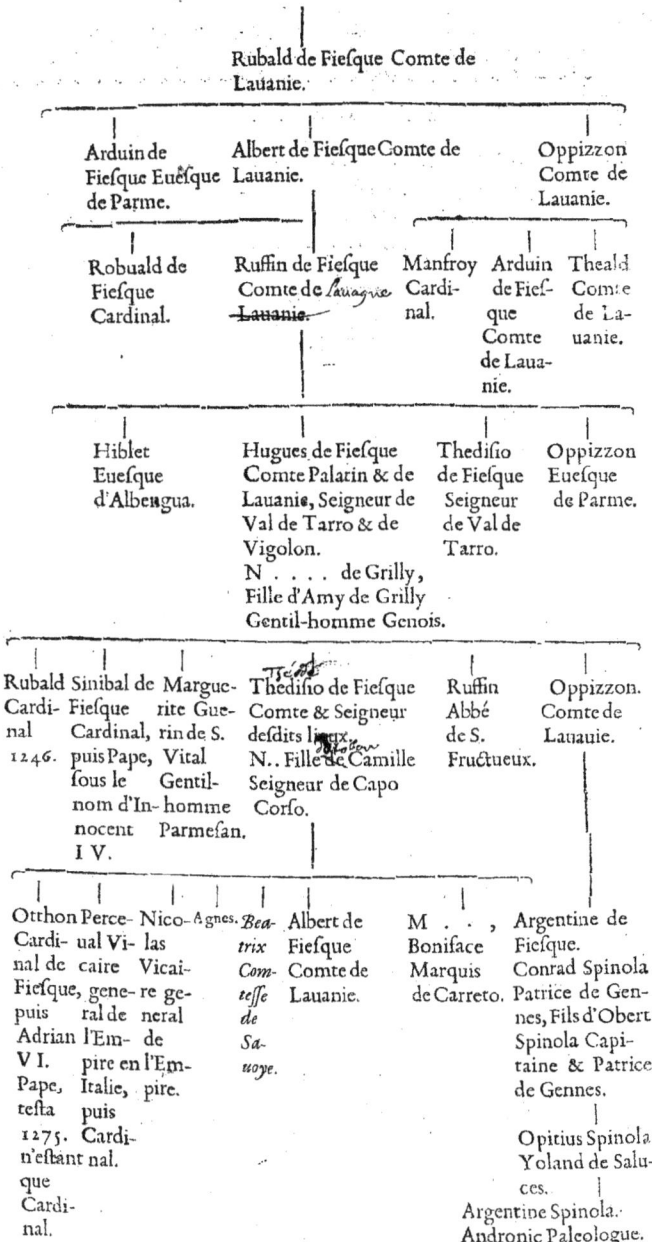

Rubald de Fieſque Comte de Lauanie.

- Arduin de Fieſque Eueſque de Parme.
- Albert de Fieſque Comte de Lauanie.
- Oppizzon Comte de Lauanie.

Children of Arduin and Albert:

- Robuald de Fieſque Cardinal.
- Ruffin de Fieſque Comte de ~~Lauanie~~.

Children of Oppizzon:

- Manfroy Cardinal.
- Arduin de Fieſque Comte de Lauanie.
- Theald Comte de Lauanie.

Children of Ruffin:

- Hiblet Eueſque d'Albengua.
- Hugues de Fieſque Comte Palatin & de Lauanie, Seigneur de Val de Tarro & de Vigolon. N.... de Grilly, Fille d'Amy de Grilly Gentil-homme Genois.
- Thediſio de Fieſque Seigneur de Val de Tarro.
- Oppizzon Eueſque de Parme.

Children of Hugues:

- Rubald Cardinal 1246.
- Sinibal de Fieſque Cardinal, puis Pape, ſous le nom d'Innocent IV.
- Marguerite Guerin de S. Vital Gentil-homme Parmeſan.
- Thediſio de Fieſque Comte & Seigneur deſdits lieux. N.. Fille de Camille Seigneur de Capo Corſo.
- Ruffin Abbé de S. Fructueux.
- Oppizzon. Comte de Lauanie.

Children of Thediſio:

- Otthon Cardinal de Fieſque, depuis Adrian V I. Pape, teſta 1275. n'eſtant que Cardinal.
- Perceual Vicaire general de l'Empire en Italie, puis Cardinal.
- Nicolas Vicaire general de l'Empire.
- Agnes.
- *Beatrix Comteſſe de Sauoye.*
- Albert de Fieſque Comte de Lauanie.
- M.., Boniface Marquis de Carreto.

Child of Oppizzon:

- Argentine de Fieſque. Conrad Spinola Patrice de Gennes, Fils d'Obert Spinola Capitaine & Patrice de Gennes.
  - Opitius Spinola. Yoland de Saluces.
    - Argentine Spinola. Andronic Paleologue. Marquis de Montferrat.

# TABLE XXXII.

## EXTRACTION DE LOVYS DE *Forests, dit de Beaujeu, Seigneur de Beaujolois & de Dombes, Mary de* LEONOR DE SAVOYE, *& leur Posterité.*

RENAVD Comte de Forests.
Isabeau Heritiere de Beaujeu.

- Guy.
- Louys de Forests, dit *de Beaujeu*, Seigneur de Beaujolois & de Dombes, testa au Chasteau de Poüilly au mois de May de l'an 1294.
  *LEONOR DE SAVOYE* Dame de Cordon, de Virieu & de Chasteauneuf en Valromey.

  - Humbert, Chanoine de Lyon.
  - Guillaume Euesque de Bayeux.
  - Thomas.
  - Marguerite, Dame de S. Iulien. Iean de Chalon Seigneur de Rochefort, il gist à Gigny en Comté.
  - Eleonor. Humbert Sire de Thoire & de Villars.
  - Guichard Sire de Beaujeu & de Dombes, testa le 18. Septembre 1331.
    1. Ieane de Geneue Dame de Varey en Bugey.
    2. Marie de Chastillon.
    3. Ieane de Chasteauuillain.

    - 1. Lict. Marie. Iean l'Archeuesque Seigneur de Partenay.
    - 2. Lict. Marguerite. Charles Seigneur de Montmorency Mareschal de France.
    - Guichard, Seigneur de Perreux, qui fit Branche.
    - Guillaume Seigneur d'Amplepuis, qui fit Branche.
    - Louys Seigneur d'Aloignet.
    - 2. Lict. Edoüard Sire de Beaujeu & de Dombes, mort 1351.
      Marie du Til, Fille de Iean de Chasteauuillain, Seigneur de Til en Auxois, & de Marie de Frolois.
    - Blanche. Iean Seigneur de Linieres le 6. de Iuillet 1346.
    - Robert Seigneur de Ioux sur Tarare.
  - Ieane.
  - Isabelle.
  - Beatrix.
  - Caterine.

  (Isabelle, Beatrix : Religieuses.)

Marguerite

Marguerite de Beaujeu.
*Iaques de Sauoye* Prince d'Achaye & de la Morée.

Antoine Sire de Beaujeu & de Dombes, mort 1374. sans Enfans.
Beatrix de Chalon Dame de Broyes le 4. d'Aoust 1362.

## TABLE XXXIII.

### *EXTRACTION DE GVYE DE Bourgogne, Espouse de THOMAS DE SAVOYE, II. du nom Comte de Maurienne & de Piemont.*

GVILLAVME Comte de Bourgogne, de Vienne, de Mascon & d'Auxonne.
Ponce Dame de Traues.

Girard Comte de Vienne & de Mascon qui fit Branche.

Estienne II. Comte de Bourgogne & d'Auxonne.
Iudith de Lorraine.

Estienne III. Comte de Bourgogne & d'Auxonne.
Beatrix Comtesse de Chalon.

Iean Comte de Chalon, puis de Bourgogne.
Matilde, Fille d'Hugues III. Duc de Bourgogne, & de Beatrix Daufine.

Hugues Comte de Bourgogne-Palatin.
Alix de Bourgogne ou de Meranie Comtesse de Bourgogne.

*GVYE OV GVYETTE DE BOVRGOGNE COMTESSE DE MAVRIENNE ET DE PIEMONT.*

TABLE

## TABLE XXXIV.

### *EXTRACTION D'ISABEAV DE Villehardoüin, premiere Femme de PHILIPPES DE SAVOYE Prince d'Achaye & de la Morée.*

Tiré de l'Histoire de Constantinople de Mr. du Cange du Fresne.

GVILLAVME Seigneur de Villehardoüin Mareschal de Champagne.

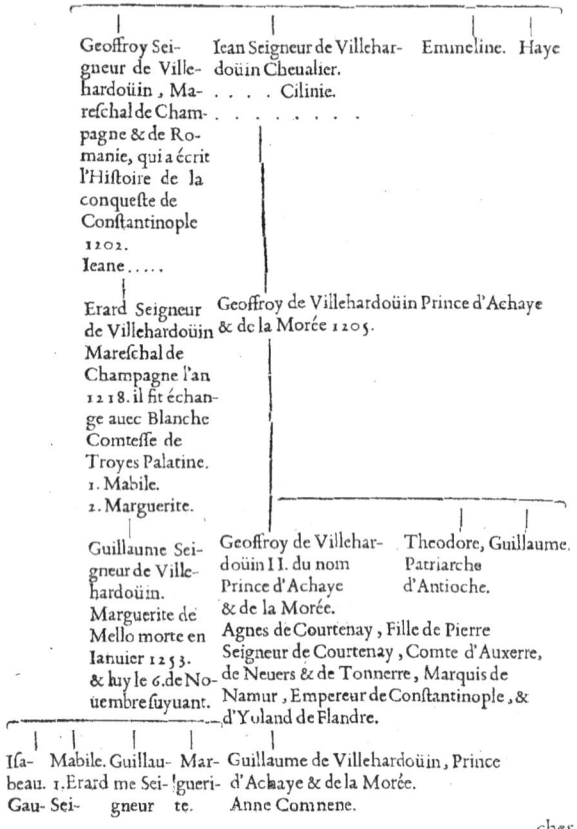

Geoffroy Seigneur de Villehardoüin, Mareschal de Champagne & de Romanie, qui a écrit l'Histoire de la conqueste de Constantinople 1202.
Ieane.....

Iean Seigneur de Villehardoüin Cheualier.
.... Cilinie.
.........

Emmeline.

Haye

Erard Seigneur de Villehardoüin Mareschal de Champagne l'an 1218. il fit échange auec Blanche Comtesse de Troyes Palatine.
1. Mabile.
2. Marguerite.

Geoffroy de Villehardoüin Prince d'Achaye & de la Morée 1205.

Guillaume Seigneur de Villehardoüin.
Marguerite de Mello morte en Ianuier 1253. & luy le 6. de Nouembre suyuant.

Geoffroy de Villehardoüin II. du nom Prince d'Achaye & de la Morée.
Agnes de Courtenay, Fille de Pierre Seigneur de Courtenay, Comte d'Auxerre, de Neuers & de Tonnerre, Marquis de Namur, Empereur de Constantinople, & d'Yoland de Flandre.

Theodore, Patriarche d'Antioche.

Guillaume.

Isabeau. Gau-

Mabile. 1. Erard Sei-

Guillaume Seigneur

Marguerite.

Guillaume de Villehardoüin, Prince d'Achaye & de la Morée.
Anne Comnene.

cher

| | | | |
|---|---|---|---|
| cher Seigneur de Chastillon. | gneur de Nanteüil. 2. Geoffroy de Ioinville. | de Villehardoüin. Mahaut de Saffefontaine. | *Isabelle de Villehardoüin Princesse d'Achaye & de la Morée.* *Philippes de Sauoye Comte de Piemont.* |

## TABLE XXXV.

### *EXTRACTION DE CATERINE de Viennois, seconde Femme de PHILIPPES DE SAVOYE, Prince d'Achaye & de la Morée.*

Berlion, Sire de la Tour du Pin en Daufiné, & de plusieurs Terres en Bugey, dota le Prieuré d'Ynimont en Bugey l'an 1107.

| | |
|---|---|
| Walo. | Girold, Sire de la Tour du Pin, Bienfaiteur de la Chartreuse de Portes en Bugey l'an 1120. Sa Femme Marie Comtesse 1130. |

Albert premier du nom Sire de la Tour du Pin 1170.

| | |
|---|---|
| Berlion de la Tour Seigneur de Vinay, qui fit la Branche des Seigneurs de Vinay. | Albert II. Sire de la Tour du Pin traitta l'an 1218. auec Thomas Comte de Sauoye. Marie de la Tour d'Auuergne. |

| | | | | |
|---|---|---|---|---|
| Hugues Euesque de Clermont. | Guy Archidiacre en l'Eglise de Lyon 1226. | Alix. Guillaume II. du nom Comte de Geneue. | Albert III. Sire de la Tour du Pin, de Coligny & du Reuermont, vesquit iusqu'à l'an 1250. Beatrix de Coligny, Fille & Heritiere d'Hugues Sire de Coligny. | Sybille. Siboud Seigneur de Beauuoir en Daufiné, qui testa le 10. Aoust 1242. |

| | | | | | | |
|---|---|---|---|---|---|---|
| Humbert Chanoine de Paris, puis Sire de la Tour du Pin & de Coligny. Anne heritiere du Daufiné, Fille de Guygues Daufin de Viennois Comte d'Albon, & de Beatrix de Sauoye. | Guy Euesque de Clermont. | Hugues Seneschal de Lyon. | Albert IV. Sire de la Tour du Pin & de Coligny. 1. Marguerite Fille du Comte Iean. 2. Adelays....... laquelle testa au mois de May 1253. Il mourut sans Enfans. | Beatrix. Guillaume Seigneur de Rossillon & d'Annonay. | Alix. Humbert Seigneur de Montluel. | Marguerite. Humbert Sire de Thoire & de Villars. |

| | | | | | | | | |
|---|---|---|---|---|---|---|---|---|
| Anne. Raymond de Baux Prince d'Orenge. | *CATERINE DE VIENNOIS Princesse d'Achaye & de la Morée.* | Alix. Iean Comte de Forests. | Hugues Baron de Foucigny. | Henry Euesque de Mets. | Iean Daufin de Viennois Comte d'Albõ. | Marguerite. Federic Comte de Saluces. | Beatrix. Hugues de Chalon Seigneur d'Arlay. | Alix. *Amé Comte de Sauoye.* |

## TABLE XXXVI.

Mem. M S de Mr. du Bouchet.

### *EXTRACTION DE IEAN COMTE de Forests, Mary de Laure & d'Alienor de Sauoye, & de Renaud de Forests Seigneur de Maleual, Mary de Marguerite de Sauoye-Achaye.*

Voyez la Table XI.

GVYGVES-Raymond d'Albon, Frere de Guygues VI. du nom Comte d'Albon & de Grenoble, épousa Raymonde de Lyon, Fille d'Artaud V. du nom Comte de Lyon & de Forests, auec laquelle il fit donation l'an 1085. de quelques Terres situées au Pays de Forests.

| | |
|---|---|
| Mahaut. | Guygues I. du nom, Comte de Lyon & de Forests, succeda à Guillaume Comte de Lyon & de Forests, son Oncle, apres l'an 1107. & est nommé auec son Pere & sa Mere, dans vne Charte de Cluny sous l'Abbé S. Hugues. Sa Femme estoit Fille de Guichard V. du nom, Sire de Beaujeu; il mourut apres l'an 1137. |

Guygues

Guygues II. du nom, Comte de Lyon & de Forests, fut laissé par son Pere sous la Tutele du Roy Louys le Ieune, qui le fit Cheualier l'an 1167. C'est luy qui traitta du Comté de Lyon auec l'Archeuesque Guichard 1173. Il remit l'Abbaye de Sauigny en Lyonnois à son Oncle Humbert Sire de Beaujeu, par Charte expediée à Montbrison; en presence du Roy, au retour du voyage qu'il auoit fait à Nostre Dame du Puy. Il vesquit iusqu'à l'an 1226.
Sa Femme se nommoit Guillemette, remariée auec Arnoulph Seigneur d'Vrfé en Forests.

Renaud de Forests Archeuesque de Lyon dés l'an 1194. mourut 1227.

Guy III. Comte de Forests, est nommé auec son Pere dans l'échange du Comté de Lyon. Il fit le voyage d'Outre-Mer l'an 1202. où il mourut auant son Pere.
Alix . . . . . . . mentionnée en vne Charte de Cluny de l'an 1203.

Guygonne, promise au Fils du Comte d'Auuergne, puis à Archembaud Sire de Bourbon, mais ce mariage ne fut pas accomply; elle épousa depuis Girard II. du nom Comte de Vienne & de Mascon.

Guygues IV. Comte de Forests, qui fonda le Chapitre de Montbrison 1223. se croysa 1239. pour le voyage d'Outre-Mer auec le Duc de Bourgogne, & mourut à son retour sur les confins de l'Apoüille le 29. d'Octobre 1241. Il fut accordé en mariage par son Ayeul & par l'Archeuesque de Lyon son Oncle, auec la Fille de Guy Comte d'Auuergne l'an 1204. mais le Traitté n'eut pas effet; de sorte qu'il se maria depuis auec Philippie, Fille de Guy Sire de Dampierre, & de Mahaut de Bourbon.
En secondes nopces il épousa Mahaut de Courtenay, Vefue du Comte de Neuers.

Marquise.
Guy Vicomte de Thiern, d'où Chatard Vicomte de Thiern, qui fut substitué par Renaud Comte de Forests à son second Fils l'an 1233.

Renaud I. du nom Comte de Forests, apres son Frere qui testa 1271. épou-

Guygues V. du nom Comte de Forests suiuit le Roy S. Louys au voyage de la Terre Sainte l'an 1248. & l'an 1250. eut vne jambe rompuë en vn combat contre les Turcs;

Artaude.
Artaud Seigneur de Rossillon & sa

sa 1247. Isabeau Fille & heritiere d'Humbert Sire de Beaujeu, Vefue de Symon Seigneur de Semur.

n'eut Enfans d'Alix de Chacenay sa Femme, Fille d'Erard Seigneur de Chacenay & d'Emeline de Broyes; apres sa mort elle se remaria auec Guillaume Vicomte de Melun, & viuoit encore l'an 1260.

d'Annonay.

---

Louys de Forests Seigneur de Beaujeu, Souche des derniers Seigneurs de Beaujeu. *Voyez la Table XXXII.*

Eleonor. Guillaume Seigneur de Basie 1244. d'où Eleonor de Basie Comtesse d'Auuergne.

Guygues VI. du nom Comte de Forests. Ieane de Montfort, Fille de Philippes de Montfort Cõte de Castres & Seigneur de la Ferté-Aleps en Beauce, & d'vne premiere Fẽme, elle se remaria à Louys de Sauoye Seigneur de Vaud. Il testa le Mercredy deuant la Pentecoste 1275. éleut sa Sepulture en l'Eglise de Nostre Dame de Montbrison; & decerna Tuteurs à son Fils & heritier, Bertrand Seigneur de Chalancon, & Hugues Doyen de Montbrison.

---

Laure prit l'habit de Religieuse 1290.

Isabeau, mariée l'an 1296. à Beraud X. du nom Sire de Mercueur en Auuergne, n'en eut Enfans, testa 1331. & fit son heritier Guy, Fils aisné de Iean Comte de Forests son Frere.

Iean Comte de Forests, qui testa & mourut l'an 1334. & gist en l'Abbaye de Ioug-Dieu en Beaujolois, eut trois Femmes.
1. Alix de la Tour, Fille d'Humbert de la Tour Daufin de Viennois morte 1311.
2. *LAVRE DE SAVOYE de Vaud*, n'en eut Enfans.
3. *ALIENOR DE SAVOYE* Fille d'Amé le Grand n'en eut lignée.

Renaud Chanoine de Lyon 1307.

---

Renaud de Forests Seigneur de Maleual, de Rocheblaue & autres Terres. *MARGVERITE DE SAVOYE-ACHAYE* n'en eut lignée.

Guygues VII. du nom Comte de Forests, testa 1357. & mourut 1360. Ieane de Bourbon, Fille de Louys Duc de Bourbon, & de Marie de Haynaut.

Iean Chanoine de Paris 1323. testa 1334.

Ieane, épousa par dispence Aymar Seigneur de Rossillon & d'Annonay.

---

Iean II. du nom Comte de Forests apres Louys

Louys Comte de Forests tué à la Bataille de Brignais 1361.

Ieane Comtesse de Forests. son

son Frere, mort sans Enfans, tué au Chasteau de Montbrison par le Vicon Laujeu.

Ieane de Beaufort n'en eut Enfans, elle se remaria auec Raymond Seigneur de Baux Comte d'Auelin.

Beraud II. du nom Comte de Clermont Daufin d'Auuergne.

Anne Daufine d'Auuergne Comtesse de Forests. Louys Duc de Bourbon.

## TABLE XXXVII.

*EXTRACTION DE IEAN SEIGNEVR de la Chambre, Mary d'Isabeau de Sauoye-Achaye, de Iean Seigneur de la Chambre, Mary d'Agnes de Sauoye-Achaye, d'Amé Comte de la Chambre, Mary de Marie de Sauoye-Raconis, & leur Posterité.*

Premiere Lignée.

AYMON Seigneur de la Chambre, present à vne donation faite au Prieuré du Bourget, par Humbert Comte de Sauoye l'an 1097.

Pierre de la Chambre, present auec Amé son Frere à vne donation faite au Monastere de Riualta en Piemont.

Amé Seigneur de la Chambre, qui fit le voyage de la Terre Sainte l'an 1147.

Odon de la Chambre.

Aymon II. du nom Seigneur de la Chambre, viuant l'an 1189.

Richard Seigneur de la Chambre Vicomte de Maurienne. Il fut caution de Thomas Comte de Sauoye, du Traitté qu'il fit auec l'Abbé de S. Rambert l'an 1196. & present à vne donation faite par ce Prince l'an 1202. au Monastere d'Aulps. Il testa l'an 1221.

| | | |
|---|---|---|
| Guillaume de la Chambre, Abbé de S. Michel de la Cluse, qui traitta du Chasteau de Iauen, auec Thomas Comte de Sauoye 1255. | Pierre Seigneur de la Chambre Vicomte de Maurienne, qui testa 1275. Elizabeth . . . . . . . Dame de Bramans en Maurienne, qu'elle auoit eü en dot d'Amé Comte de Sauoye l'an 1251. elle testa 1278. | Hugues de la Chambre Seigneur de Montailleur. |

| | |
|---|---|
| Leone de la Chambre. Antelme Seigneur de Miolans, duquel elle n'eut Enfans; elle testa l'an 1307. & fit heritier Richard Seigneur de la Chambre son Neueu. | Iean Seigneur de la Chambre Vicomte de Maurienne, Comte de Leüille. Beatrix de Morestel Comtesse de Leüille. |

| | |
|---|---|
| Pierre de la Chambre Cheualier. Caterine....... — Leonor de la Chambre Dame de Bressieux 1366. | Richard Seigneur de la Chambre II. du nom, Comte de Leüille & Vicomte de Maurienne, qui testa 1324. |

| | | | | |
|---|---|---|---|---|
| Isabeau de la Chambre. Antelme Seigneur de Miolans. | Guillaume de la Chambre. Seigneur de la Tour d'Allenars qui testa 1392. | Iean Seigneur de la Chambre II. du nom Comte de Leüille, & Vicomte de Maurienne, il transigea le 8. de Iuin 1344. auec le Comte Verd pour le Vicomté de Maurienne, testa 1365. 1. *Isabelle de Sauoye-Achaye* n'en eut Enfans. 2. Beatrix de Thoire-Villars. | Ieane de la Chambre. Amé Seigneur de Miribel en Daufiné le 19. de Iuillet 1331. | Flore de la Chambre. Henry Seigneur du Quart le 13. d'Octobre 1331. |

Pierre

Pierre de la Chambre Euesque d'Yvrée.

Caterine de la Chambre, Dame d'Vgine.
1. Iean de Fiesque Comte de Lauanie le 26. de Septembre 1370.
2. Guillaume Marquis de Ceue.
3. Pierre de Villette Seigneur de Chevron.

Iean Seigneur de la Chambre Comte de Leüille, Vicomte de Maurienne, qui testa le 22. de Iuin 1355. & fonda le Conuent de S. François de la Chambre le 22. de Decembre 1365.
*AGNES DE SAVOYE-ACHAYE.*

Iean Seigneur de la Chambre Comte de Leüille, Vicomte de Maurienne Cheualier de l'Ordre du Collier, qui testa le 12. Mars 1412.
1. Richarde de Rossillon, Fille de Girard Comte de Rossillon en Daufiné, & de Marguerite de Miribel Dame d'Anjou & de Faramans.
2. Ieane de Chalon, Fille de Iean de Chalon Seigneur d'Arlay, & de Marguerite de Bourgogne.

Vrbain Seigneur de la Chambre Comte de Leüille Vicomte de Maurienne, qui testa le 1. de Feurier 1415.
1. Louyse Dame de Sagone, n'en eut Enfans.
2. Aymée de Corgenon, Fille de Iean Seigneur de Corgenon & de Meillonnas, & de Ieane de S. Triuier.
3. Marguerite de Chalancon, Fille de Pierre Seigneur de Chalancon, & de Marguerite de Saligny.

| | | | | | | |
|---|---|---|---|---|---|---|
| 3. Lict. | 2. Lict. | 2. Lict. | 2. Lict. | 2. Lict. | 3. Lict. | 3. Lict. |
| Gaspard Seigneur de la Chambre Comte de Leüille, | Ieane. Iaques Seigneur de Miolans. | Claude de la Chambre Seigneur de Meillonnas & | Marguerite de la Chambre. Iean de Seyssel Seigneur de Barjat & de la Rochette Ma- | Aymée. Guillaume de Luyrieux Seigneur de la Cueille. | Louyse. Gaspard Seigneur de Montmayeur. | Aynarde. Guillaume de Montbel Seigneur de Nattage. |

Vicomte

Vicomte de Maurienne. Anne de Saluces n'en eut Enfans.

de Villeneufue en Bresse. Claudine Fille d'Amé Seigneur de Viry.

reschal de Sauoye le 1. de Septembre 1425.

Aymée de la Chambre.

Bonne de la Chambre Dame de Meillonnas.
1. Philibert de Seyssel Seigneur d'Aix & de la Bastie.
2. Amé de Geneue Seigneur de Boringe.

Aymé de Seyssel Comte de la Chambre, de Leüille & de Dammartin, Vicomte de Maurienne, Vidame de Geneue, chargé de porter le Nom & les Armes de la Chambre, par le Testament de Gaspard Seigneur de la Chambre son Oncle du 1. de Iuillet 1464. le Duc Louys erigea la Seigneurie de la Chambre en Comté en sa faueur le 15. d'Aoust 1456. Il épousa *Marie de Sauoye de Raconis*; testa le 15. de Decembre 1466. & elle le 24. d'Octobre 1471. — II. Lignée.

Marguerite de la Chambre. Louys Comte de Chalant.

Louys Comte de la Chambre & de Leüille, Vicomte de Maurienne; il paya au Roy Daufin les plaits d'vne Lance & d'vn Espreuier par le decés d'Aymé Comte de la Chambre son Pere, à cause de la Montagne d'Ollas mouuante du Daufiné.
1. Ieane de Chalon, Fille de Louys de Chalon Prince d'Orenge, & d'Eleonor d'Armagnac; elle testa le 23. d'Aoust 1483. & mourut le 15. de Septembre suyuant.
2. Anne de la Tour-Bologne, Vefue d'Alexandre Stuart Duc d'Albanie, Prince du Sang d'Escosse, Fille de Bertrand de la Tour Comte de Bologne & d'Auuergne, & de Louyse de la Tremoilles le 15. de Feurier 1487. elle mourut le 13. d'Octobre 1512. & gist auec son Mary en vne magnifique Sepulture en l'Eglise des Carmes de la Rochette en Sauoye.

1. Lict. Françoise. Gabriel de Seyssel

Philippes Cardinal de la Cham-

Charles Euesque de Montdeuis.

Françoise. Iaques Seigneur de

Iean Comte de la Chambre & de Leüille, Vicomte de Maurienne, qui testa le 9. de Nouembre 1528.

Louys Baron de Chasteauneuf & de Meillonnas. 1. Claudine de Bussy

Charles Seigneur de Sermoyé, qui fit la Branche des Seigneur

eigneur d'Aix 1492.

bre Euesque de Belley.

Miolans & d'Anjou.

Barbe d'Amboyse, Fille d'Hugues d'Amboise Baron d'Aubijoux, & de Marguerite d'Armagnac.

Dame de Monjay. 2. Ieane d'Arlos n'en eut lignée.

Comte de Montfort.

---

Louyse. Lyonnet Mochet de Babtefort. Seigneur de Tramelay & d'Arinto.

Charlotte le Seigneur de Disimieux.

---

Louys Abbé de Vandosme grand Prieur d'Auuergne.

Sebastien Abbé & Comte de S. Pierre de Corbie

Philippes Euesque d'Orenge

Claude.

François Marquis d'Aix, puis de la Chambre, par le decés de ses trois Neueux morts sans Enfans. Isabeau de la Roche-Andry.

Iean Comte de la Châbre & de Leüille, Vicomte de Maurienne Cheualier du grand Ordre de Sauoye, qui testa le 1. de Feurier 1582. Aymée de la Baume-Montreuel.

Charles Comte de Seyssel Baron d'Aix. Magdelaine d'Auaugour.

Beatrix. René de Bruges Seigneur de la Grutuse Comte de Wincestre & Prince de Stienhuse.

Estiennette. N... Coste Comte de Bennes.

---

Louyse. 1. François de S. Aubin Seigneur de Saligny. 2. George de Mouxy Comte de Montreal.

Charlotte. 1. Iean-François Coste Comte de Pont de Veyle. 2. Chrystophle d'Vrfé Seigneur. de Bussy.

Sebastienne. Iaques de Montmayeur Comte de Brandis.

1. Iean-Louys Marquis de la Chambre Cheualier de l'Annonciade. Claudine de Saux-Tauannes n'en eut Enfans.

2. Pierre Marquis de la Chambre. Laurence de Clermont Montoyson n'en'eut qu'vn Fils mort au berceau.

3 Charles-Emanuel Marquis de la Chambre. mort sans lignée.

Philiberte Abbesse du Betton. 1. François des Barres Seigneur de Neufuy,

---

Charlotte.

Aymée.

Charles-Emanuel de la Chambre Marquis d'Aix. Renée de Ray,

Louys de la Chambre de Seyssel Marquis d'Aix Comte de Montreal Cheualier du grand Ordre de Sauoye, mort le 23. de Ianuier 1650.

Marguerite. Claude Comte de la Forests.

Louyse Religieuse à Baume en Comté.

Fille de Claude Baron de Ray, & d'Anne de Vaudray; n'en eut lignée.

1. Iuliane-Gasparde de Mouxy, Fille de George de Mouxy Comte de Montreal, & de Louyse de la Chambre.
2. Adriane de Grandmont, Fille de Iaques de Grandmont de Ioux Baron de Chastillon-Guyote, & de Ieane-Baptiste de Grandmont.

| | | | | | |
|---|---|---|---|---|---|
| Angelique. Philippes-Eugene d'Achey Baron de Montferrand, Seigneur de Toraise. | Françoise. N..., de Foucher Baron de Sauoyeux. 1649. | Henriette. Iaques. d'Alinge Marquis de Coudrée & Comte de Langins. 1655. | Maurice de la Chambre de Seyssel Marquis d'Aix, Comte de Montreal 1658. Marie-Angelique de Disimieux, Fille de Ierosme Comte de Disimieux, & d'Anne de Puy du Fou 1653. | Louyse | Ieane-Baptiste Religieuses Bernardines à Rumilly. |

## TABLE XXXVIII.

*POSTERITE' DE LEONOR DE SAVOYE-Achaye, Espouse de Manfroy Marquis de Saluces, & d'Anne de Sauoye-Tende Dame de Cardé.*

Voyez la Table 24.

MANFROY des Marquis de Saluces Seigneur de Cardé, de Farillan, de Pioscio, de Mulassan & de Caramagne, Mareschal de Sauoye.
*LEONOR DE SAVOYE-ACHAYE.*

| | | | | | |
|---|---|---|---|---|---|
| Antoine Archeuesque de Milan. | Caterine. Guillaume d'Inganna Seigneur de Barges. | Hugonin. | Galeas. | Thomas de Saluces Seigneur de Cardé, de Farillan, Pioscio, Mulassan & Caramagne. Barthelemye de Ceue. | Leonor. Othon Marquis de Ceue. |

Manfroy de Saluces VI. du nom Seigneur de Cardé, de Farillan, Pioscio, Mulassan & Caramagne. Françoise de Montmayeur.

| | | | | |
|---|---|---|---|---|
| Iean-Iaques | Aymée de Saluces Dame de Carama- | Iean-François-Marie de Saluces Seigneur | Blanche. Charles | Iean-Michel Seigneur de de |

de Saluces Seigneur de Castellar, Paysana & la Val de Pau, qui a fait Branche...

gne & de Coppet.
Guillaume Vicomte de Polignac, Fils de Louys Vicomte de Polignac, & de Françoise de Montmayeur; doù les Vicomtes de Polignac Marquis de Chalancon descendent.

de Cardé.
Philiberte-Blanche de Miolans, Fille de Louys Baron de Miolans Mareschal de Sauoye.

Seigneur de Chasfardon.

Castellar, Paysana & la Val de Pau.

Iaques de Saluces de Miolans Seigneur de Cardé, Caramagne, Pioscio & Farillan, Baron d'Anjou en Daufiné mort en Bourgogne au Camp du Duc des deux Ponts 1569.
*ANNE DE SAVOYE DE TENDE.*

Marguerite de Saluces
1. Paul Seigneur de Termes Mareschal de Frãce.
2. Roger Seigneur de Bellegarde, Mareschal de France: Neueu de son premier Mary; doù Cesar Seig. de Bellegarde Gouuerneur de Xaintonge tué à la bataille de Coutras 1587.

Henry de Saluces premier Baron de Cardé, Comte de Miolans.
Benoiste Spinola Sœur du Marquis de Garez.

Claudine.

Susanne.

N...... de Saluces Baron de Cardé Comte de Miolans.
Argentine Prouana, Fille de François Prouana Comte de Collegno Grand Chancelier de Sauoye,

## TABLE XXXIX.

## *POSTERITE' DE IEANE DE SAVOYE Dame de S. Valier.*

*IEANE DE SAVOYE.*
Amé de Poitiers Seigneur de S. Valier & de Tolignan.

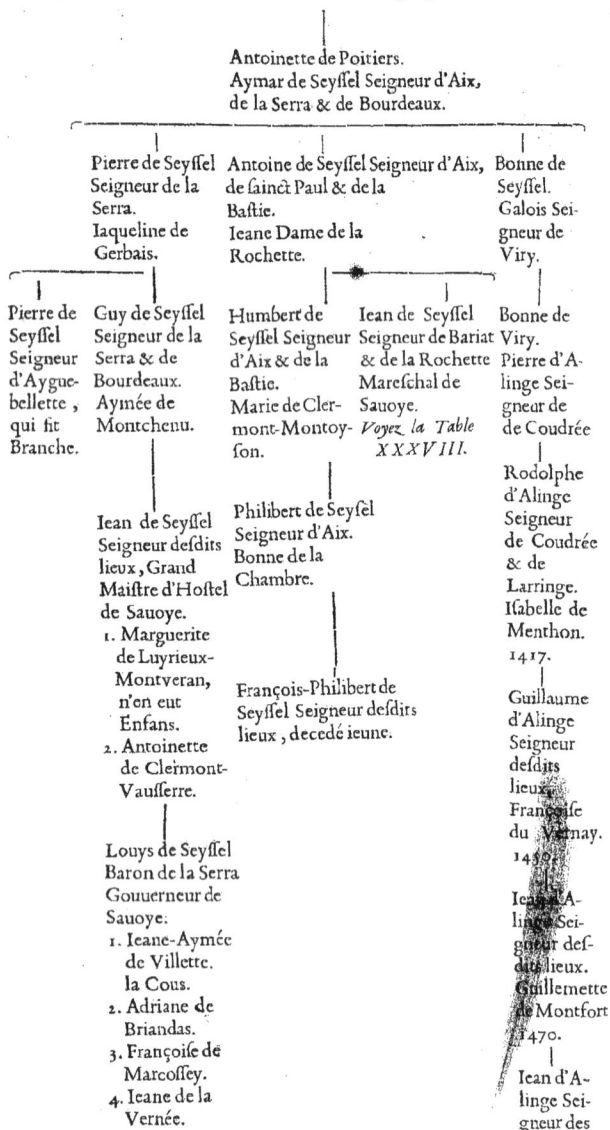

Antoinette de Poitiers.
Aymar de Seyssel Seigneur d'Aix, de la Serra & de Bourdeaux.

Pierre de Seyssel Seigneur de la Serra.
Iaqueline de Gerbais.

Pierre de Seyssel Seigneur d'Aygue-bellette, qui fit Branche.

Guy de Seyssel Seigneur de la Serra & de Bourdeaux.
Aymée de Montchenu.

Iean de Seyssel Seigneur desdits lieux, Grand Maistre d'Hostel de Sauoye.
1. Marguerite de Luyrieux-Montveran, n'en eut Enfans.
2. Antoinette de Clermont-Vausserre.

Louys de Seyssel Baron de la Serra Gouuerneur de Sauoye.
1. Ieane-Aymée de Villette. la Cous.
2. Adriane de Briandas.
3. Françoise de Marcossey.
4. Ieane de la Vernée.

Antoine de Seyssel Seigneur d'Aix, de sainct Paul & de la Bastie.
Ieane Dame de la Rochette.

Humbert de Seyssel Seigneur d'Aix & de la Bastie.
Marie de Clermont-Montoyson.

Philibert de Seysel Seigneur d'Aix.
Bonne de la Chambre.

François-Philibert de Seyssel Seigneur desdits lieux, decedé ieune.

Iean de Seyssel Seigneur de Bariat & de la Rochette Mareschal de Sauoye.
*Voyez la Table XXXVIII.*

Bonne de Seyssel.
Galois Seigneur de Viry.

Bonne de Viry.
Pierre d'Alinge Seigneur de de Coudrée

Rodolphe d'Alinge Seigneur de Coudrée & de Larringe.
Isabelle de Menthon. 1417.

Guillaume d'Alinge Seigneur desdits lieux.
Françoise du Vernay. 1450.

Iean d'Alinge Seigneur desdits lieux.
Guillemette de Montfort 1470.

Iean d'Alinge Seigneur des

Marguerite

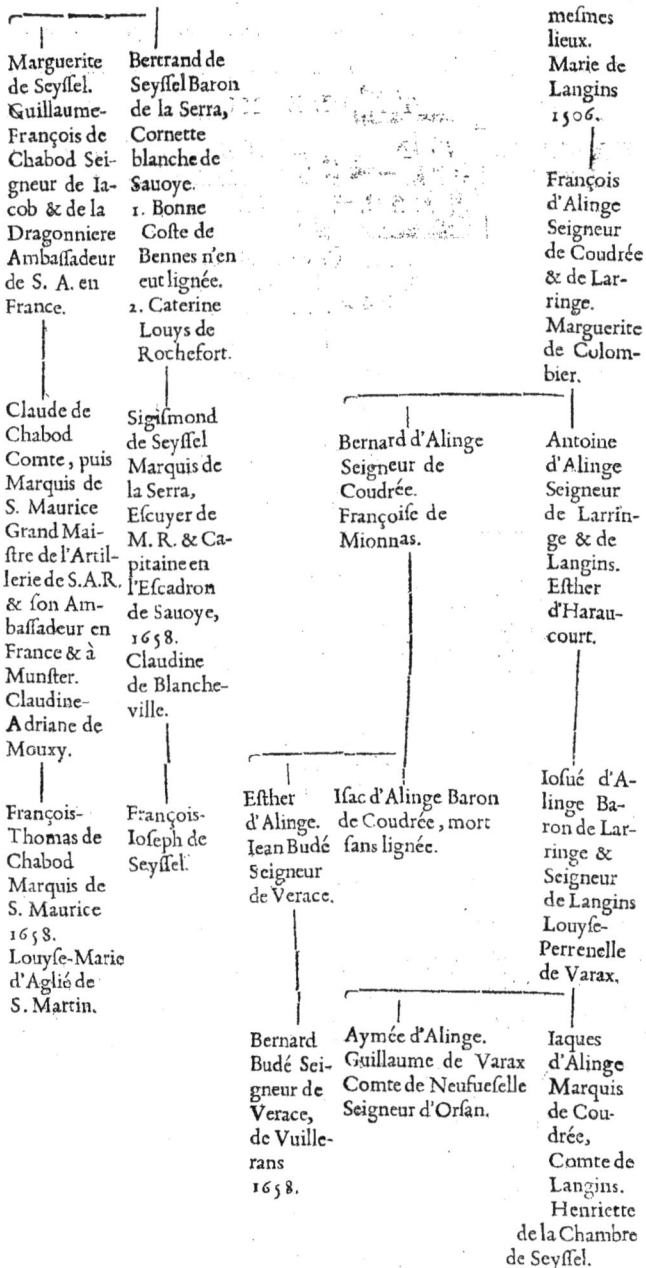

Marguerite de Seyſſel. Guillaume-François de Chabod Seigneur de Iacob & de la Dragonniere Ambaſſadeur de S. A. en France.

Claude de Chabod Comte, puis Marquis de S. Maurice Grand Maiſtre de l'Artillerie de S.A.R. & ſon Ambaſſadeur en France & à Munſter. Claudine-Adriane de Mouxy.

François-Thomas de Chabod Marquis de S. Maurice 1658. Louyſe-Marie d'Aglié de S. Martin.

Bertrand de Seyſſel Baron de la Serra, Cornette blanche de Sauoye.
1. Bonne Coſte de Bennes n'en eut lignée.
2. Caterine Louys de Rochefort.

Sigiſmond de Seyſſel Marquis de la Serra, Eſcuyer de M. R. & Capitaine en l'Eſcadron de Sauoye, 1658. Claudine de Blancheville.

François-Ioſeph de Seyſſel.

meſmes lieux. Marie de Langins 1506.

François d'Alinge Seigneur de Coudrée & de Larringe. Marguerite de Colombier.

Bernard d'Alinge Seigneur de Coudrée. Françoiſe de Mionnas.

Antoine d'Alinge Seigneur de Larringe & de Langins. Eſther d'Haraucourt.

Eſther d'Alinge. Iean Budé Seigneur de Verace.

Iſac d'Alinge Baron de Coudrée, mort ſans lignée.

Ioſué d'Alinge Baron de Larringe & Seigneur de Langins Louyſe-Perrenelle de Varax.

Bernard Budé Seigneur de Verace, de Vuillerans 1658.

Aymée d'Alinge. Guillaume de Varax Comte de Neufueſelle Seigneur d'Orſan.

Iaques d'Alinge Marquis de Coudrée, Comte de Langins. Henriette de la Chambre de Seyſſel.

# TABLE XL.

## *EXTRACTION D'HUMBERT SIRE de Thoire & de Villars, Mary de Beatrix de Sauoye-Achaye, & leur Posterité.*

HUGUES Sire de Thoire viuant l'an 1100.

Humbert I. du nom Sire de Thoire.

Guillaume Sire de Thoire.

Ponce Abbé de S. Claude.

Berard ou Bernard Abbé de S. Claude, & Euesque de Belley.

Humbert II. Sire de Thoire.
Alix de Coligny Dame de Cerdon.

Ponce Euesque de Mascon.

Estienne I. du nom Sire de Thoire & de Villars.
Agnes heritiere de la Maison de Villars en Bresse.

Boniface Prieur de Nantua, puis Euesque de Belley.

Estienne II. Sire de Thoire & de Villars.
Beatrix de Foucigny.

Henry Archeuesque de Lyon.

Agnes.
Aynard de la Tour du Pin Seigneur de Vinay.

Alix de Villars.
Aynard Seigneur de Clermont, d'où les Comtes de Clermont & de Tonnerre.

Humbert III. Sire de Thoire & de Villars.
Beatrix de Bourgogne Dame de Montreal.

Simonne de Villars.
Girard Seigneur de Cusance, d'où est sortie la Maison de Cusance en Comté.

Guillaume de Villars Abbé de S. Claude.

Humbert IV. Sire de Thoire & de Villars.

Amé de Villars

S. Claude. | Marguerite de la Tour du Pin. | Cheualier 1286.

| | | | | | | | | |
|---|---|---|---|---|---|---|---|---|
| Louys de Villars Archeueſque de Lyon. | Iean Chambrier de Lyon. | Beatrix. Iean Seigneur de la Chambre. | Lyonnette. Guichard Seigneur d'Anthon. | Alix. Hugues Comte de Vienne Seigneur de Pagny, d'où deſcendent les comtes de Chaſteauvieux. | Humbert V. Sire de Thoire & de Villars. Leonor de Beaujeu. | Agnes. Guillaume Aleman Seigneur de Valbonnois. | Eſtienne Abbé de S. Claude. | N.... de Villars, le Seigneur de Coſſonay au Pays de Vaud. |

| | | | | | | | | |
|---|---|---|---|---|---|---|---|---|
| Iſabeau. Henry de Bourgogne Seigneur de Montrond. | Henry Archeueſque de Lyon. | Eleonor. Eſtienne Seigneur de Coligny & d'Andelot, d'où toute la Maiſon de Coligny. | Iean Seigneur de Montelier. | Guillaume Seigneur de Beauuoir. | Guy. | Humbert VI. Sire de Thoire & de Villars. *BEATRIX DE SAVOYE-ACHAYE.* | Louys Doyen de Lyon. | Iean Chambrier de Lyon. |

Marie de Villars Dame de Brion.
Guy de Vienne Seigneur de Ruffey & de Chevreau 1350. d'où deſcendent les Comtes de Commarrien.

## TABLE XLI.

### *EXTRACTION DE MENCIE DE Ceue Eſpouſe d'AYMON DE SAVOYE, Seigneur de Villefranche.*

Tiré des Mem. de Mr. l'Eueſque de Saluces.

BONIFACE Marquis de Saluces, de Ceue, de Sauone & de Crauezane 1130.

Anſelme

Anselme Marquis de Ceue 1149.

Guillaume Marquis de Ceue.
N . . . . . de la Maison de Vento de Gennes Seigneur de Roquebrune & de Manton, Famille Illustre, qui subsiste encore auiourd'huy à Marseille auec éclat.

George Marquis de Ceue.

Nano Marquis de Ceue.
. . . . . .
N . . . . Doria.

George Marquis de Ceue.
N . . . . . Fille d'Odon Marquis de Carrette.

Mencie de Ceue.
*AYMON DE SAVOYE*
Seigneur de Villefranche.

## TABLE XLII.

### *EXTRACTION DE BEATRIX d'Est, Espouse de IAQVES DE SAVOYE PRINCE D'ACHAYE ET DE LA MOREE.*

AZZON II. Marquis d'Est 1102.

Bertold Marquis d'Est.

Renaud Marquis d'Est 1177.

Azzon III. du nom Marquis d'Est.

Obizze Marquis d'Est Seigneur d'Ancone.

Azzon

Azzon IV. Marquis d'Est Duc de Spolete Seigneur de Pezaro 1266.

|

Azzon V. Marquis d'Est.

|

Obizze Marquis d'Est Seigneur de Modena & de Reggio.

|

Aldobrandin Marquis d'Est Seigneur de Modena & de Reggio.

|

Regnaud premier Marquis de Ferrare 1324.

|

*BEATRIX D'EST PRINCESSE D'ACHAYE ET DE LA MORÉE.*

## TABLE XLIII.

### *EXTRACTION DE SYBILLE DE Baugé Comtesse de Sauoye,*

VIGUES ou Hugues Sire de Baugé Marquis de Bresse 830.

. . . . . . . . . . . .

|

Fromond Sire de Baugé.

|

Hugues II. du nom Sire de Baugé Comte & Marquis de Bresse 930. 954. mort l'an 958.

|

Hugues III. Sire de Baugé mort 970.

|

Lambert Sire de Baugé, mort 980.

|

Hugues IV. Sire de Baugé.

|

Rodolphe Sire de Baugé & de Bresse, mort l'an 1023

OOOOOOo Raynald

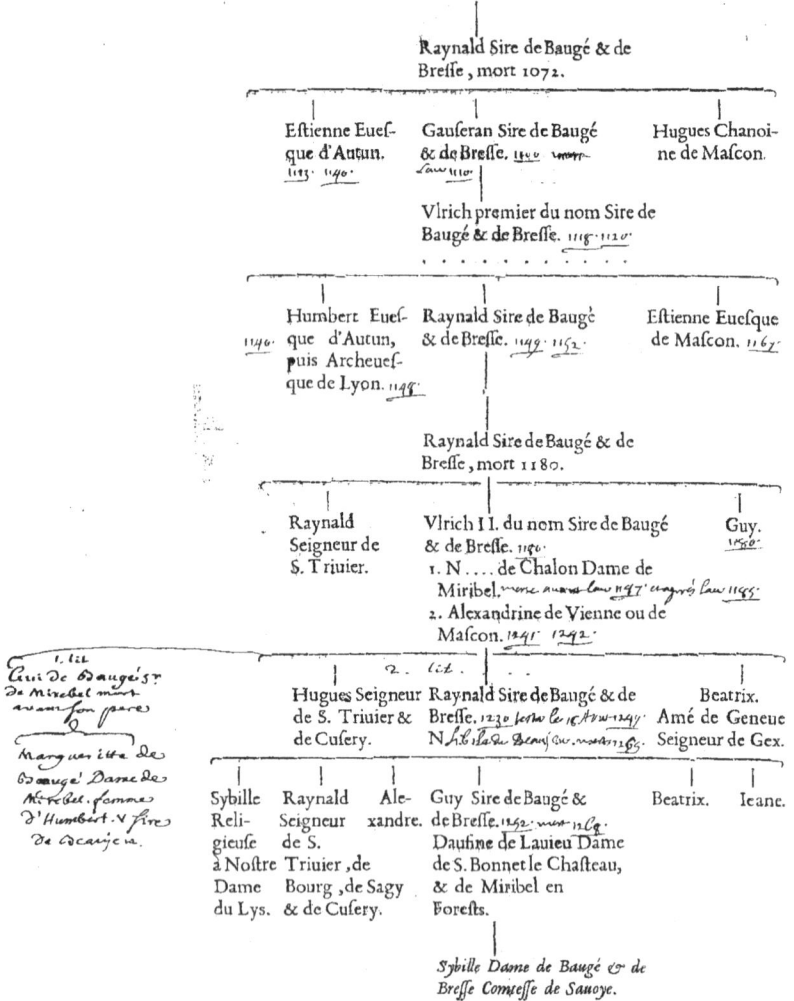

- Raynald Sire de Baugé & de Bresse, mort 1072.
  - Estienne Euesque d'Autun. 1113. 1140.
  - Gauseran Sire de Baugé & de Bresse. 1100 mort l'an 1110.
    - Vlrich premier du nom Sire de Baugé & de Bresse. 1118. 1120.
      - . . . . . . . . . . . .
        - Humbert Euesque d'Autun, puis Archeuesque de Lyon. 1148. 1140.
        - Raynald Sire de Baugé & de Bresse. 1149. 1152.
          - Raynald Sire de Baugé & de Bresse, mort 1180.
            - Raynald Seigneur de S. Triuier.
            - Vlrich II. du nom Sire de Baugé & de Bresse. 1180.
              1. N.... de Chalon Dame de Miribel. vivoit encore l'an 1197. et après l'an 1185.
              2. Alexandrine de Vienne ou de Mascon. 1241. 1242.
              - 1. lit.: Gui de Baugé Sr de Mirebel mort avant son pere
                - Marguerite de Baugé Dame de Mirebel, femme d'Humbert V sire de Beaujeu.
              - 2. lit.:
                - Hugues Seigneur de S. Triuier & de Cusery.
                - Raynald Sire de Baugé & de Bresse. 1230 testa le 16 Avril 1249. N. fille de Beaujeu. morte 1265.
                  - Sybille Religieuse à Nostre Dame du Lys.
                  - Raynald Seigneur de S. Triuier, de Bourg, de Sagy & de Cusery.
                  - Alexandre.
                  - Guy Sire de Baugé & de Bresse. 1252. mort 1268. Dausine de Lauieu Dame de S. Bonnet le Chasteau, & de Miribel en Forests.
                    - *Sybille Dame de Baugé & de Bresse Comtesse de Sauoye.*
                  - Beatrix.
                  - Ieane.
                - Beatrix. Amé de Geneue Seigneur de Gex.
            - Guy. 1180.
        - Estienne Euesque de Mascon. 1167.
  - Hugues Chanoine de Mascon.

TABLE

# TABLE XLIV.

## EXTRACTION DE MARIE DE Brabant Comteſſe de Sauoye.

GILBERT Comte de Brabant, de Manſuarie & de Darnay 846.
Ermengarde Fille de l'Empereur Lothaire.

Raginer Comte de Brabant, d'Hasbourg & de Haynaut.
Alberade…………

| | | |
|---|---|---|
| Baldric. Eueſque de Liege. | Lambert Comte de Brabant, d'Hasbain & de Louuain. | Raginer II. du nom Comte de Haynaut. N….. Sœur de Raoul Roy de France. |

Raginer III. du nom Comte de Mons & de Haynaut.
Adele…………

Lambert Comte de Louuain, de Brabant & de Hasbourg.
Gerberge de France, Fille de Charles de France Duc de Lorraine.

Lambert II. du nom, ſurnommé *Baldric*, Comte deſdits lieux.
Ode, Fille de Gothelon Duc de Lorraine.

Henry Comte de Brabant & de Louuain.
Adele…………

| | | |
|---|---|---|
| Ide. Baudoin Comte de Haynaut. | Geoffroy Comte de Brabant Duc de Lothier, Marquis du S. Empire, mort le 25. de Ianuier 1140. Ide de Namur. | Adelberon Eueſque de Liege, mort 1128. |

| | | |
|---|---|---|
| Aleyde.<br>1. Henry Roy d'Angleterre.<br>2. Guillaume d'Aubigny Comte d'Arondel & de Suſſex. | Geoffroy II. du nom Duc de Lothier Comte de Brabant & de Louuain, mort 1143.<br>Lutgarde, Fille d'Albert Comte de Moha & de Dasbourg. | Ide.<br>Arnoul Comte de Cleues. |

Geoffroy III. du nom Duc de Lothier & Comte de Brabant.
Marguerite de Limbourg 1155.

Henry I. du nom Duc de Lothier & de Brabant.
Mahaut Comteſſe de Boulogne 1179.

| | |
|---|---|
| Marie.<br>Otthon IV. Empereur. | Henry II. Duc deſdits lieux.<br>Marie, Fille de l'Empereur Philippes II. |

| | | |
|---|---|---|
| Mahaut.<br>Robert Comte d'Arthois. | Henry III. Duc de Lothier & de Brabant.<br>Aleyde, Fille du Duc de Bourgogne. | Beatrix.<br>Herman Landgraue de Turinge. |

| | |
|---|---|
| Marie.<br>Philippes Roy de France. | Iean I. du nom Duc de Brabant de Lothier & de Limbourg.<br>Marguerite de Flandre. |

| | | |
|---|---|---|
| Marguerite.<br>Henry VII. Empereur. | Iean II. Duc de Brabant, de Lothier & de Limbourg.<br>Marguerite d'Angleterre. | *Marie Comteſſe de Sauoye.* |

## TABLE XLV.

### *POSTERITE' D'ELEONOR DE SAVOYE, Comteſſe d'Auxerre & de Tonnerre.*

*ELEONOR DE SAVOYE.*
Guillaume de Chalon Comte d'Auxerre & de Tonnerre 1292.

Iean de Chalon Comte d'Auxerre & de Tonnerre tué à la bataille de Crecy 1346.

Alix

Alix de Montbeliard, Fille de Renaud de Bourgogne Comte de Montbelliard, & de Guillemette de Neufchaſtel.

| | | |
|---|---|---|
| *MARGVERITE DE CHALON.* *IEAN DE SAVOYE BARON DE VAVD.* | Iean de Chalon II. Comte d'Auxerre & de Tonnerre. Marie Creſpine Dame de Botauant. | Beatrix. Humbert Sire de Thoire & de Villars. |

| | | | |
|---|---|---|---|
| Iean Comte d'Auxerre & de Tonnerre mort ſans Enfans 1379. | Mahaud. Le Seigneur de Crux en Niuernois. | Louys de Chalon Comte d'Auxerre & de Tonnerre. Marie de Partenay. | Marguerite Dame de Sauigny. |

| | | | | |
|---|---|---|---|---|
| Louys de Chalon II. Comte d'Auxerre & de Tonnerre, mort ſans Enfans legitimes à la bataille de Vernueil. | Hugues Seigneur de Cruſy & d'Argentueil. | Ieane de Chalon Comteſſe de Tonnerre. Iean de la Baume Seigneur de Bon-repos & de Valefin, Fils Aiſné de Iean de la Baume premier Comte de Montreuel Mareſchal de France, & de Ieane de la Tour d'Irlains, d'où ſont yſſus les Comtes de Montreuel & les Marquis de S. Martin le Chaſtel. | Iean Seigneur de Ligny le Chaſtel. | Marguerite de Chalon. Oliuier Seigneur de Huſſon; d'où les Comtes de Tonnerre de la Maiſon de Huſſon. |

## TABLE XLVI.

Voyez la Table 18.

## *SVYTE DE LA MAISON DE GENEVE, & la Poſterité D'AGNES DE SAVOYE Comteſſe de Geneue.*

GVILLAVME Comte de Geneue II. du nom, qui l'an 1252. confirma & augmenta la Fondation de la Chartreuſe de Pomiers en Geneuois, & teſta le 18. de Nouembre 1252. épouſa Alix de la Tour du Pin Dame de Cornillon & de Bornant, laquelle teſta l'an 1256.

2. Amé Euesque de Dye.

3. Henry 1268.

Leonor de Geneue.
Bertrand de Baux III. du nom Prince d'Orenge le 25. d'Octobre 1273.

4. Robert Euesque de Geneue 1281.

5. Guillaume Euesque de Langres 1288.

6. Guy Abbé de Fescan, puis Euesque de Langres.

1. Rodolphe Comte de Geneue fit des donations à Taloyre l'an 1260. il fit hommage à Pierre Comte de Sauoye l'an 1264.
Marie de Coligny Dame de Varey en Bugey, laquelle vesquit iusqu'à l'an 1285

7. Aymon Preuost de l'Eglise de Lausanne.

8. Iean Euesque de Valence & de Dye, Prieur de Nantua.

9. Beatrix.
Ronsolin Seigneur de Lunel en Languedoc.

---

Guy Chanoine & Tresorier de Senlis, puis Abbé de S. Seyne.

Amé II. du nom Comte de Geneue, apres la mort d'Aymon son Frere decedé sans Enfans Masles; il testa le 8. des Kalendes de Nouembre 1306. & mourut le 22. de May veille de l'Ascension 1308.
Agnes de Chalon, laquelle testa le 18. d'Octobre 1350. & éleut sa Sepulture en l'Eglise des Freres Mineurs de Geneue.

Aymon II. du nom Comte de Geneue Vicomte du Mont de Marsan, qui testa au Mont de Marsan le 3. des octaues de S. Martin l'an 1280. il vesquit pourtant iusqu'à 1290.
1. Agnes de Montfaucon Dame d'Aurosse, Fille d'Aymon de Montbelliard Seigneur de Montfaucon au Diocese de Besançon, laquelle il épousa le Mercredy apres l'Exaltation de sainte Croix 1271. elle testa le lendemain de la S. André Apostre 1277.
2. Constance de Bearn Vicomtesse du Mont de Marsan, Fille Aisnée de Gaston Vicomte de Bearn, au mois de Iuillet 1279. n'en eut Enfans.

Ieane de Geneue, Dame de Vuache en Geneuois.
Philippes de Vienne Seigneur de Pagny 1296.

Contesson de Geneue.
Iean de Vienne Seigneur de Mirebel 1301.

Ieane.
Guichard Seigneur de Beaujeu.

Marguerite.
Aymar de Poitiers Comte de Valentinois le 3. des Ides de May 1288.

---

Hugues Seigneur d'Anthon, de Varey, de Mor-

Guillaume III. Comte de Geneue fut Tuteur du Daufin Guygues, fit son Testament le Samedy auant

Amé Euesque de Toul.

nay

nay & de Crusilles, qui testa le 7. de Nouembre 1365.
1. Isabelle d'Anthon.
2. Eleonor de Ioinville, laquelle testa le 12. de Mars 1351. n'en eut Enfans.

Pasques 1311. & vesquit iusqu'à l'an 1320.
1. Agnes de Sauoye.
2. Emeraude de la Frasse Dame de Montjoye.

1. Lict. Beatrix. Federic Marquis de Saluces.

1. Lict. Aymon de Geneue Seigneur d'Anthon & autres lieux, qui testa le 10. de Septembre 1369.
1. Ieane de Vergy.
2. Beatrix de Montbel-Entremonts, n'en eut lignée.

1. Lict. Amé III. Comte de Geneue, fit hommage lige à Aymon Comte de Sauoye l'an 1329. il testa le 15. d'Octobre 1360. & mourut 1367. Mahaut de Bologne 1334.

1. Lict. Yoland de Geneue. Beraud Comte de Clermont Daufin d'Auuergne.

Pierre de Geneue Seigneur de Balaison, de Ternier, d'Alby, de Falauier & du Vidonat de Bornes, qui fit la Branche des Marquis de Lullins.

2. Amé IV. Comte de Geneue mort à Paris le 19. Ianuier 1368. Ieane de Frolois Dame de Sauoysi n'en eut Enfans.

Iean Comte de Geneue ne fut pas marié.

Pierre Comte de Geneue testa le 24 de Mars 1393. Marguerite de Ioinville Comtesse de Vaudemont, Fille d'Henry Sire de Ioinville Comte de Vaudemont, & de Marie de Luxembourg le 2. de May 1374.

Robert Cardinal, puis Pape Clement VII.

Marie. 1. Iean de Chalon Seigneur d'Arlay. 2. Humbert Sire de Thoire & de Villars.

1. Aymon Comte de Geneue III. du nom, qui testa le 30. d'Aoust 1366. mourut sans alliance.

Ieane. Raymond de Baux Prince d'Orenge.

Blanche. Hugues de Chalon Seigneur d'Arlay.

Caterine. *Amé de Sauoye Prince d'Achaye.*

Yoland. Aymery Vicomte de Narbonne.

TABLE

## TABLE XLVII.

*EXTRACTION DE LEOPOLD Duc d'Austriche, Mary de Caterine de Sauoye, Fille du Duc Amé le Grand.*

RADEBOTON Comte de Vindonisse & d'Altembourg Landgraue d'Alsace, qui deceda l'an 1027.
Ite de Lorraine.

|

Vernier Comte de Hasbourg, de Vindonisse & d'Altembourg, mort 1096.
Regulinde de Nellimbourg.

|

Otthon Comte de Hasbourg Landgraue d'Alsace tué l'an 1109.
Hille Comtesse de Phirt.

|

Vernier Comte de Hasbourg Landgraue d'Alsace, decedé 1143.
Ite Comtesse de Bomberg.

|

Vernier Comte de Hasbourg Landgraue d'Alsace, mort 1163.
Getrude de Starkemberg.

|

Albert Comte de Hasbourg, Landgraue d'Alsace, decedé l'an 1199.
Ite Comtesse de Brigance & de Pfullendorf.

|

Rodolphe Comte de Hasbourg Landgraue d'Alsace, mort 1233.
Agnes Comtesse de Hoheustansen.

|

Albert Comte de Hasbourg, Landgraue d'Alsace, surnommé l'*Ancien*, decedé 1240.
Heluis de Kibourg.

Rodolphe

Rodolphe Comte de Hasbourg Empereur, couronné 1273.

Albert Comte de Hasbourg, Landgraue d'Alſace éleu Empereur, mort 1308.
Iſabeau Ducheſſe de Carinthie.

Albert Duc d'Auſtriche Comte de Hasbourg & de Tyrol, Landgraue d'Alſace & de Briſgaw.
*CATERINE DE SAVOYE.*

## TABLE XLVIII.

### *EXTRACTION D'ANDRONIC Paleologue Empereur de Conſtantinople, Mary d'Anne de Sauoye, Fille du grand Amé, & leur Poſterité.*

ANDRONIC Paleologue Prince Grec Gouuerneur de Theſſalonique, épouſa N . . . . Fille vnique d'Alexis Paleologue Deſpote de Romanie, & d'Ite Fille de l'Empereur Alexis-Ange.

Conſtantin.

Michel Paleologue Empereur de Conſtantinople, mort 1285.
Theodora Ducas . . . .

Eulogia.

Andronic Paleologue, dit *le Vieil*, Empereur de Conſtantinople, mort 1327.
1. Anne Fille de Bela Roy d'Hongrie.
2. Yoland de Montferrat.

2. Lict.
Simone.
Vroſc Roy de Ruſſie.

1. Lict.
Conſtantin Gouuerneur de Theſſalonique.

2. Lict.
Michel Paleologue Empereur de Conſtantinople.
Marie d'Armenie.

2. Lict.
Theodore Paleologue Marquis de Montferrat.
*Voyez la Table LII.*

 Anne.

- Anne.
  1. Thomas Despote d'Etolie.
  2. Thomas Comte de Zante.
- Andronic Paleologue, dit *le Ieune*, Empereur de Constantinople, mort 1341.
  *ANNE DE SAVOYE.*
  - Iean Paleologue Empereur de Constantinople, mort 1384.
    Irene . . Cantacuzene.
    - Irene.
      Basile Empereur de Trebisonde.
    - Theodore Seigneur de Lacedemone,
    - Manuel Paleologue, Empereur de Constantinople, decedé 1425.
      Irene, Fille de Constantin Dragas.
      - Constantin Paleologue Empereur de Constantinople tué à la prise de Constantinople.
        1. Theodora de Tocco.
        2. Caterine Gattilusia.
        - Theodore Paleologue Deposte de la Morée.
          Cleopa Malateste.
          - Helene Paleologue Reyne de Chypre.
            *Voyez la Table LXV.*
      - Iean Paleologue Empereur de Constantinople mort 1449. sans lignée.
        1. Anne Fille du Roy de Russie.
        2. Sophie de Montferrat.
        3. Marie Fille d'Alexis Empereur de Trebisonde.
      - Thomas Despote de la Morée.
        Caterine Centilion.
        - André-Manuel Despote, qui donna l'Empire de Constantinople au Roy Charles VIII. l'an 1494.
        - Helene.
          Lazare Despote de Seruie.
    - Andronic chassé de l'Empire pour auoir conspiré contre son Pere.
- Theodora.
  1. Wencelas Roy de Bulgarie.
  2. Michel Roy de Bulgarie.

## TABLE XLIX.

### *EXTRACTION DE BLANCHE DE Bourgogne Comtesse de Sauoye.*

HVGVES Capet Roy de France.
Adeleyde.

- Hadewige

| | | | |
|---|---|---|---|
| Hadewige de France.<br>Renier Comte de Haynaut. | Adeleyde.<br>Renaud Comte de Neuers. | Robert Roy de France.<br>Constance d'Arles. | Gisle.<br>Hugues Comte de Ponthieu. |

| | | | | |
|---|---|---|---|---|
| Henry couronné Roy de France. | Henry Roy de France. | Eudes. | Robert de France Duc de Bourgogne, dit *le Vieil.*<br>Ermengarde de Semur. | Adele.<br>Baudoüin Comte de Flandre. |

| | | | | | |
|---|---|---|---|---|---|
| Hugues. | Robert Comte de Sicile. | Simon. | Henry de Bourgogne mort auant son Pere.<br>Sibille de Bourgogne, Fille de Renaud Comte de Bourgogne, & d'Alix de Normandie. | Constance.<br>1. Hugues Comte de Chalon sur Saone.<br>2. Alfonse VI. Roy de Castille & de Leon. | Hildegarde.<br>Guillaume VII. Comte de Poitiers & de Gascogne. |

| | | | | |
|---|---|---|---|---|
| Hugues Duc de Bourgogne, Religieux à Cluny. | Robert Euesque de Langres. | Henry Comte de Portugal, d'où les Roys de Portugal. | Eudes Duc de Bourgogne premier du nom.<br>Matilde de Bourgogne, Sœur du Pape Calixte II. | Renaud Abbé de Flauigny. |

| | | | |
|---|---|---|---|
| Henry Religieux à Cisteaux. | Adele.<br>1. Bertrand Comte de Tolose, de Rodés, d'Alby & de Tripoly en Syrie.<br>2. Guillaume Comte de Ponthieu & d'Alençon. | Hugues Duc de Bourgogne.<br>1. Mahaut de Turenne.<br>2. Agnes de Montpensier. | Fleurine. |

| | | | | | | | | |
|---|---|---|---|---|---|---|---|---|
| Mahaut.<br>1. Eudes Seigneur d'Yssoudun.<br>2. Guy Comte de Neuers.<br>3. Pierre de Flandres.<br>4. Robert Comte de Dreux. | Sybille.<br>Royer Roy de Sicile. | Hugues Seign. de Chasteau-Chalon. | Gautier Euesque de Langres. | 1. Lict.<br>Eudes II. Duc de Bourgogne.<br>Marie de Champagne. | Robert Euesque d'Authun. | Henry Euesque d'Authun. | Mahaut.<br>Guillaume Seigneur de Montpellier. | Aigline.<br>Hugues Comte de Vaudemont. |

| | | |
|---|---|---|
| Mahaut, Robert Comte d'Auuergne. | Hugues de Bourgogne III. du nom. 1. Alix de Lorraine. 2. Beatrix Comtesse de Vienne & d'Albon. | Alix. Archembaud Seigneur de Bourbon. |

| | | | | | |
|---|---|---|---|---|---|
| 1. Lict. Alexandre Seigneur de Montagu. | 1. Lict. Alix. 1. Beraud Sire de Mercueur. 2. Robert Comte de Clermont Daufin d'Auuergne. | 1. Lict. Marie. Simon Seigneur de Semur & de Luzy. | André dit *Daufin* Comte de Vienne & d'Albon. | 1. Lict. Eudes III. Duc de Bourgogne. Alix de Vergy. | Mahaut. Iean de Chalon Comte de Bourgogne. |

| | | |
|---|---|---|
| Ieane. Raoul Comte d'Eu. | Hugues Duc de Bourgogne Comte de Chalon IV. du nom. 1. Yoland de Dreux. 2. Beatrix de Nauarre. | Beatrix. Humbert III. du nom Sire de Thoire & de Villars. |

| | | | | | | | | |
|---|---|---|---|---|---|---|---|---|
| 1. Lict. Eudes Comte de Neuers. | 1. Lict. Iean Seigneur de Charrolois & de Bourbon. | 1. Lict. Alix. Henry Duc de Brabant. | 1. Lict. Marguerite. 1. Guillaume Seigneur de Mont S. Iean. 2. Guy Vicomte de Limoges. | Hugues Seigneur d'Aualon & de Montbar. | Beatrix. Hugues de Lesignan Côte de la Marche. | 1. Lict. Robert II. du nom Duc de Bourgogne Roy de Thessalonique. Agnes de France. | Isabelle. Pierre Seigneur de Chambly. | Marguerite. Iean de Chalon Baron d'Arlay. |

| | | | | | | | |
|---|---|---|---|---|---|---|---|
| Eudes Duc de Bourgogne. | Louys Roy de Thessalonique. | Robert Comte de Tonnerre. | *Blanche Comtesse de Savoye.* | Hugues V. Duc de Bourgogne, Roy de Thessalonique. | Marguerite Reyne de France & de Nauarre. | Ieane. Philippes VI. dit *de Valois*, Roy de France. | Marie. Edoüard Comte de Bar. |

TABLE

## TABLE L.

### *EXTRACTION DE IEAN DVC DE Bretagne, Mary de Ieane de Sauoye, Fille du Comte Edoüard.*

ROBERT de France Comte de Dreux Prince du Sang de France, mort 1188.
Agnés de Braine sa troisiéme Femme.

|

Robert II. Comte de Dreux.
Yoland de Coucy.

|

Pierre de Dreux Duc de Bretagne Comte de Richemont.
Alix heritiere du Duché de Bretagne.

- Yoland.
  Hugues le Brun Sire de Lezignen Comte de la Marche & d'Angoulesme.
- Iean Duc de Bretagne Comte de Richemont.
  Blanche de Champagne.
  - Iean II. Duc de Bretagne Comte de Richemont & de Montfort.
    Beatrix d'Angleterre.
    - Marie.
      Guy de Chastillon Comte de S. Paul.
    - Artus Duc de Bretagne Comte de Richemont.
      Marie de Limoges sa premiere Femme.
      - Iean III. Duc de Bretagne Comte de Richemont Vicomte de Limoges.
        *IEANE DE SAVOYE* sa troisiéme Femme n'en eut Enfans.
  - Alix.
    Iean de Chastillon Comte Blois.

## TABLE LI.

### *EXTRACTION D'YOLAND DE Montferrat, Espouse d'Aymon Comte de Sauoye.*

Voyez la Table 48.

ANDRONIC Paleologue Prince Grec.

Michel Paleologue Empereur d'Orient.
Theodora Ducas . . . .

Andronic Paleologue Empereur d'Orient, mort 1327.
1. Anne d'Hongrie.
2. Yoland heritiere de Montferrat.

1. Lict. Andronic Paleologue Empereur de Constantinople.

Voyez la Table 48.

Theodore Paleologue, surnommé *Comnene*, & Porphyrogenete Marquis de Montferrat.
Argentine Spinola.

Iean Paleologue Marquis de Montferrat, Souche des derniers Marquis de Montferrat.

Voyez la Table 51.

Yoland de Montferrat.
*AYMON COMTE DE SAVOYE.*

## TABLE LII.

### *EXTRACTION DE BONNE DE Bourbon, Comtesse de Sauoye.*

SAINT Louys Roy de France.
Marguerite de Prouence.

Robert de France Comte de Clermont, Seigneur de Bourbon.
Beatrix de Bourgogne Dame de Bourbon.

Iean

| | | | | | |
|---|---|---|---|---|---|
| Iean Baron de Charrolois. | Pierre grand Archidiacre de Paris. | Blanche. Robert VIII. Comte d'Auuergne & de Bologne. | Louys I. Duc de Bourbon. Marie de Haynaut. | Marguerite. Iean de Flandre Comte de Namur. | Marie Religieuse à Poyssy. |

| | | | | | |
|---|---|---|---|---|---|
| Iaques de Bourbon Comte de la Marche. | Ieane. Guy Comte de Forests. | Marie Reyne de Chypre & Imperatrice de Constantinople. | Pierre Duc de Bourbon. Isabeau de Valois Sœur du Roy Philippes VI. | Beatrix. Iean de Luxembourg Roy de Boheme & de Pologne. | Philippine. |

| | | | | | | |
|---|---|---|---|---|---|---|
| Blanche Reyne de Castille. | *Bonne Comtesse de Sauoye.* | Caterine. Iean Comte de Harcourt. | Isabeau. | Louys II. Duc de Bourbon. Anne Daufine d'Auuergne. | Marguerite. Iean Sire de Suilly. | Marie. Prieure de Poyssy. |

## TABLE LIII.

### *EXTRACTION DE BONNE DE Berry Comtesse de Sauoye.*

IEAN Roy de France.
Bonne de Luxembourg.

| | | | | | | |
|---|---|---|---|---|---|---|
| Charles V. Roy de France. | Louys Duc d'Anjou, Roy de Sicile. | Philippes Duc de Bourgogne, Comte de Flandre, dit *le Hardy*. | Iean de France Duc de Berry & d'Auuergne. Ieane d'Armagnac. | Ieane Reyne de Nauarre. | Marie Duchesse de Bar. | Isabelle Duchesse de Milan. |

| | | | |
|---|---|---|---|
| Iean de Berry Comte de Montpensier. 1. Caterine de France. | *Bonne de Berry Comtesse de Sauoye* remariée au Comte d'Armagnac. | Charles de Berry Comte de Montpensier. Marie de Sully. | Marie de Berry. 1. Louys de Chastillon Comte de Dunois. 2. Anne |

2. Anne de Bourbon.

2. Philippes d'Arthois Comte d'Eu Connestable de France.
3. Iean de Bourbon Comte de Clermont.

## TABLE LIV.

### *EXTRACTION DE MARIE DE Bourgogne, Duchesse de Sauoye.*

IEAN Roy de France.
Bonne de Luxembourg.

| | |
|---|---|
| Charles V. Roy de France. | Philippes de France Duc de Bourgogne Comte de Flandre, surnommé *le Hardy*.<br>Marguerite heritiere de Flandre. |

| | | | | | |
|---|---|---|---|---|---|
| Antoine Duc de Brabant. | Marguerite.<br>Guillaume de Bauieres Comte de Haynaut & de Hollande. | *Marie Duchesse de Sauoye.* | Iean Duc de Bourgogne, surnommé *Sans Peur.*<br>Marguerite de Bauieres. | Caterine.<br>Leopold Duc d'Austriche, & Comte de Tyrol. | Bonne. |

## TABLE LV.

### *EXTRACTION DE PHILIPPES-Marie Duc de Milan, Mary de Marie de Sauoye, Fille du Duc Amé VIII.*

MATHIEV Viscomte Seigneur de Milan, surnommé *le Grand*, Vicaire General de l'Empire en Lombardie 1294. decedé l'an 1322.
Bonacosia Burrha.

Galeas

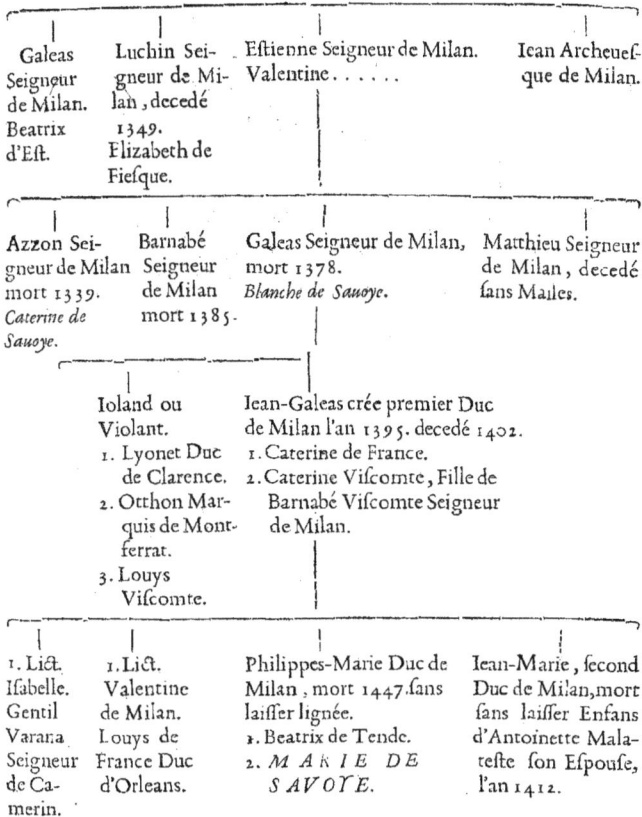

| | | | |
|---|---|---|---|
| Galeas Seigneur de Milan. Beatrix d'Est. | Luchin Seigneur de Milan, decedé 1349. Elizabeth de Fiesque. | Estienne Seigneur de Milan. Valentine...... | Iean Archeuesque de Milan. |

| | | | |
|---|---|---|---|
| Azzon Seigneur de Milan mort 1339. *Caterine de Sauoye.* | Barnabé Seigneur de Milan mort 1385. | Galeas Seigneur de Milan, mort 1378. *Blanche de Sauoye.* | Matthieu Seigneur de Milan, decedé sans Masles. |

| | |
|---|---|
| Ioland ou Violant.<br>1. Lyonet Duc de Clarence.<br>2. Otthon Marquis de Montferrat.<br>3. Louys Viscomte. | Iean-Galeas crée premier Duc de Milan l'an 1395. decedé 1402.<br>1. Caterine de France.<br>2. Caterine Viscomte, Fille de Barnabé Viscomte Seigneur de Milan. |

| | | | |
|---|---|---|---|
| 1. Lict. Isabelle. Gentil Varana Seigneur de Camerin. | 1. Lict. Valentine de Milan. Louys de France Duc d'Orleans. | Philippes-Marie Duc de Milan, mort 1447. sans laisser lignée.<br>1. Beatrix de Tende.<br>2. *MARIE DE SAVOYE.* | Iean-Marie, second Duc de Milan, mort sans laisser Enfans d'Antoinette Malateste son Espouse, l'an 1412. |

## TABLE LVI.

*EXTRACTION DE LOVYS III. ROY de Sicile, premier Mary de Marguerite de Sauoye, Fille du Duc Amé VIII.*

IEAN Roy de France.
Bonne de Luxembourg.

Louys de France Duc d'Anjou & de Touraine, Roy de Ierusalem & de Sicile.
Marie de Bretagne.

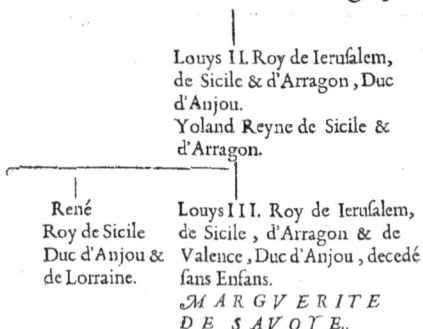

Louys II. Roy de Ierusalem, de Sicile & d'Arragon, Duc d'Anjou.
Yoland Reyne de Sicile & d'Arragon.

René Roy de Sicile Duc d'Anjou & de Lorraine.

Louys III. Roy de Ierusalem, de Sicile, d'Arragon & de Valence, Duc d'Anjou, decedé sans Enfans.
*MARGVERITE DE SAVOYE.*

TABLE LVII.

*EXTRACTION DE LOVYS COMTE Palatin du Rhin, Duc de Bauiere II. Mary de Marguerite de Sauoye, & leur Posterité.*

RODOLPHE I. du nom, dit *le Vieil*, Comte Palatin du Rhin, Electeur Duc de Bauiere, Frere Aisné de l'Empereur Louys de Bauiere.
Mahaut de Nassau, Fille de l'Empereur Adolphe.

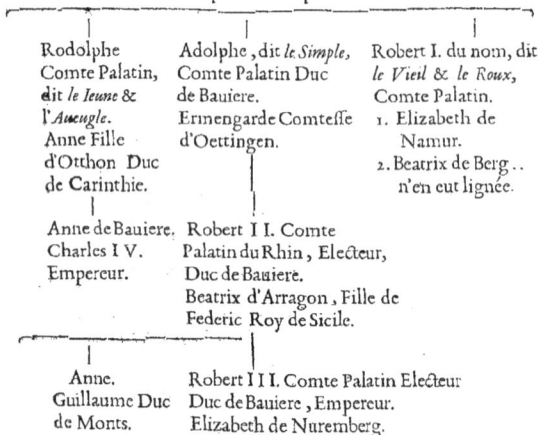

Rodolphe Comte Palatin, dit *le Ieune* & l'*Aueugle*.
Anne Fille d'Otthon Duc de Carinthie.

Anne de Bauiere.
Charles IV. Empereur.

Adolphe, dit *le Simple*, Comte Palatin Duc de Bauiere.
Ermengarde Comtesse d'Oettingen.

Robert II. Comte Palatin du Rhin, Electeur, Duc de Bauiere.
Beatrix d'Arragon, Fille de Federic Roy de Sicile.

Anne.
Guillaume Duc de Monts.

Robert III. Comte Palatin Electeur Duc de Bauiere, Empereur.
Elizabeth de Nuremberg.

Robert I. du nom, dit *le Vieil* & *le Roux*, Comte Palatin.
1. Elizabeth de Namur.
2. Beatrix de Berg.. n'en eut lignée.

Estienne

| | | | | | | |
|---|---|---|---|---|---|---|
| Estienne Comte Palatin Seigneur de Veldents qui fit Branche. | Iean Comte Palatin Seigneur de Neubourg. | Otthon Comte Palatin Seigneur de Mosbach. | Elizabeth. Fideric Duc d'Austriche. | Louys Comte Palatin Electeur Duc de Bauiere, surnommé *le Barbu*. 1. Blanche Fille d'Henry V. Roy d'Angleterre. 2. *MAHAVT DE SAVOYE-ACHAYE*. | Agnes. Adolphe Duc de Cleues. | Marguerite. Charles Duc de Lorraine. |

| | |
|---|---|
| Robert Archeuesque de Cologne Electeur. | 2. Lict. Louys, dit *le Ieune*, Comte Palatin du Rhin, Electeur Duc de Bauiere. 1. Emilie, Fille d'Albert Electeur de Brandebourg n'en eut Enfans. 2. *MARGVERITE DE SAVOYE* Vefue de Louys III. Roy de Sicile. |

| | |
|---|---|
| Mahaut. 1. Louys Comte de wirtemberg. 2. Albert VI. Archiduc d'Austriche. | Philippes Comte Palatin, Electeur Duc de Bauiere. Marguerite, Fille de Louys, dit *le Riche*, Duc de Bauiere. |

| | | | | | | | |
|---|---|---|---|---|---|---|---|
| Philippes Euesque de Naumbourg. | Federic mort sans lignée. | George Euesque de Spire | Iean Euesque de Ratisbonne. | Robert Comte Palatin du Rhin, Duc de Bauiere. Elizabeth de Bauiere, Fille de George, dit *le Riche*, Duc de la basse Bauiere. | Emilie. George Duc de Pomeranie. | Elizabeth. 1. Guillaume, dit *le Ieune*, Landgraue de Hesse. 2. Philippes Marquis de Bade. | Helene. Henry Duc de Mekelbourg. |

| | |
|---|---|
| Philippes Comte Palatin mort sans alliance. | Otthon-Henry Comte Palatin Electeur Duc de Bauiere, decedé sans Enfans. Susanne Fille d'Albert IV. Duc de Bauiere. |

## TABLE LVIII.

### *EXTRACTION D'VLRICH COMTE DE Virtemberg III. Mary de Marguerite de Sauoye, & leur Posterité.*

EBERARD Comte de wirtemberg, qui eut guerre auec les Villes Imperiales 1340.

Vlrich Comte de wirtemberg, tué en la guerre de son Pere 1388. Elizabeth de Bauiere, Fille de Louys IV. Empereur & Duc des deux Bauieres.

Henry. Vlrich. Comtes de wirtemberg, decedés sans Posterité.

Eberard Comte de wirtemberg, surnommé *le Vieil*, *le Liberal*, *& le Pacifique*, mort l'an 1417.
1. Antoinette, Fille de Barnabé Viscomte Prince de Milan, & de Beatrix de la Scale.
2. Agnes de TECK, Fille & heritiere de Ferdinand IV. Duc de TECK, Gouuerneur d'Alsace pour l'Empereur Frideric, & de l'heritiere du dernier Duc de Veslingen.
3. Elizabeth, Fille de Iean II. du nom Burgraue de Nuremberg, & de Marguerite de Luxembourg.

1. Lict. Vlrich. Louys. Comtes de wirtemberg morts ieunes.

2. Lict. Eberard Comte de wirtemberg Duc de TECK, dit *le Ieune*. Henriette de Montbelliard, Fille Aisnée d'Henry de Montbelliard Seigneur d'Orbe, & de Marie de Chastillon, petite Fille & heritiere d'Estienne Comte de Montbelliard.

Elizabeth.
1. Iean Comte de wirtemberg.
2. Albert Duc de Bauiere.

Louys

Louys Comte de wirtemberg & de Montbelliard Duc de Teck, mort l'an 1456.
Matilde, Fille de Louys Comte Palatin du Rhin, Electeur Duc de Bauiere, & de Marguerite de Sauoye.
Sa Vefue se remaria à Albert V I. Archiduc d'Austriche.

Vlric Comte de wirtemberg & de Montbelliard Duc de Teck, porte Guidon de l'Empire, à cause dequoy il adiousta à ses Armes les marques de sa dignité.
1. Marguerite de Cleues, Fille d'Adolph Duc de Cleues, & de Marie de Bourgogne, en eut deux Enfans morts ieunes.
2. Elizabeth de Bauiere, Fille du Duc Henry le Riche, d'où sont yssus les Ducs de wirtemberg & de Teck, Comtes de Montbelliard.
3. *MARGVERITE DE SAVOYE.*

Anne.
Philippes Comte de Catzenelbogen.

Enfants de Louys et de Matilde :

Matilde.
Louys Landgraue de Hesse 1451.

Elizabeth.
1. Iean Comte de Nassau-Sarbruch.
2. Henry Comte de Stolberg.

Eberard Duc de wirtemberg creé par Maximilian 1495. Cheualier de la Toyson d'or mort 1496.
Barbe de Gonzague, Fille de Louys Marquis de Mantoüe, & de Barbe de Brandebourg.

Enfants d'Eberard :

Elizabeth morte en ieunesse.

Louys Duc de wirtemberg decedé ieune.

Enfants d'Vlric et de Marguerite de Sauoye :

2. Philippine.
Iaques Comte de Horn 1464.

1. Helene de wirtemberg.
Crafto Comte de Hohenloüe.

3. Marguerite.
Philippes Comte d'Herbestein 1472.

4. N . . .
Religieuse à wornes.

## TABLE LIX.

*EXTRACTION D'HELENE DE Luxembourg, Espouse de Ianus de Sauoye Comte de Geneue.*
*De Louys de Luxembourg Comte de S. Paul, Mary de Marie de Sauoye.*
*De Marie de Luxembourg, Femme de Iaques de Sauoye Comte de Romont.*
*Et de Pierre de Luxembourg Comte de S. Paul, Mary de Marguerite de Sauoye.*

SIGEFROY Comte de Luxembourg, mort enuiron l'an 997.
Hedunige . . . . . .

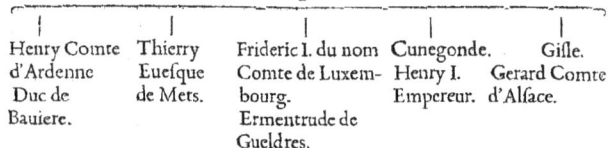

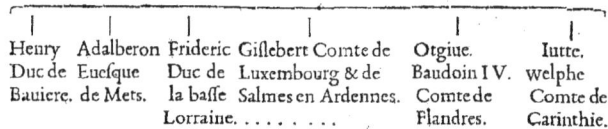

Henry Comte d'Ardenne Duc de Bauiere.

Thierry Euesque de Mets.

Frideric I. du nom Comte de Luxembourg.
Ermentrude de Gueldres.

Cunegonde.
Henry I. Empereur.

Gisle.
Gerard Comte d'Alsace.

Henry Duc de Bauiere.

Adalberon Euesque de Mets.

Frideric Duc de la basse Lorraine. . . . . . . . .

Gislebert Comte de Luxembourg & de Salmes en Ardennes.

Otgiue.
Baudoin IV. Comte de Flandres.

Iutte.
Welphe Comte de Carinthie.

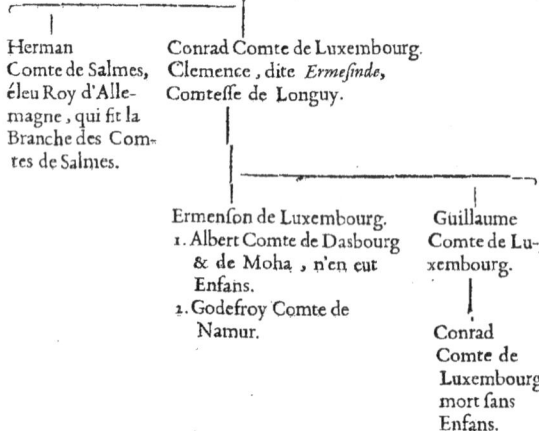

Herman Comte de Salmes, éleu Roy d'Allemagne, qui fit la Branche des Comtes de Salmes.

Conrad Comte de Luxembourg.
Clemence, dite *Ermesinde*, Comtesse de Longuy.

Ermenson de Luxembourg.
1. Albert Comte de Dasbourg & de Moha, n'en eut Enfans.
2. Godefroy Comte de Namur.

Guillaume Comte de Luxembourg.

Conrad Comte de Luxembourg mort sans Enfans.

Clemence

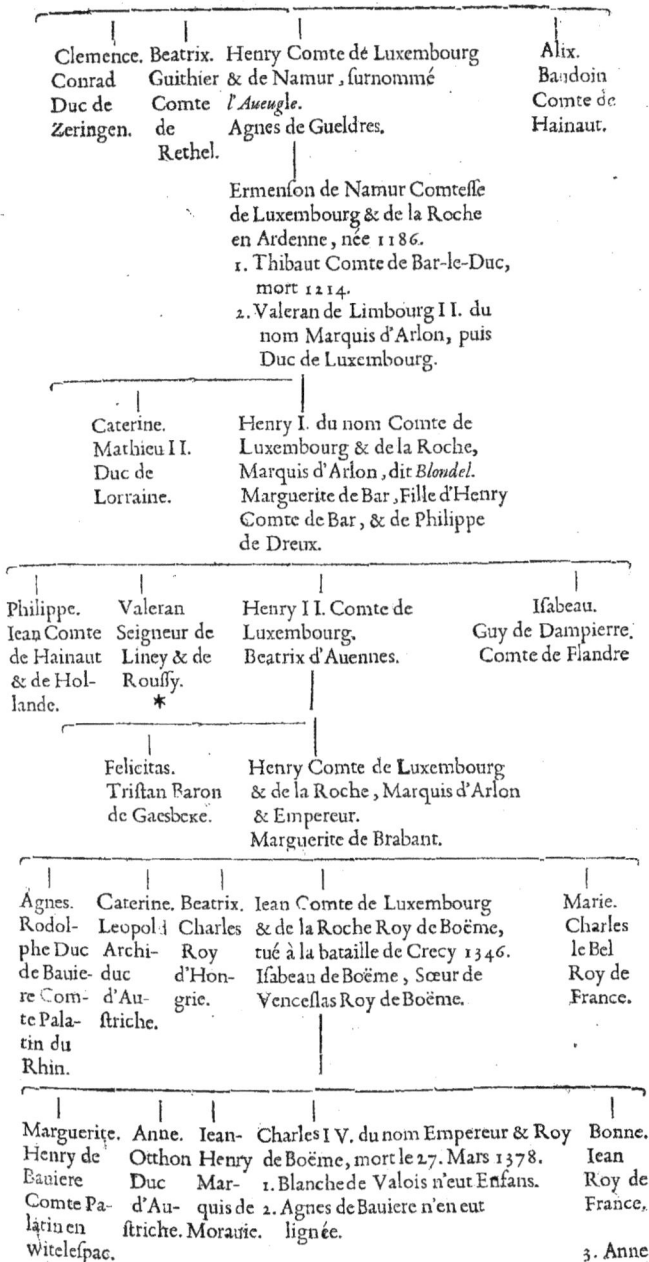

Clemence.
Conrad
Duc de
Zeringen.

Beatrix.
Guithier
Comte
de
Rethel.

Henry Comte de Luxembourg
& de Namur, surnommé
*l'Aueugle*.
Agnes de Gueldres.

Alix.
Baudoin
Comte de
Hainaut.

Ermenson de Namur Comtesse
de Luxembourg & de la Roche
en Ardenne, née 1186.
1. Thibaut Comte de Bar-le-Duc,
mort 1214.
2. Valeran de Limbourg II. du
nom Marquis d'Arlon, puis
Duc de Luxembourg.

Caterine.
Mathieu II.
Duc de
Lorraine.

Henry I. du nom Comte de
Luxembourg & de la Roche,
Marquis d'Arlon, dit *Blondel*.
Marguerite de Bar, Fille d'Henry
Comte de Bar, & de Philippe
de Dreux.

Philippe.
Iean Comte
de Hainaut
& de Hol-
lande.

Valeran
Seigneur de
Liney & de
Roussy.
*

Henry II. Comte de
Luxembourg.
Beatrix d'Auennes.

Isabeau.
Guy de Dampierre.
Comte de Flandre

Felicitas.
Tristan Baron
de Gaesbeke.

Henry Comte de Luxembourg
& de la Roche, Marquis d'Arlon
& Empereur.
Marguerite de Brabant.

Agnes.
Rodol-
phe Duc
de Bauie-
re Com-
te Pala-
tin du
Rhin.

Caterine.
Leopold
Archi-
duc
d'Au-
striche.

Beatrix.
Charles
Roy
d'Hon-
grie.

Iean Comte de Luxembourg
& de la Roche Roy de Boëme,
tué à la bataille de Crecy 1346.
Isabeau de Boëme, Sœur de
Vencessas Roy de Boëme.

Marie.
Charles
le Bel
Roy de
France.

Marguerite.
Henry de
Bauiere
Comte Pa-
latin en
Witelespac.

Anne.
Otthon
Duc
d'Au-
striche.

Iean-
Henry
Mar-
quis de
Morauie.

Charles IV. du nom Empereur & Roy
de Boëme, mort le 27. Mars 1378.
1. Blanche de Valois n'eut Enfans.
2. Agnes de Bauiere n'en eut
lignée.

Bonne.
Iean
Roy de
France.

3. Anne

3. Anne de Sueinits.
4. Isabelle de Pomeranie.

| | | | | | | |
|---|---|---|---|---|---|---|
| Iean Comte de Gorlits Marquis de Lusatie. | 3. Lict. Caterine. Rodolphe III. Archiduc d'Austriche. | Anne. Otthon Marquis de Brandebourg. | Marguerite. Louys Roy d'Hongrie & de Pologne. | Elizabeth. Albert Duc d'Austriche. | 3. Lict. Wencessas Comte de Luxembourg Empereur, mort le 10. d'Aoust 1419. 1. Ieane de Bauiere n'en eut Enfans. 2. Sophie de Bauiere. | Sigismond Empereur. 1. Marie d'Hongrie. 2. Barbe Comtesse de Cilley n'en eut Enfans. — Elizabeth de Luxembourg. Albert I. du nom Archiduc d'Austriche. Empereur. |

## *BRANCHE DE LINEY & de Roussy.*

*

VALERAN de Luxembourg Seigneur de Liney & de Roussy, sus-nommé.
Ieane de Beaureuoir.

Valeran de Luxembourg II. Seigneur de Liney & de Roussy.
Guyotte Chastelaine de l'Isle.

Iean de Luxembourg Seigneur de Roussy.
Alix de Flandre.

| | | | |
|---|---|---|---|
| Ieane. Guy de Chastillon Comte de S. Paul. | Marie. Henry de Ioinville Comte de Vaudemont. | Guy de Luxembourg Comte de Liney & de S. Paul. Mahaut de Chastillon Comtesse de S. Paul. | Philippe. Raoul Seigneur de Raineual. |

| | | | | |
|---|---|---|---|---|
| Pierre Cardinal Euesque de Mets | André Euesque de Cambray. | Marguerite. 1. Pierre d'Enghien Comte de Liche. | Iean de Luxembourg Comte de S. Paul & de Liney. Marguerite d'Enghien Comtesse de Conuersan & de Brienne. | Marie. 1. Iean de Condé Seigneur de Moriammés. |

canonizé

| | | | |
|---|---|---|---|
| canonizé par Clement VII. | 2. Iean Seigneur de werchin Seneſchal de Hainaut. | | 2. Simon Comte de Salmes. |

| | | | |
|---|---|---|---|
| Louys Cardinal Archeueſque de Roüen. | Iean Comte de Ligny. | Pierre de Luxembourg Comte de S. Paul, de Brienne & de Conuerſan. Marguerite de Baux. | Ieane. 1. Louys Seigneur de Ghiſtelles. 2. Iean de Melun Seigneur d'Antoing. |

| | | | | | |
|---|---|---|---|---|---|
| Iaques Seigneur de Riche-bourg. | François Eueſque du Mans. | Iaqueline. Iean d'Angleterre Duc de Bethfort. | Louys de Luxembourg Comte de S. Paul, de Brienne & de Ligny, Conneſtable de France. 1. Ieane dè Bar. 2. *MARIE DE SAVOYE.* | Iſabelle. Charles d'Anjou Comte du Mayne. | Caterine. Artus Duc de Bretagne. |

| | | | | | | |
|---|---|---|---|---|---|---|
| 1. Lict. Iean Comte de Marle. | 1. Lict. Antoine Comte de Brienne & de Rouſſy, qui fit Branche. *Voyez la Table LX.* | 2. Lict. Louys Comte de Ligny. Leonor de Baux Ducheſſe d'Andrie n'en eut lignée. | 1. Lict. Charles Eueſque & Duc de Laon Pair de France. | 1. Lict. Pierre de Luxembourg Comte de S. Paul, de Marle & de Soyſſons. *MARGVERITE DE SAVOYE.* | 1. Lict. Iaqueline. Philippes Sire de Croy Comte de Portian. | 1. Lict. *HELENE. IANVS DE SAVOYE COMTE DE GENEVE.* |

| | |
|---|---|
| Marie de Luxembourg Comteſſe de S. Paul, de Marle, de Soyſſons & de Conuerſan. 1. *IAQVES DE SAVOYE COMTE DE ROMONT.* 2. François de Bourbon Comte de Vendoſme, Biſayeul du Roy Henry le Grand. | Françoiſe. Philippes de Cleues Seigneur de Rauaſtein. |

## TABLE LX.

### POSTERITÉ DE LOUYSE DE Sauoye, Vicomtesse de Martigues.

FRANÇOIS de Luxembourg Vicomte de Martigues, épousa *LOUYSE DE SAVOYE*.

François de Luxembourg II. du nom Vicomte de Martigues Marquis de Baugé.
Charlotte de Brosse de Bretagne.

Charles Vicomte de Martigues.
Claudine de Foix n'en eut Enfans.

Magdelaine.
George de la Tremoille Baron de Royan.

Sebastien de Luxembourg Marquis de Baugé, Vicomte de Martigues, Comte puis Duc de Pentheure.
Marie de Beaucaire de Puiguillon.

Marie de Luxembourg Duchesse de Pentheure Vicomtesse de Martigues.
Philippes-Emanuel de Lorraine Duc de Mercueur.

Françoise de Lorraine Duchesse de Mercueur & de Pentheure.
Cesar Duc de Vendosme Amiral de France.

## TABLE LXI.

### EXTRACTION D'HENRY COMTE de Nassau, Mary de FRANCOISE DE SAVOYE, Fille du Comte de Romont.

OTTHON Comte de Nassau l'an 926.
Magdelaine Comtesse de Spanheim.

Lucie.

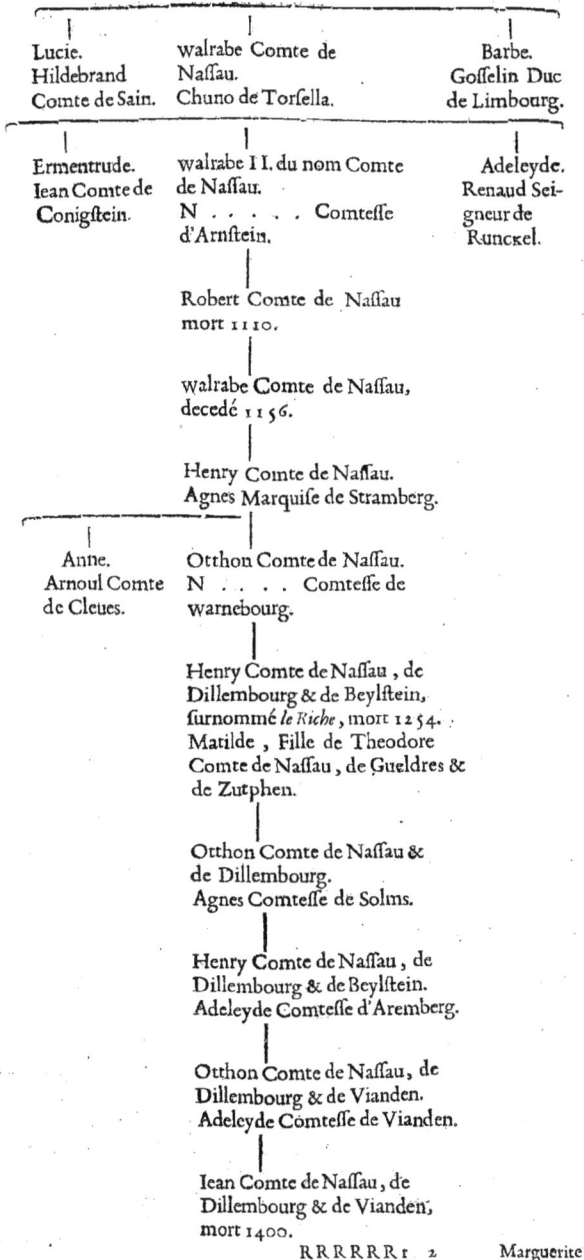

Lucie.
Hildebrand
Comte de Sain.

walrabe Comte de
Nassau.
Chuno de Torsella.

Barbe.
Gosselin Duc
de Limbourg.

Ermentrude.
Iean Comte de
Conigstein.

walrabe II. du nom Comte
de Nassau.
N . . . . . Comtesse
d'Arnstein.

Adeleyde.
Renaud Sei-
gneur de
Runckel.

Robert Comte de Nassau
mort 1110.

walrabe Comte de Nassau,
decedé 1156.

Henry Comte de Nassau.
Agnes Marquise de Stramberg.

Anne.
Arnoul Comte
de Cleues.

Otthon Comte de Nassau.
N . . . . Comtesse de
warnebourg.

Henry Comte de Nassau, de
Dillembourg & de Beylstein,
surnommé *le Riche*, mort 1254.
Matilde, Fille de Theodore
Comte de Nassau, de Gueldres &
de Zutphen.

Otthon Comte de Nassau &
de Dillembourg.
Agnes Comtesse de Solms.

Henry Comte de Nassau, de
Dillembourg & de Beylstein.
Adeleyde Comtesse d'Aremberg.

Otthon Comte de Nassau, de
Dillembourg & de Vianden.
Adeleyde Comtesse de Vianden.

Iean Comte de Nassau, de
Dillembourg & de Vianden,
mort 1400.

Marguerite Fille & heritiere d'Engilbert Comte de la Marck & de Cleues.

Engilbert Comte de Nassau & de Dillembourg, Baron de Breda.
Ieane, Dame de Leck & de Breda.

Geneuiefue. Rupert Comte de Burembourg.

Elizabeth. Philippe Comte de Hanau.

Iean Comte de Nassau & de Dillembourg.
Marie Comtesse de Lohemberg.

Anne.
1. Philippes Comte de Catzenellebogen.
2. Otthon Duc de Brunswich. & de Luneboug.

Iean Comte de Nassau, de Vianden & de Dillembourg.
Elizabeth de Hesse Comtesse de Dietz.

Marie. George Comte de Holsace.

Elizabeth. Iean Federic Comte de weda & de Rouckel.

Henry Comte de Nassau, de Vianden & de Dillembourg, Baron de Breda, Vicomte d'Anuers, Cheualier de la Toyson d'or.
*FRANCOISE DE SAVOYE* sa premiere Femme n'en eut Enfans.

## TABLE LXII.

*POSTERITE' DE CHARLOTTE de Sauoye, Reyne de France.*

LOVIS XI. Roy de France.
*CHARLOTTE DE SAVOYE.*

Ioachim.

François Duc de Berry.

Anne. Pierre Duc de Bourbon.

Charles VIII. Roy de France & de Sicile, Empereur titulaire de Constantinople.
Anne Duchesse de Bretagne.

Ieane Duchesse de Berry.

Charles

Charles-Orland de France Daufin de Viennois Comte de Valentinois & de Diois, decedé ieune.

## TABLE LXIII.

## *POSTERITE' D'AGNES DE SAVOYE Duchesse de Longueuille.*

FRANÇOIS d'Orleans Duc de Longueville, du Dunois & de Tancarville.
*AGNES DE SAVOYE.*

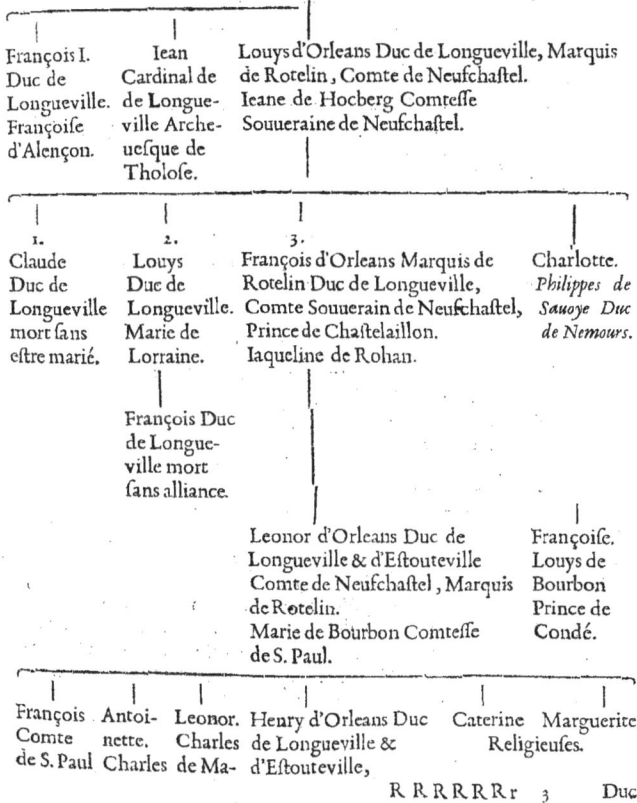

François I. Duc de Longueville. Françoise d'Alençon.

Iean Cardinal de de Longueville Archeuesque de Tholose.

Louys d'Orleans Duc de Longueville, Marquis de Rotelin, Comte de Neufchastel. Ieane de Hocberg Comtesse Souueraine de Neufchastel.

1. Claude Duc de Longueville mort sans estre marié.

2. Louys Duc de Longueville. Marie de Lorraine.

François Duc de Longueville mort sans alliance.

3. François d'Orleans Marquis de Rotelin Duc de Longueville, Comte Souuerain de Neufchastel, Prince de Chastelaillon. Iaqueline de Rohan.

Charlotte. *Philippes de Sauoye Duc de Nemours.*

Leonor d'Orleans Duc de Longueville & d'Estouteville Comte de Neufchastel, Marquis de Rotelin. Marie de Bourbon Comtesse de S. Paul.

Françoise. Louys de Bourbon Prince de Condé.

François Comte de S. Paul

Antoinette. Charles

Leonor. Charles de Ma-

Henry d'Orleans Duc de Longueville & d'Estouteville,

Caterine

Marguerite

Religieuses.

Duc de Fronsac. | de Gondy Marquis de Belle-Isle. | tignon Comte de Torigny. | Souuerain de Neufchastel Prince de Chastelaillon. Caterine de Gonzague de Cleues.

Henry d'Orleans II. du nom Duc de Longueville & d'Estouteville Souuerain de Neufchastel.
1. Louyse de Bourbon de Soyssons.
2. Anne de Bourbon Condé.

2. Lict. Charlotte-Louyse.

1. Lict. Marie d'Orleans mariée à *Henry de Sauoye Duc de Nemours, de Geneuois & d'Aumale.*

## TABLE LXIV.

*EXTRACTION D'ANNE DE Chypre Duchesse de Sauoye, & de Charlotte Reyne de Chypre Espouse de LOVYS DE SAVOYE ROY DE CHYPRE.*

HVGVES, Seigneur de Lezignen, surnommé *le Brun.* Sarrasine sa Femme 1144.

1. Guy Seigneur de Chypre. Sybille Reyne de Ierusalem n'en eut Enfans.

2. Amaury Roy de Chypre & de Ierusalem.
1. Eschiue d'Isbelin.
2. Isabelle Reyne de Ierusalem.

1. Lict. Guy.

1. Lict. Iean.

Hugues Roy de Chypre & de Ierusalem I. du nom. N . . . de Champagne.

2. Lict. Helois. Rupon Prince d'Antioche.

2. Lict. Isabelle. Leon Roy d'Armenie.

2. Lict. Milesinde. Raymond Prince d'Antioche.

Marie.

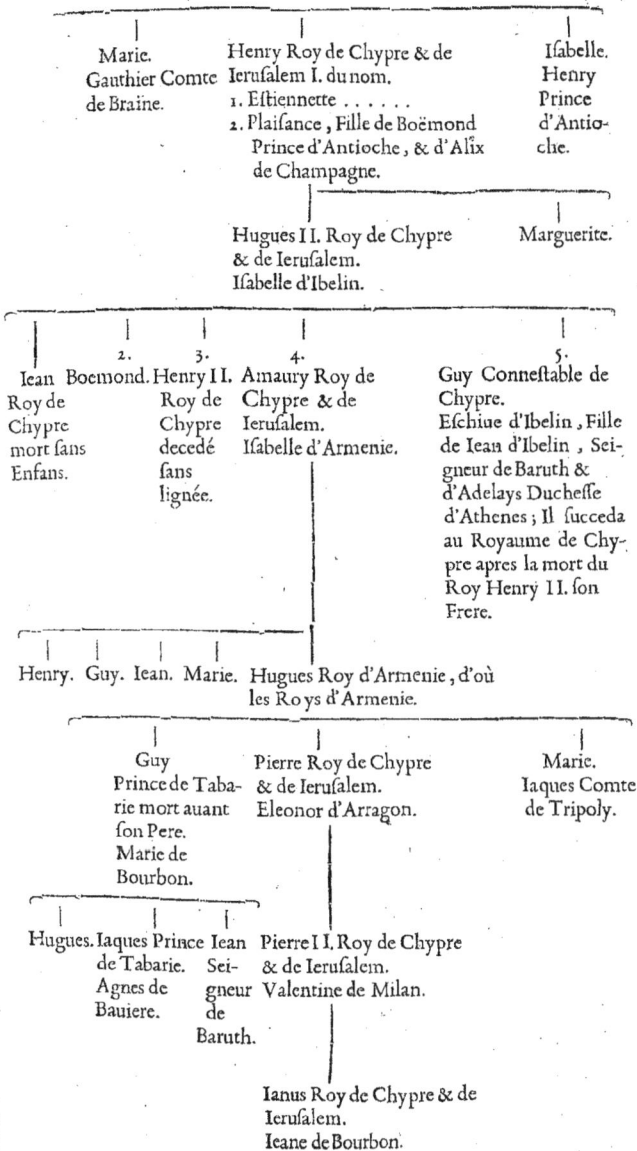

Marie.
Gauthier Comte de Braine.

Henry Roy de Chypre & de Ierusalem I. du nom.
1. Estiennette . . . . . .
2. Plaisance, Fille de Boëmond Prince d'Antioche, & d'Alix de Champagne.

Isabelle.
Henry Prince d'Antioche.

Hugues II. Roy de Chypre & de Ierusalem.
Isabelle d'Ibelin.

Marguerite.

Iean Roy de Chypre mort sans Enfans.

2. Boemond.

3. Henry II. Roy de Chypre decedé sans lignée.

4. Amaury Roy de Chypre & de Ierusalem.
Isabelle d'Armenie.

5. Guy Connestable de Chypre.
Eschiue d'Ibelin, Fille de Iean d'Ibelin, Seigneur de Baruth & d'Adelays Duchesse d'Athenes; Il succeda au Royaume de Chypre apres la mort du Roy Henry II. son Frere.

Henry. Guy. Iean. Marie.

Hugues Roy d'Armenie, d'où les Roys d'Armenie.

Guy Prince de Tabarie mort auant son Pere.
Marie de Bourbon.

Pierre Roy de Chypre & de Ierusalem.
Eleonor d'Arragon.

Marie.
Iaques Comte de Tripoly.

Hugues.

Iaques Prince de Tabarie.
Agnes de Bauiere.

Iean Seigneur de Baruth.

Pierre II. Roy de Chypre & de Ierusalem.
Valentine de Milan.

Ianus Roy de Chypre & de Ierusalem.
Ieane de Bourbon.

Iaques

Iaques Baſtard de Chypre, vſurpateur du Royaume.

Iean Roy de Chypre, de Ierusalem & d'Armenie.
Helene Paleologue.

*Charlotte, Reyne de Chypre, de Ieruſalem & d'Armenie.*
*Louys de Sauoye* à cauſe d'elle, *Roy de Chypre, de Ieruſalem & d'Armenie.*

Anne.
*LOVYS DVC DE SAVOYE*, d'où les Ducs de Sauoye.

## TABLE LXV.

## *EXTRACTION D'YOLAND DE FRANCE DVCHESSE DE SAVOYE.*

SAINT Louys Roy de France.
Marguerite de Prouence.

Philippes Roy de France, ſurnommé *le Hardy*.
Iſabelle d'Arragon.

Philippes, ſurnommé *le Bel*, Roy de France & de Nauarre.
Ieane de Nauarre.

Louys X. dit *Hutin*, Roy de France & de Nauarre.

Philippes, dit *le Long*, Roy de France & de Nauarre.

Charles IV. Roy de France & de Nauarre, ſurnommé *le Bel*.

Charles de France Comte de Valois & d'Anjou.
Marguerite de Sicile.

Philippes VI. ſurnommé *de Valois*, Roy de France.

Iean Roy de France II. du nom.
Bonne de Luxembourg.

Philippes de France, Duc de Bourgogne, Comte de Flandre.

Charles V. Roy de France, dit *le Sage*.
Ieane de Bourbon.

Iean de France Duc de Berry.

Charles

Charles VI. Roy de France.
Iſabelle de Bauiere.

Charles VII. Roy de France.
Marie d'Anjou.

| | | | | |
|---|---|---|---|---|
| Louys XI. Roy de France. | Caterine. Charles Duc de Bourgogne. | Ieane. Iean Duc de Bourbon. | Yoland de France, Eſpouſe d'*AME IX. LE BIENHEVREVX DVC DE SAVOYE.* | Magdelaine. Gaſton de Foix, Prince de Viane. |

## TABLE LXVI.

### *POSTERITÉ D'ANNE DE SAVOYE, Reyne de Naples, Fille du Bien-heureux Amé Duc de Sauoye.*

FEDERIC d'Arragon Roy de Naples, de Sicile & de Ieruſalem.
*ANNE DE SAVOYE* ſa premiere Femme.

Charlotte d'Arragon Princeſſe de Tarente.
Guy XVI. du nom Comte de Laual l'an 1500. elle deceda 1505.

| | |
|---|---|
| François Comte de Laual, tué à la Iournée de la Bicoque. | Caterine de Laual. Claude Sire de Rieux Comte de Harcourt. |

Claudine de Rieux.
François de Coligny Seigneur d'Andelot, Colonel general de l'Infanterie de France.

| | | |
|---|---|---|
| François de Coligny Sire de Rieux. Ieane de la Motte- | Paul de Coligny, dit *Guy*, XIX. du nom, Comte de Laual, de Harcourt, de Quintin & de Montfort. | Marguerite. Iulien Tournemine Seigneur de Vauclerc |

SSSSSSſ

Vauclere mort sans Enfans.

Anne d'Alegre.

Montmorenc.

Guy XX. du nom Comte de Laual, de Harcourt & de Quintin, mort en Hongrie à la guerre contre le Turc, sans auoir esté marié, l'an 1605.

## TABLE LXVII.

### *EXTRACTION DE PHILIPPES Marquis d'Hocberg, Espoux de MARIE DE SAVOYE, Fille du Duc Amé le Bien-heureux.*

HENRY Seigneur d'Hocberg Landgraue d'Alsace & de Brisgaw, Fils d'Herman Marquis de Bade, mort 1231.

Rodolphe Seigneur d'Hocberg Landgraue de Brisgaw 1248.

Henry Marquis d'Hocberg Landgraue de Brisgaw, mort 1285.
Anne . . . . . . . .

Henry Marquis d'Hocberg Landgraue de Brisgaw & de Suzemberg.
Anne d'Alzene.

Rodolphe Marquis d'Hocberg Landgraue de Brisgaw & de Suzemberg, mort 1313.

Henry Marquis d'Hocberg Landgraue de Brisgaw & de Suzemberg Seigneur de Rotelin, mort 1381.

Rodolphe Marquis d'Hocberg Seigneur de Rotelin, decedé 1356.
Caterine Comtesse de Thierstain.

Rodolphe

Rodolphe Marquis d'Hocberg
Landgraue de Suzemberg
Seigneur de Rotelin, mort 1348.
1. Adelinde de Licthtemberg,
n'en eut Enfans.
2. Anne Fille d'Eginon Comte
de Fribourg.

Otthon
Euesque de
Constance.

Guillaume Marquis d'Hocberg
Seigneur de Rotelin, Landgraue
de Suzemberg, mort 1444.
Elizabeth Fille du Comte de
Montfort.

Verene.
Henry Comte
de Frastem-
berg.

Rodolphe Marquis d'Hocberg,
Comte de Fribourg Landgraue
de Brisgaw & de Suzemberg,
Seigneur de Rotelin.
Marguerite Comtesse de Viane.

Philippes Marquis d'Hocberg,
Seigneur de Rotelin & de
Badenviller Landgraue de
Suzemberg, mort 1487.
*MARIE DE SAVOYE.*

Ieane heritiere d'Hocberg.
Louys d'Orleans Duc de
Longueville.

## TABLE LXVIII.

## *EXTRACTION DE BLANCHE-MARIE SFORCE DVCHESSE DE SAVOYE.*

IAQVES Attendolo
surnommé Sforce,
mort 1369.

François Fforce Comte de Cotignola,
Seigneur de Cremone & de Pontreme,
puis Duc de Milan, mort 1466.
Blanche-Marie de Milan.

| | | | | |
|---|---|---|---|---|
| Sforce-Marie Duc de Barry. Leonor d'Arragon, Fille de Ferdinand Roy de Naples. | Louys-Marie Sforce, dit *le More*, Duc de Milan. | Galeas-Marie Sforce Duc de Milan. *BONNE DE SAVOYE.* | Elizabeth. Guillaume Marquis de Montferrat. | Hyppolyte-Marie. Alfonſe d'Arragon Roy de Naples. |

| | | |
|---|---|---|
| Iean Galeas-Marie Sforce Duc de Milan, mort 1454. Iſabelle d'Arragon Fille d'Alfonſe Roy de Naples. | Anne. Alfonſe d'Eſt Marquis de Ferrare. | Blanche-Marie de Milan. *PHILIBERT I. DV NOM DVC DE SAVOYE*, remariée à Maximilian Empereur. |

## TABLE LXIX.

### *EXTRACTION DE BLANCHE de Montferrat DVCHESSE DE SAVOYE.*

Voyez la Table 51.

ANDRONIQVE le Vieil, Empereur de Conſtantinople. Yoland de Montferrat.

Theodore Comnene Paleologue Porphyrogenete, Marquis de Montferrat 1306. mort 1338. Argentina Spinola.

| | |
|---|---|
| *Yoland de Montferrat. Aymon Comte de Sauoye, Duc de Chablais & d'Aouſte.* | Iean Paleologue Marquis de Montferrat, decedé 1371. 1. Cecile de Comminges Comteſſe d'Eſtrac, Sœur du Cardinal de Comminges, n'en eut Enfans. 2. Elizabeth, ſurnommée *Eſclarmonde*, Fille de Iaques d'Arragon Roy de Majorque Comte de Rouſſillon & de Cerdagne. |

| | | | | |
|---|---|---|---|---|
| 1. Ottho Marquis de Montferrat. Yoland Fille de Lyonnet | 2. Iean Marquis de Montferrat mort à Naples 1381. | 3. Theodore Paleologue II. du nom Marquis de Montferrat Gouuerneur de Gennes 1418. 1. Ieane Fille de Robert Duc de | 4. Guillaume. | 5. Marguerite. Pierre Comte d'Vrgel. |

Duc

Duc de Clarence, mort sans Enfans.

Bar, & de Marie de France 1393.
2. *Marguerite de Sauoye-Achaye* n'en eut lignée.

Sophie de Montferrat.
1. Philippes-Marie Comte de Pauie Seigneur de Verone le 26. de Ianuier 1404.
2. Iean-Paleologue Empereur. Elle fit diuorce auec ses deux Marys, testa le dernier d'Aoust 1434. & fit son Frere heritier.

Iean-Iaques Paleologue Marquis de Montferrat, decedé 1445.
*Ieane de Sauoye.*

1. Iean Marquis de Montferrat mort 1464. *Marguerite de Sauoye* ne laissa que deux Enfans naturels.

2. Guillaume. Marquis de Montferrat mort 1483.
1. Elizabeth de Milan.
2. Bernarde de Brosse de Pentheure le 6. de Ianuier 1474. n'en eut lignée.

Isabelle. Louys Marquis de Saluces.

3. Boniface Marquis de Montferrat, mort 1493.
1. Helene de Brosse de Pentheure, Sœur de Bernarde.
2. Marie de Seruie, Fille d'Estienne Despote de Seruie, & de Theodore Fille d'Ariariste, Seigneur de Duras & d'Aulone.

Theodore Cardinal 1466.

Aymée. Iean Roy de Chypre qu'elle épousa à Ripaille le 23. de Decembre 1437.

Sipion de Montferrat.

Sarra mariée 1453. auec Nicolas Picinin Viscomte Fils du Comte Iaques Picinin.

Ieane. Louys Marquis de Saluces.

*BLANCHE CHARLES DVC DE SAVOYE ROY DE CHYPRE.*

1. Guillaume Marquis de Montferrat, mort 1518.
1. Anne d'Alençon, Fille de René Duc d'Alençon.
2. Marie Fille de Gaston Comte de Foix n'en eut Enfans.

Iean-George de Montferrat Euesque de Cazal & Abbé de Locedio, puis Marquis de Montferrat mort sans Enfans 1553.
Iulie d'Arragon Fille de Federic d'Arragon Roy de Naples luy fut accordée en mariage, mais il mourut auant la consommation l'an 1533.

 Marie

| | | |
|---|---|---|
| Marie. Federic de Gonzague Duc de Mantoüe, leur mariage fut dissout. | Marguerite mariée par dispence au mesme Federic de Gonzague, d'où les Ducs de Mantoüe & & de Montferrat. | Boniface Marquis de Montferrat VI. du nom, mort sans alliance l'an 1530. institua son heritier Iean-George de Montferrat son Oncle. |

## TABLE LXX.

### *EXTRACTION DE MARGVERITE de Bourbon, Espouse de Philippes Comte de Bresse, puis Duc de Sauoye, Roy de Chypre.*

Saint Louys Roy de France.
Marguerite de Prouence.

Robert de France Comte de Clermont.
Beatrix Dame de Bourbon.

| | | | | |
|---|---|---|---|---|
| Iean Baron de Charrolois Seigneur de S. Iust. | Blanche. Robert Comte d'Auuergne. | Louys I. du nom Duc de Bourbon, Comte de Clermont. Marie de Haynaut. | Marguerite. Iean de Flandre Comte de Namur. | Marie. |

| | | | | | |
|---|---|---|---|---|---|
| Iaques Comte de la Marche. | Ieane. Guy Comte de Forests. | Marguerite. Iean Sire de Suilly. | Pierre Duc de Bourbon Comte de Clermont. Isabeau de Valois. | Marie Reyne de Chypre & Imperatrice de Constantinople. | Beatrix. Iean de Luxembourg Roy de Boheme. |

| | | | | | | | |
|---|---|---|---|---|---|---|---|
| Ieane. Charles V. Roy de France. | Blanche Reyne de Castille | *Bonne Comtesse de Sauoye.* | Louys II. Duc de Bourbon. Anne Daufine d'Auuergne. | Caterine. Iean Comte de Harcourt. | Marguerite. Arnaud-Amanjeu Sire d'Albret. | Isabeau. | Marie. Prieure de Poyssi. |

Iean Duc de Bourbon.
Marie de Berry.

Charles Duc de Bourbon.
Agnes de Bourgogne.

| | | | | | | | | |
|---|---|---|---|---|---|---|---|---|
| Iean II. Duc de Bourbon. | Philippes Seigneur de Beaujeu. | Charles Cardinal de Bourbon. | Louys Euesque de Liege. | Marie Duchesse de Calabre. | *MARGVERITE DE BOVRBON COMTESSE DE BRESSE.* | Isabelle. Duchesse de Bourgogne. | Caterine Duchesse de Gueldres. | Ieane Princesse d'Orange. |

# TABLE LXXI.

## *EXTRACTION DE CLAVDINE DE Brosse, dite de Bretagne, seconde Femme de Philippes Duc de Sauoye Roy de Chypre.*

Fovqves Vicomte de Limoges, institué par Eudes Roy de France, enuiron l'an 890.

Adelbert Vicomte de Limoges 924.
Adaltrude sa Femme.

Eldegaire Vicomte de Limoges sous le Roy Raoul.

Archembaud Vicomte de Limoges 958.
Rotilde sa Femme.

| | | | | | | | |
|---|---|---|---|---|---|---|---|
| N..... Adelbert Comte de la Marche. | Hildegaire Euesque de Limoges. | Alduin Euesque de Limoges cōsacré l'ā 1012. | Adelmodie. 1. Adelbert Comte de Perigord. 2. Guillaume IX. Duc de Guyenne. | Guy Vicomte de Limoges Seigneur de Brosse, mort 1025. Emme ...... | Girard Seigneur d'Argenton. | Geoffroy Abbé de S. Martial. | Aymery Seigneur de Rochechoüart, souche de la Maison de Rochechoüart. |

Geraud

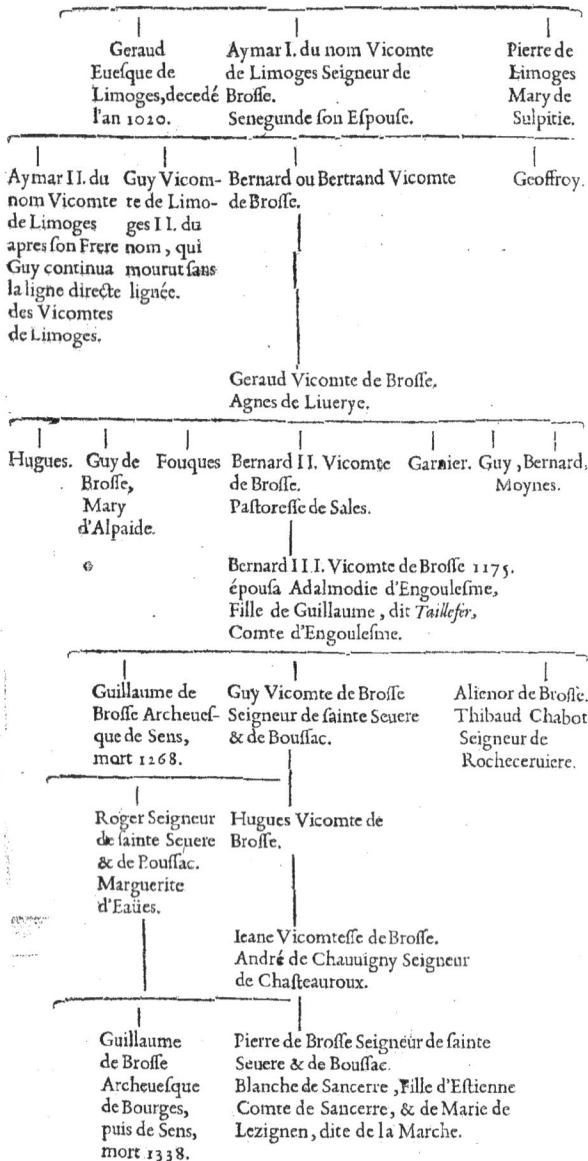

Geraud Euesque de Limoges, decedé l'an 1020.

Aymar I. du nom Vicomte de Limoges Seigneur de Brosse.
Senegunde son Espouse.

Pierre de Limoges Mary de Sulpitie.

Aymar II. du nom Vicomte de Limoges apres son Frere Guy continua la ligne directe des Vicomtes de Limoges.

Guy Vicomte de Limoges II. du nom, qui mourut sans lignée.

Bernard ou Bertrand Vicomte de Brosse.

Geoffroy.

Geraud Vicomte de Brosse.
Agnes de Liuerye.

Hugues.

Guy de Brosse, Mary d'Alpaide.

Fouques

Bernard II. Vicomte de Brosse.
Pastoresse de Sales.

Garnier.

Guy, Bernard, Moynes.

Bernard III. Vicomte de Brosse 1175. épousa Adalmodie d'Engoulesme, Fille de Guillaume, dit *Taillefer*, Comte d'Engoulesme.

Guillaume de Brosse Archeuesque de Sens, mort 1268.

Guy Vicomte de Brosse Seigneur de sainte Seuere & de Boussac.

Alienor de Brosse.
Thibaud Chabot Seigneur de Rocheceruiere.

Roger Seigneur de sainte Seuere & de Boussac.
Marguerite d'Eaües.

Hugues Vicomte de Brosse.

Ieane Vicomtesse de Brosse.
André de Chauuigny Seigneur de Chasteauroux.

Guillaume de Brosse Archeuesque de Bourges, puis de Sens, mort 1338.

Pierre de Brosse Seigneur de sainte Seuere & de Boussac.
Blanche de Sancerre, Fille d'Estienne Comte de Sancerre, & de Marie de Lezignen, dite de la Marche.

Pierre

Pierre de Brosse.

Louys de Brosse Seigneur de sainte Seuere & de Boussac 1320.
Constance de la Tour, Fille de Bertrand Seigneur de la Tour en Auuergne, & d'Isabeau de Leuis 1339.

Louys de Brosse Seigneur de sainte Seuere & de Boussac.
Marie de Harcourt, Fille de Guillaume de Harcourt Seigneur de la Ferté-Ymbaut, deceda sans lignée 1398.

Pierre de Brosse II. du nom Seigneur de sainte Seuere & de Boussac, par le decés de son Frere Aisné.
Marguerite de Maleual, Fille de Louys Seigneur de Maleual, de la Forest & de Chasteau-Clop.

Antoinette decedée ieune.

Blanche.
Guerin Seigneur de Brion.

Louys Seigneur de Brion.

Iean de Brosse Seigneur de sainte Seuere & de Boussac Mareschal de France, decedé 1435.
Ieane de Naillac, Fille de Guillaume Seigneur de Naillac, du Blanc, de Bridiers & de Chasteaubrun, & de Ieane Turpin.

Caterine.
Blain Loup Seigneur de de Beauuoir & de Montfant Seneschal de Bourbonnois.

Blanche.
Iean de Roye Cheualier Seigneur de Launoy, Crestes & Busancy.

Marie de Roye.
Philippes de Bourgogne, Bastard de Neuers.

Iean de Brosse II. du nom Seigneur de sainte Seuere & de Boussac Comte de Pentheure, Vicomte de Bridiers.
Nicole de Bretagne Comtesse de Pentheure, Fille vnique de Charles de Bretagne Baron d'Auaugour, & d'Isabeau de Viuonne.

Marguerite.
Germain Seigneur d'Aubigné.

Paule.
Iean de Bourgogne Comte

Bernarde.
Guillaume Marquis de Montferrat.

Iean de Brosse, dit de Bretagne Comte

*CLAVDINE DE BROSSE,* dite de *BRETAGNE,* *DVCHESSE DE SAVOYE.*

Helene.
Boniface Marquis de Montferrat.

de Neuers & de Rethel.

de Pentheure Vicomte de Bridiers Seigneur de Boussac & de l'Aigle.
Louyse de Laual.

Magdelaine de Brosse de Bretagne.
*IANVS DE SAVOYE COMTE DE GENEVE* n'en eut Enfans.

TABLE LXXII.

*EXTRACTION DE CHARLES Comte d'Angoulesme, Mary de Louyse de Sauoye, & leur Posterité.*

CHARLES V. dit *le Sage*, Roy de France.
Ieane de Bourbon.

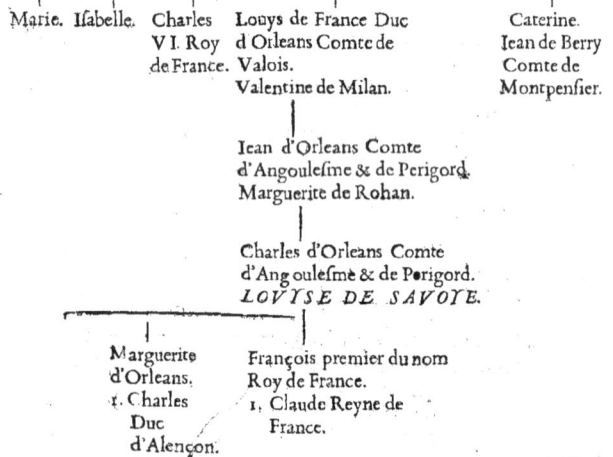

Marie.

Isabelle.

Charles VI. Roy de France.

Louys de France Duc d'Orleans Comte de Valois.
Valentine de Milan.

Caterine.
Iean de Berry Comte de Montpensier.

Iean d'Orleans Comte d'Angoulesme & de Perigord.
Marguerite de Rohan.

Charles d'Orleans Comte d'Angoulesme & de Perigord.
*LOVYSE DE SAVOYE.*

Marguerite d'Orleans.
1. Charles Duc d'Alençon.

François premier du nom Roy de France.
1. Claude Reyne de France.

2. Henry

2. Henry II. Roy de Nauarre. | 2. Eleonor d'Austriche n'en eut Enfans.

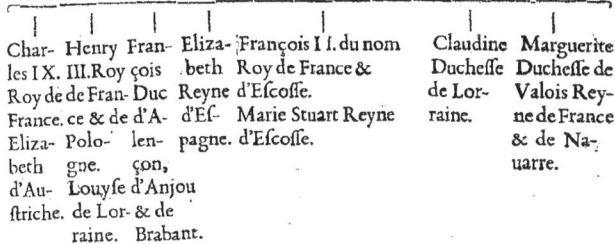

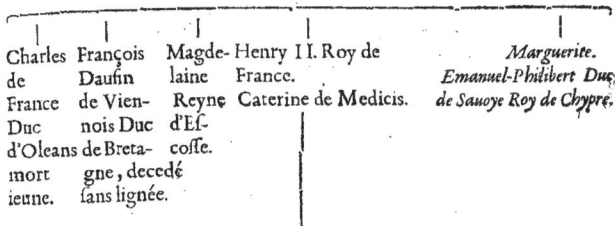

| Charles de France Duc d'Oleans mort ieune. | François Daufin de Viennois Duc de Bretagne, decedé sans lignée. | Magdelaine Reyne d'Escosse. | Henry II. Roy de France. Caterine de Medicis. | *Marguerite. Emanuel-Philibert Duc de Sauoye Roy de Chypre.* |
|---|---|---|---|---|

| Charles IX. Roy de France. Elizabeth d'Austriche. | Henry III. Roy de France & de Pologne. Louyse de Loraine. | François Duc d'Alençon, d'Anjou & de Brabant. | Elizabeth Reyne d'Espagne. | François II. du nom Roy de France & d'Escosse. Marie Stuart Reyne d'Escosse. | Claudine Duchesse de Loraine. | Marguerite Duchesse de Valois Reyne de France & de Nauarre. |
|---|---|---|---|---|---|---|

## TABLE LXXIII.

### *EXTRACTION DE IULIAN DE Medicis Duc de Nemours, Marquis de Soriana, Mary de Philiberte de Sauoye, Fille du Duc Philippes.*

Sylvestre de Medicis.

Aleman de Medicis.

Iean de Medicis, decedé l'an 1428.

| Laurent. | Cosme de Medicis, surnommé *le Grand*, mort l'an 1464. Contesina Bardi. |
|---|---|

| Iean. | Pierre de Medicis, decedé 1472. Lucresse Tornabuoni. | Charles. |
|---|---|---|

Iulian de Medicis tué l'an 1478.

Iule de Medicis Pape sous le nom de Clement VII.

Laurent de Medicis, surnommé le *Pere des Lettres*, mort 1492.
Clarice des Vrsins.

| | | |
|---|---|---|
| Iean Pape sous le nom de Leon X. | Iulian de Medicis Duc de Nemours Marquis de Soriana & de Chasene Prefect de Rome. *PHILIBERTE DE SAVOYE* n'en eut Enfans. | Pierre de Medicis. Alfonsine des Vrsins. |

Laurent de Medicis Duc d'Vrbin.
Magdelaine de la Tour Bologne.

Caterine de Medicis Duchesse d'Vrbin.
Henry II. Roy de France.

## TABLE LXXIV.

### *EXTRACTION DE MARGVERITE d'Austriche Duchesse de Sauoye, Reyne de Chypre.*

RODOLPHE Comte de Hasbourg, Roy des Romains, puis Empereur 1273. mort 1291.

| | | | | | | | |
|---|---|---|---|---|---|---|---|
| Rodolphe Duc de Suaube. Agnes de Boheme. | Herman Comte d'Alsace. | Matilde. Louys Duc de Bauiere. | Albert VI. du nom, Comte de Hasbourg Landgraue d'Alsace Empereur 1298. mort 1308. Isabeau Duchesse de Carinthie & Comtesse de Tyrol. | Agnes. Albert II. Duc de Saxe & Electeur. | Heluige. Otthon Marquis de Brandebourg. | Caterine. Otthon Roy d'Hongrie. | Clemence. Charles Roy de Naples. |

Rodolphe

| | | | | | | | |
|---|---|---|---|---|---|---|---|
| Rodolphe Roy de Boheme. | Leopold Landgraue d'Alsace & de Brisgaw.<br>*Caterine de Sauoye.* | Elizabeth.<br>Thiery Duc de Loraine. | Agnes.<br>André Roy d'Hongrie. | Albert VII. Duc d'Austriche Comte de Hasbourg & de Tyrol, mort 1301.<br>Ieane Comtesse de Ferrette. | Federic Duc d'Austriche.<br>Elizabeth d'Arragon. | Caterine.<br>Charles Duc de Calabre. | Anne<br>Herman Marquis de Brandebourg. |

| | | | |
|---|---|---|---|
| Rodolphe.<br>1. Marguerite Comtesse de Tyrol.<br>2. Marguerite de Luxembourg. | Albert.<br>Ieane de Bauiere. | Leopold Duc d'Austriche, mort 1389.<br>N . . . . Fille de Barnabon Seigneur de Milan. | Marguerite.<br>Meynard Marquis de Brandebourg. |

| | | | | |
|---|---|---|---|---|
| Frideric.<br>1. Elizabeth Fille de Robert Empereur & Comte Palatin.<br>2. Anne de Brunswich. | Leopold.<br>Caterine de Bourgogne. | Ernest Duc d'Austriche, de Styrie & de Carinthie Comte de Tyrol.<br>1. Marguerite Duchesse de Stetingen.<br>2. N . . . . Fille de Simon Duc de Massouie. | Guillaume.<br>1. Ieane Fille de Charles Roy de Sicile.<br>2. Heluige d'Hongrie. | Agnes.<br>Boceslas Duc de Suidnisch en Silesie. |

| | | | | | |
|---|---|---|---|---|---|
| Leopold. | Albert.<br>Matilde Fille de Louys Comte Palatin du Rhin. | Guillaume. | Frideric I. Archiduc d'Austriche, Duc de Styrie & de Carinthie Empereur, mort 1493.<br>Eleonor de Portugal. | Marguerite.<br>Frideric Duc de Saxe. | Caterine.<br>Charles Marquis de Bade. |

| | |
|---|---|
| Cunegonde.<br>Albert Duc de Bauiere. | Maximilian I. du nom, Archiduc d'Austriche, Duc de Styrie & de Carinthie, Landgraue d'Alsace, Comte de Hasbourg & de Tyrol Roy des Romains 1486. mort 1519.<br>1. Marie Fille & heritiere de Charles le Hardy Duc & Comte de Bourgogne.<br>2. Blanche-Marie, Fille de Galeas Duc de Milan. |

Philippes I. surnommé *le Bel*, Archiduc d'Austriche Duc de Bourgogne, puis Roy d'Espagne.

Marguerite Archiducheſſe d'Auſtriche.
1. Iean Prince de Caſtille.
*PHILIBERT LE BEAV DVC DE SAVOYE PRINCE DE PIEMONT ET ROY DE CHYPRE.*

## TABLE LXXV.

### *EXTRACTION DE BEATRIX DE Portugal, Ducheſſe de Sauoye.*

IEAN Roy de Portugal I. du nom.
Philippes ou Philippine de Lanclaſtre, Sœur d'Henry V. Roy d'Angleterre.

Alfonſe Duc de Bragance, Fils naturel, d'où les derniers Roys de Portugal.

Henry Duç de Viſeo.

Pierre Duc de Coimbre.

Edoüard Roy de Portugal & des Algarbes.
Clemence d'Arragon, Fille de Ferdinand de Caſtille Roy d'Arragon & de Caſtille, & de Leonor d'Albuquerque.

Iſabelle.
Philippes le Bon Duc de Bourgogne.

Ieane.
Henry IV. Roy de Caſtille & de Leon.

Leonor.
Federic III. du nom Archiduc d'Auſtriche puis Empereur.

Caterine.

Alfonſe V. Roy de Portugal & des Algarbes.
1. Elizabeth de Coimbre.
2. Ieane de Caſtille ſa Niece, Fille d'Henry IV. Roy de Caſtille, & de Ieane de Portugal, n'en eut Enfans.

Ferdinand Duc de Viſeo.
Beatrix de Portugal ſa Couſine.

Iean Prince de Portugal.

Ieane.

Iean II. Roy de Portugal & des Algarbes, Seigneur de Guinée.
Leonor de Portugal de Viſeo ſa Niece.

Alfonſe Prince de Portugal.
Iſabelle de Caſtille Fille de Ferdinand V. & d'Iſabelle Roy

Emanuel de Portugal Duc de Viſeo, puis Roy de Portugal.
1. Iſabelle de Caſtille, Vefue d'Alfonſe &

& Reyne d'Arragon & de Castille, mort sans Enfans.

Prince de Portugal son Cousin.
2. Marie de Castille Sœur d'Isabelle.
3. Leonor d'Austriche Sœur de l'Empereur Charles V.

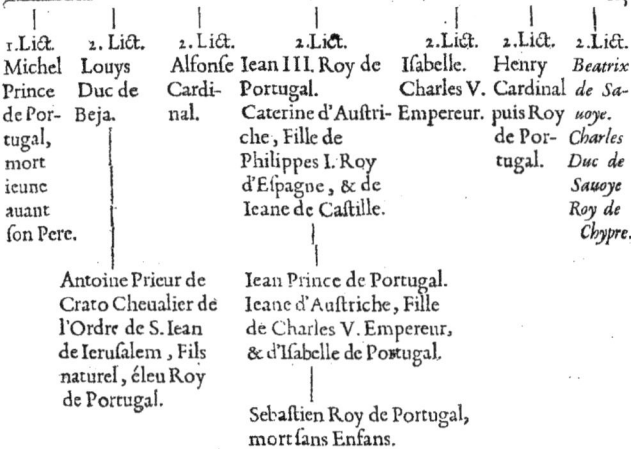

| | | | | | | |
|---|---|---|---|---|---|---|
| 1. Lict. Michel Prince de Portugal, mort ieune auant son Pere. | 2. Lict. Louys Duc de Beja. | 2. Lict. Alfonse Cardinal. | 2. Lict. Iean III. Roy de Portugal. Caterine d'Austriche, Fille de Philippes I. Roy d'Espagne, & de Ieane de Castille. | 2. Lict. Isabelle. Charles V. Empereur. | 2. Lict. Henry Cardinal puis Roy de Portugal. | 2. Lict. *Beatrix de Sauoye. Charles Duc de Sauoye Roy de Chypre.* |

Antoine Prieur de Crato Cheualier de l'Ordre de S. Iean de Ierusalem, Fils naturel, éleu Roy de Portugal.

Iean Prince de Portugal. Ieane d'Austriche, Fille de Charles V. Empereur, & d'Isabelle de Portugal.

Sebastien Roy de Portugal, mort sans Enfans.

## TABLE LXXVI.

### *EXTRACTION DE MARGVERITE de France Duchesse de Berry, Espouse d'Emanuel-Philibert Duc de Sauoye, Roy de Chypre.*

CHARLES V. Roy de France.
Ieane de Bourbon.

Louys de France Duc d'Orleans Comte de Valois.
Valentine de Milan.

Iean d'Orleans Comte d'Angoulesme

&

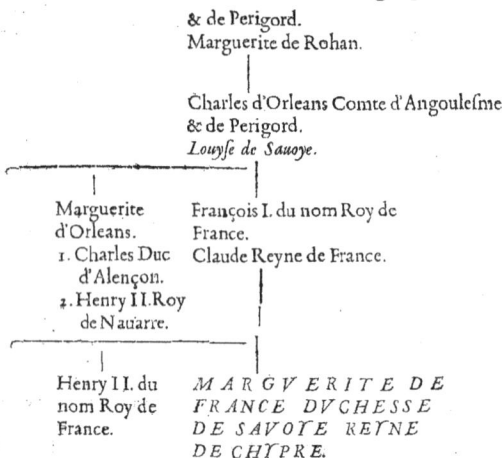

& de Perigord.
Marguerite de Rohan.

Charles d'Orleans Comte d'Angoulesme & de Perigord.
*Louyse de Sauoye.*

Marguerite d'Orleans.
1. Charles Duc d'Alençon.
2. Henry II. Roy de Nauarre.

François I. du nom Roy de France.
Claude Reyne de France.

Henry II. du nom Roy de France.

*MARGVERITE DE FRANCE DVCHESSE DE SAVOYE REYNE DE CHYPRE.*

## TABLE LXXVII.

### *EXTRACTION DE CATERINE Infante d'Espagne, Espouse de Charles-Emanuel Duc de Sauoye Roy de Chypre.*

PHILIPPES I. du nom, surnommé *le Bel*, Archiduc d'Austriche, Duc de Bourgogne, & Seigneur des Pays Bas, Roy de Castille, d'Arragon & de Leon, mort l'an *1506.*
Ieane, Fille & heritiere de Ferdinand Roy d'Arragon, & d'Isabelle Reyne de Castille & de Leon.

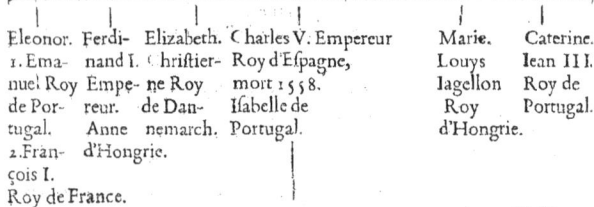

Eleonor.
1. Emanuel Roy de Portugal.
2. François I. Roy de France.

Ferdinand I. Empereur.
Anne d'Hongrie.

Elizabeth.
Christierne Roy de Danemarch.

Charles V. Empereur Roy d'Espagne, mort 1558.
Isabelle de Portugal.

Marie.
Louys Iagellon Roy d'Hongrie.

Caterine.
Iean III. Roy de Portugal.

Philippes

Philippes II. Roy d'Eſpagne, mort 1598.
1. Marie de Portugal.
2. Marie Reyne d'Angleterre.
3. Elizabeth de France.
4. Anne, Fille de Maximilian II. Empereur.

1. Lict. Charles Prince d'Eſpagne, mort 1568.

3. Mariage. Iſabelle-Claire-Eugenie Princeſſe des Pays-Bas. Albert Archiduc d'Auſtriche, morte 1633. ſans Enfans.

3. Lict. *CATERINE INFANTE D'ESPAGNE DUCHESSE DE SAVOYE ET REYNE DE CHYPRE.*

4. Lict. Philippes III. Roy d'Eſpagne.

## TABLE LXXVIII.

*EXTRACTION DE FRANCOIS DE Gonzague Duc de Mantoüe, Mary de Marguerite de Sauoye, Fille de Charles-Emanuel, & leur Poſterité.*

IEAN-François de Gonzague creé premier Marquis de Mantoüe le 22. de Septembre 1433.
Paule Malateſte.

2. Charles Seigneur de Bozzolo. Lucie d'Eſt, il fit Branche.

3. Alexandre Seigneur de Caſtillon, Canette, Caſtel-Giffré.

1. Louys de Gonzague Marquis de Mantoüe, mort 1478. Barbe de Brandebourg.

Iean-Louys Seigneur de Rodigo & de Capriana.

4. Rodolphe.

3. Iean-François Seigneur de Sablonette, Bozzolo & S. Martin.

2. François Cardinal, Legat à Bologne.

1. Federic de Gonzague Marquis de Mantoüe, decedé 1484. Marguerite de Bauiere.

Barbe Eberard le Barbu Duc de Wirtemberg.

5. Louys Eueſque de Mantoüe.

Suzanne. Galeas-Marie-Sforce Duc de Milan.

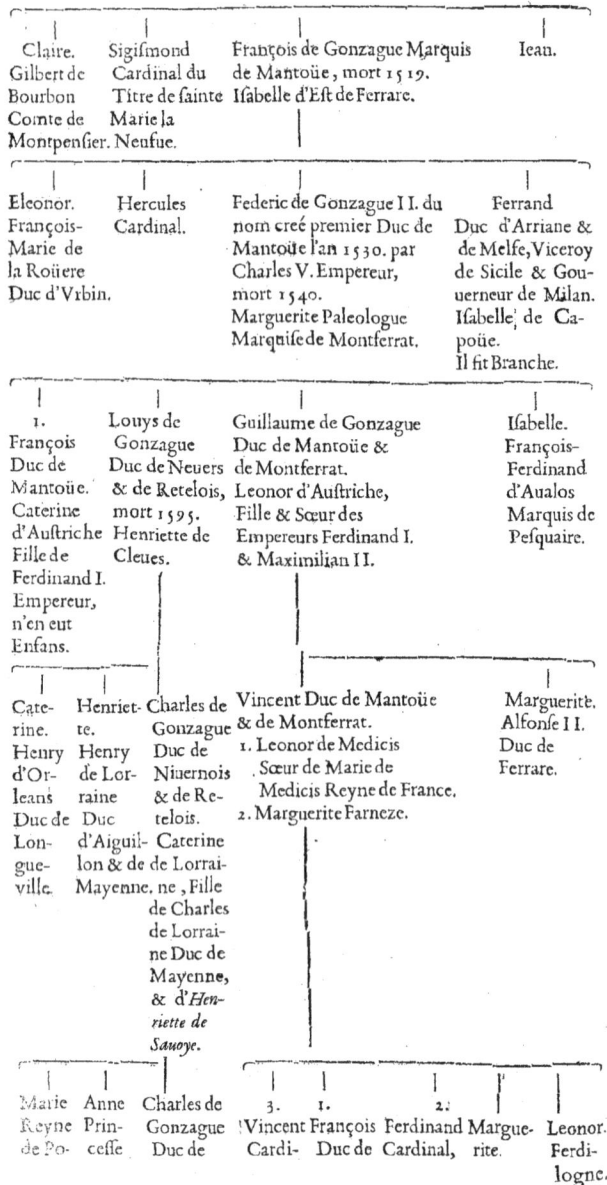

| | | | |
|---|---|---|---|
| Claire.<br>Gilbert de Bourbon Comte de Montpensier. | Sigismond Cardinal du Titre de sainte Marie la Neufue. | François de Gonzague Marquis de Mantoüe, mort 1519.<br>Isabelle d'Est de Ferrare. | Iean. |

| | | | |
|---|---|---|---|
| Eleonor.<br>François-Marie de la Roüere Duc d'Vrbin. | Hercules Cardinal. | Federic de Gonzague II. du nom creé premier Duc de Mantoüe l'an 1530. par Charles V. Empereur, mort 1540.<br>Marguerite Paleologue Marquise de Montferrat. | Ferrand Duc d'Arriane & de Melfe, Viceroy de Sicile & Gouuerneur de Milan.<br>Isabelle de Capoüe.<br>Il fit Branche. |

| | | | |
|---|---|---|---|
| 1. François Duc de Mantoüe.<br>Caterine d'Austriche Fille de Ferdinand I. Empereur, n'en eut Enfans. | Louys de Gonzague Duc de Neuers & de Retelois, mort 1595.<br>Henriette de Cleues. | Guillaume de Gonzague Duc de Mantoüe & de Montferrat.<br>Leonor d'Austriche, Fille & Sœur des Empereurs Ferdinand I. & Maximilian II. | Isabelle.<br>François-Ferdinand d'Aualos Marquis de Pesquaire. |

| | | | | |
|---|---|---|---|---|
| Caterine.<br>Henry d'Orleans Duc de Longueville. | Henriette.<br>Henry de Lorraine Duc d'Aiguillon & de Mayenne. | Charles de Gonzague Duc de Niuernois & de Retelois.<br>Caterine de Lorraine, Fille de Charles de Lorraine Duc de Mayenne, & d'*Henriette de Sauoye*. | Vincent Duc de Mantoüe & de Montferrat.<br>1. Leonor de Medicis Sœur de Marie de Medicis Reyne de France.<br>2. Marguerite Farneze. | Marguerite.<br>Alfonse II. Duc de Ferrare. |

| | | | | | | | |
|---|---|---|---|---|---|---|---|
| Marie Reyne de Po- | Anne Princesse | Charles de Gonzague Duc de | 3. Vincent Cardi- | 1. François Duc de | 2. Ferdinand Cardinal, | Marguerite. | Leonor. Ferdilogne. |

| | | | | | | | |
|---|---|---|---|---|---|---|---|
| logne. | Palatine. | Retelois, mort auant son Pere. Marie Princesse de Mantoüe sa Cousine. | nal, puis Duc de Mantoüe & de Montferrat n'eut Enfans. | Mantoüe & de Montferrat. *MARGUERITE DE SAVOYE.* | puis Duc de Mantoüe & de Montferrat. *Caterine de Medicis n'en eut lignée.* | Henry Duc de Lorraine. | nand II. Empereur. |

Charles II. du nom Duc de Mantoüe & de Montferrat. Isabelle-Claire d'Austriche Archiduchesse d'Inspruck.
N.... Prince de Mantoüe.

Marie Princesse de Mantoüe & de Montferrat.
Charles de Gonzague Duc de Retelois, sus-mentionné.

Louys decedé ieune.

## TABLE LXXIX.

### *EXTRACTION D'ALFONSE D'EST Duc de Modene & de Reggio, Mary d'Isabelle de Sauoye, Fille du Duc Charles-Emanuel, & leur Posterité.*

ALFONSE d'Est II. du nom, Duc de Ferrare, de Modene & de Reggio, Comte de Carpi.
Laura Eustochia.

Alfonse d'Est III. Marquis de Montecchio.
Iulie de la Roüere, Fille de François-Marie de la Roüere, Duc d'Vrbin.

Alexandre Cardinal.

Leonor.
Le Prince de Veuouse.

Cesar d'Est Duc de Modene & de Reggio.
Virginie de Medicis.

Hyppolite.
Federic Pic Comte de la Mirandole.

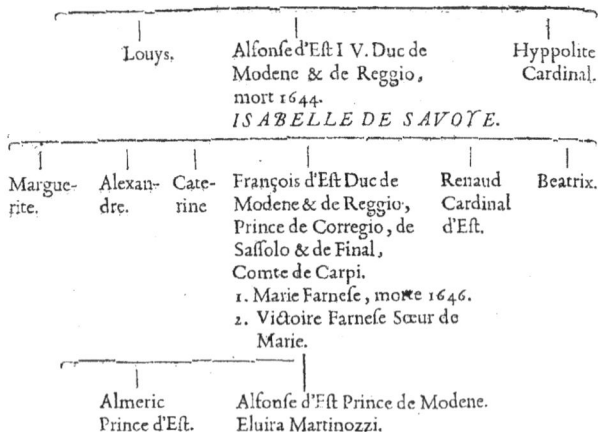

Louys.

Alfonse d'Est I V. Duc de Modene & de Reggio, mort 1644.
*ISABELLE DE SAVOYE.*

Hyppolite Cardinal.

Marguerite.

Alexandre.

Caterine

François d'Est Duc de Modene & de Reggio, Prince de Corregio, de Sassolo & de Final, Comte de Carpi.
1. Marie Farnese, morte 1646.
2. Victoire Farnese Sœur de Marie.

Renaud Cardinal d'Est.

Beatrix.

Almeric Prince d'Est.

Alfonse d'Est Prince de Modene.
Eluira Martinozzi.

## TABLE LXXX.

### *EXTRACTION DE CHRESTIENNE de France, Espouse de Victor-Amé Duc de Sauoye Roy de Chypre.*

SAINT Louys Roy de France.
Marguerite de Prouence.

Robert Comte de Clermont.
Beatrix de Bourbon.

Louys I. du nom Duc de Bourbon.
Marie de Haynaut.

Iaques de Bourbon Comte de la Marche.
Ieane de Chastillon S. Paul.

Iean de Bourbon Comte de la Marche.
Caterine de Vendosme.

Iaques

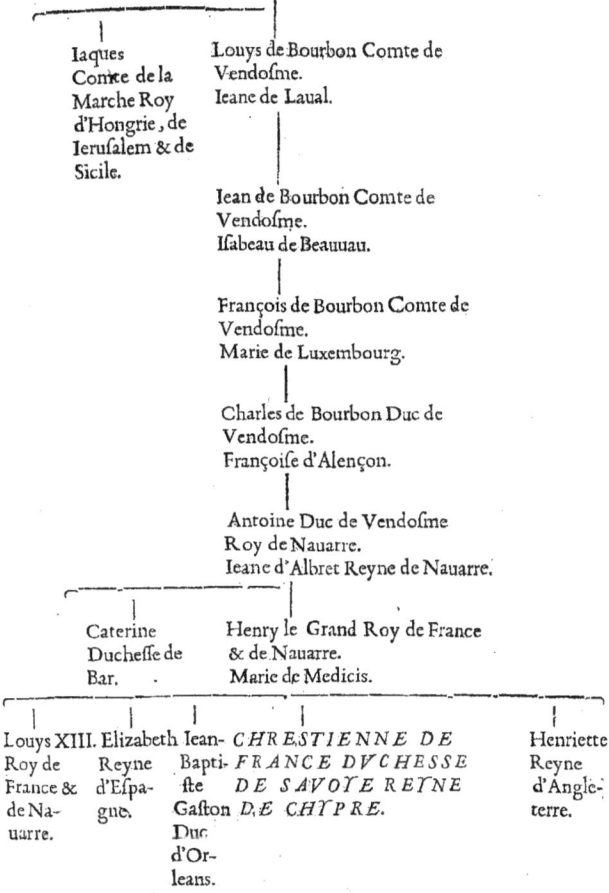

Iaques Comte de la Marche Roy d'Hongrie, de Ierusalem & de Sicile.

Louys de Bourbon Comte de Vendosme.
Ieane de Laual.

Iean de Bourbon Comte de Vendosme.
Isabeau de Beauuau.

François de Bourbon Comte de Vendosme.
Marie de Luxembourg.

Charles de Bourbon Duc de Vendosme.
Françoise d'Alençon.

Antoine Duc de Vendosme Roy de Nauarre.
Ieane d'Albret Reyne de Nauarre.

Caterine Duchesse de Bar.

Henry le Grand Roy de France & de Nauarre.
Marie de Medicis.

Louys XIII. Roy de France & de Nauarre.

Elizabeth Reyne d'Espagne.

Iean-Baptiste Gaston Duc d'Orleans.

*CHRESTIENNE DE FRANCE DUCHESSE DE SAVOYE REYNE DE CHYPRE.*

Henriette Reyne d'Angleterre.

## TABLE LXXXI.

*EXTRACTION DE FERDINAND-Marie Duc de Bauiere Electeur de l'Empire, Mary d'Adelayde de Sauoye.*

BRABON ou Berthold Comte d'Abensperg, viuant 1048.

Otthon Comte de Schiren.
Tuta sa Femme.

Otthon II. Palatin de Bauiere
& Comte de Schiren, decedé 1079.
Halige de Cassel.

Otthon III. Comte de Schiren,
mort 1101. qui bastit le Chasteau
de wittelespach.
Agnes . . . . .

Otthon IV. Palatin de Bauiere
Comte de Schiren & de Vittelesbach,
decedé 1146.
Elice Comtesse de Legenfeld.

Otthon V. creé Duc de Bauiere
par l'Empereur Frideric I. l'an 1180.
mort 1183.
Agnes Comtesse de Lessen.

Louys I. du nom Duc de Bauiere,
decedé 1223.
Luidmille de Boheme.

Otthon VI. Duc de Bauiere,
surnommé l'*Illustre*, mort 1253.
Agnes de Saxe, Fille d'Henry de
Saxe Comte Palatin du Rhin
Electeur de l'Empire, & d'Agnes
Fille de Conrad Duc de Sueue.

Henry
Duc de la basse
Bauiere.

Louys II. surnommé *le Seuere*,
Duc de Bauiere, Comte Palatin
du Rhin, Electeur de l'Empire.
Matilde de Hasbourg Fille de
Rodolphe Comte de Hasbourg,
Roy des Romains.

Elizabeth.
Maynard
Comte de
Tyrol.

Elizabeth
Comtesse
de Tyrol,
Espouse
d'Albert I.
Empereur.

Mahaut.

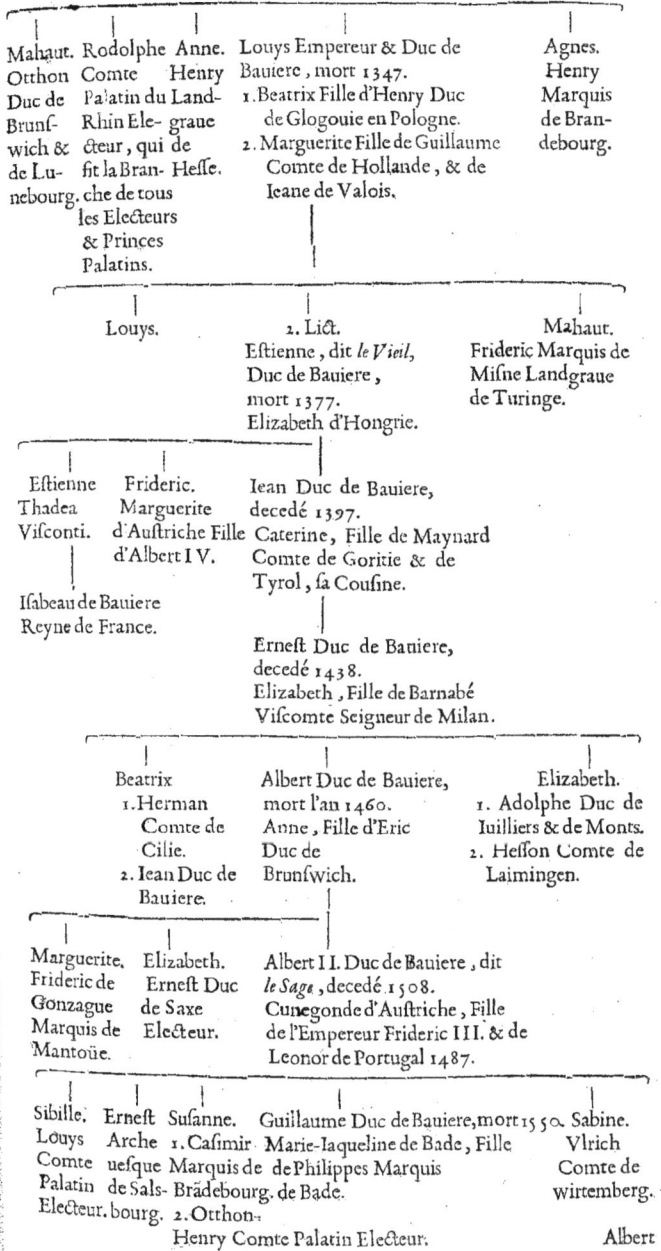

Mahaut. Otthon Duc de Brunswich & de Lunebourg.

Rodolphe Comte Palatin du Landrhin Electeur, qui fit la Branche de tous les Electeurs & Princes Palatins.

Anne. Henry Landgraue de Hesse.

Louys Empereur & Duc de Bauiere, mort 1347.
1. Beatrix Fille d'Henry Duc de Glogouie en Pologne.
2. Marguerite Fille de Guillaume Comte de Hollande, & de Ieane de Valois.

Agnes. Henry Marquis de Brandebourg.

---

Louys.

2. Lict.
Estienne, dit *le Vieil*, Duc de Bauiere, mort 1377.
Elizabeth d'Hongrie.

Mahaut. Frideric Marquis de Misne Landgraue de Turinge.

---

Estienne Thadea Visconti.
Isabeau de Bauiere Reyne de France.

Frideric. Marguerite d'Austriche Fille d'Albert IV.

Iean Duc de Bauiere, decedé 1397.
Caterine, Fille de Maynard Comte de Goritie & de Tyrol, sa Cousine.

Ernest Duc de Bauiere, decedé 1438.
Elizabeth, Fille de Barnabé Viscomte Seigneur de Milan.

---

Beatrix
1. Herman Comte de Cilie.
2. Iean Duc de Bauiere.

Albert Duc de Bauiere, mort l'an 1460.
Anne, Fille d'Eric Duc de Brunswich.

Elizabeth.
1. Adolphe Duc de Iuilliers & de Monts.
2. Hesson Comte de Laimingen.

---

Marguerite. Frideric de Gonzague Marquis de Mantoüe.

Elizabeth. Ernest Duc de Saxe Electeur.

Albert II. Duc de Bauiere, dit *le Sage*, decedé 1508.
Cunegonde d'Austriche, Fille de l'Empereur Frideric III. & de Leonor de Portugal 1487.

---

Sibille. Louys Comte Palatin Electeur.

Ernest Archeuesque de Salsbourg.

Susanne.
1. Casimir Marquis de Brãdebourg.
2. Otthon-Henry Comte Palatin Electeur.

Guillaume Duc de Bauiere, mort 1550.
Marie-Iaqueline de Bade, Fille de Philippes Marquis de Bade.

Sabine. Vlrich Comte de wirtemberg.

Albert

Albert III. Duc de Bauiere, decedé 1579.
Anne d'Austriche, Fille de l'Empereur Ferdinand I. & d'Anne d'Hongrie 1546.

Ernest Archeuesque & Electeur de Cologne Euesque de Liege, d'Hildesheim & de Frisingen, mort 1612.

Guillaume II. Duc de l'vne & de l'autre Bauiere, mort dans la Chartreuse de Ratisbonne 1626.
Renée, Fille de François Duc de Lorraine, & de Chrestienne de Dannemarch, le 22. de Feurier 1565.

Marie.
Charles Archiduc d'Austriche.

Albert.

Magdelaine.
wolfang-Guillaume de Bauiere Comte Palatin de Neubourg.

Philippes Cardinal Euesque de Ratisbonne.

Ferdinand Archeuesque de Cologne Euesque de Liege, mort 1650.

Maximilian Duc des deux Bauieres & du haut Palatinat, Electeur de l'Empire, Comte Palatin du Rhin, né 1575. mort le 27. d'Aoust 1651.
1. Elizabeth de Lorraine, Fille de Charles Duc de Lorraine, & de Claude de France 1595. n'en eut Enfans.
2. Marie-Anne d'Austriche sa Niece 15. Iuillet 1633.

Anne-Marie.
Ferdinand II. Empereur.

Ferdinand-Marie-François-Ignace-wolfang Duc de Bauiere & du haut Palatinat, Comte Palatin du Rhin, Landgraue de Leuctemberg, Electeur de l'Empire, né le 21. d'Octobre 1636.
*ADELAIDE DE SAVOYE.*

TABLE LXXXII.

*EXTRACTION DE MARIE DE Bourbon, Princesse de Carignan.*

Voyez la Table 79.

CHARLES de Bourbon Duc de Vendosme.
Françoise d'Alençon.

Antoine

Antoine de Bourbon Roy de Nauarre, Pere d'Henry le Grand.

Louys de Bourbon Prince de Condé.
Françoise d'Orleans sa seconde Femme.

Charles de Bourbon Comte de Soyssons & de Dreux.
Anne de Montafié.

Louys de Bourbon Comte de Soyssons, de Clermont & de Dreux, mort à la bataille de la Marfée prés de Sedan 1641. sans auoir esté marié.

Marie de Bourbon.
*THOMAS DE SAVOYE PRINCE DE CARIGNAN.*

Louyse de Bourbon.
Henry d'Orleans Duc de Longueville.

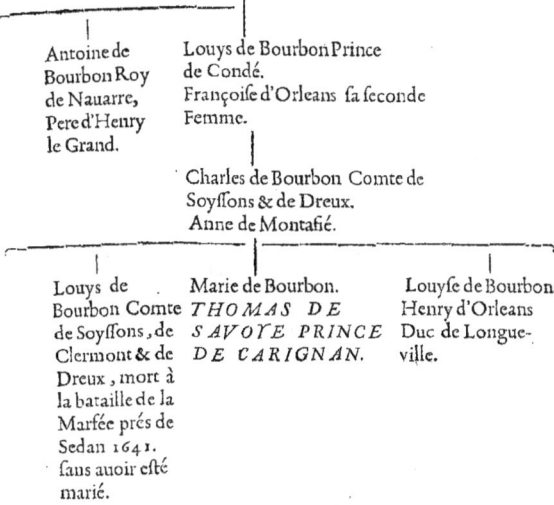

## TABLE LXXXIII.

### *EXTRACTION DE FERDINAND-Maximilian de Bade, Mary de LOVYSE DE SAVOYE.*

HERMAN de Zeringen Marquis de Bade Fils de Berthold de Zeringen Duc de Carinthie, & de Beatrix sa seconde Femme mort à Cluny 1114.
Iudith . . . . . . . .

Herman II. du nom Marquis de Bade, decedé l'an 1130.

Herman III. Marquis de Bade.
Berthe.

Herman IV. Marquis de Bade.

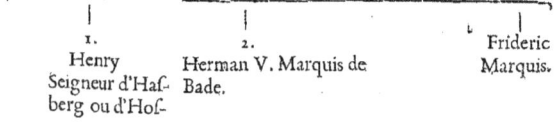

1. Henry Seigneur d'Hasberg ou d'Hosberg

2. Herman V. Marquis de Bade.

Frideric Marquis.

berg Landgraue d'Alſace & de Briſgaw, mort 1231. Il eſt Souche des Marquis d'Hoſberg ou d'Hocberg.

Irmengarde Fille de Robert Comte Palatin.

Herman VI. Marquis de Bade mort ſans lignée.

Rodolphe Marquis de Bade, mort 1288.
Ermengarde, Fille d'Vlrich Comte de wirtemberg.

Herman VII. Marquis de Bade.
Agnes Comteſſe de Vaiheng.

Frederic Marquis de Bade.
Adele Comteſſe de Puttelenges.

Rodolphe Marquis de Bade, decedé 1372.
Mahaut ou Matilde Comteſſe de Spanheim.

Bernard Marquis de Bade, mort 1436.
Anne Comteſſe d'Oettingen.

Iacob Marquis de Bade, decedé l'an 1453.
Caterine, Fille de Charles Duc de Lorraine, & de Marguerite de Bauiere.

Bernard Marquis de Bade, ſurnommé *le Saint*, mort l'an 1457. giſt à Montcalier.

Iean Archeueſque de Treues.

Charles Eueſque de Mets.

Charles Marquis de Bade, mort l'an 1475.
Caterine d'Auſtriche.

Marc Eueſque de Strasbourg.

Caterine.
George Comte de wirtemberg.

Federic Eueſque d'Vtrect, mort 1517.

Chriſtophle Marquis de Bade & d'Hosberg Comte de Spanheim & de Suſemberg, decedé 1515.

Limburge.
Engelbert Comte de Naſſau.

Ottilie

Ottilie Comtesse de Catzenellebogen.

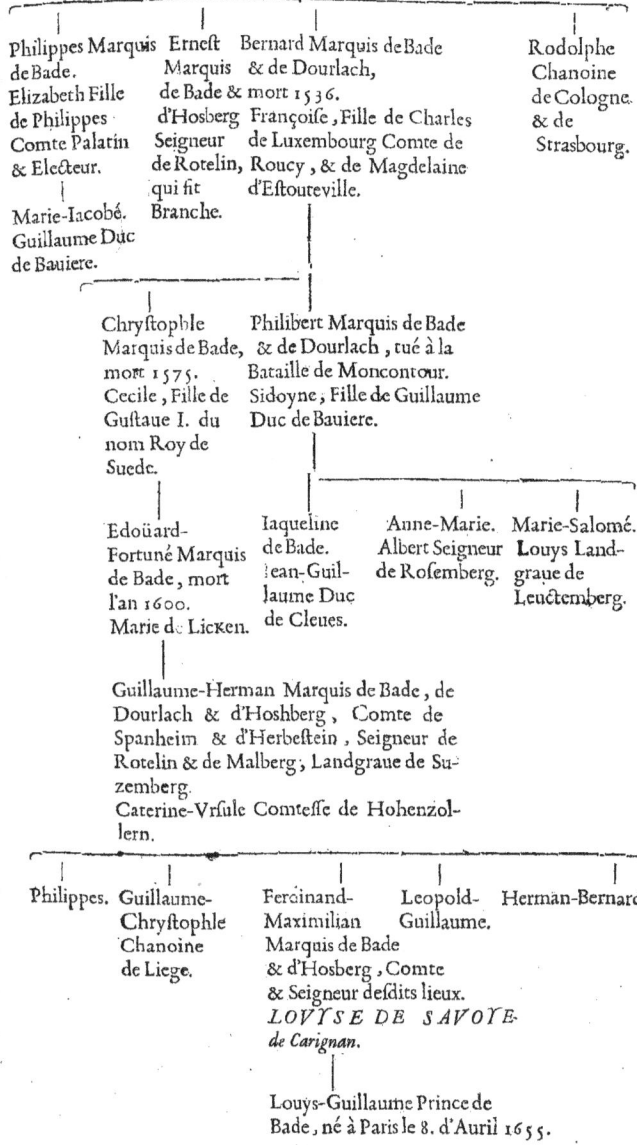

Philippes Marquis de Bade.
Elizabeth Fille de Philippes Comte Palatin & Electeur.

Marie-Iacobé.
Guillaume Duc de Bauiere.

Ernest Marquis de Bade & d'Hosberg Seigneur de Rotelin, qui fit Branche.

Bernard Marquis de Bade & de Dourlach, mort 1536.
Françoise, Fille de Charles de Luxembourg Comte de Roucy, & de Magdelaine d'Estouteville.

Rodolphe Chanoine de Cologne & de Strasbourg.

Chrystophle Marquis de Bade, mort 1575.
Cecile, Fille de Gustaue I. du nom Roy de Suede.

Philibert Marquis de Bade & de Dourlach, tué à la Bataille de Moncontour.
Sidoyne, Fille de Guillaume Duc de Bauiere.

Edoüard-Fortuné Marquis de Bade, mort l'an 1600.
Marie de Licken.

Iaqueline de Bade.
Iean-Guillaume Duc de Cleues.

Anne-Marie.
Albert Seigneur de Rosemberg.

Marie-Salomé.
Louys Landgraue de Leuctemberg.

Guillaume-Herman Marquis de Bade, de Dourlach & d'Hoshberg, Comte de Spanheim & d'Herbestein, Seigneur de Rotelin & de Malberg, Landgraue de Suzemberg.
Caterine-Vrsule Comtesse de Hohenzollern.

Philippes.

Guillaume-Chrystophle Chanoine de Liege.

Ferdinand-Maximilian Marquis de Bade & d'Hosberg, Comte & Seigneur desdits lieux.
*LOVYSE DE SAVOYE de Carignan.*

Leopold-Guillaume.

Herman-Bernard.

Louys-Guillaume Prince de Bade, né à Paris le 8. d'Auril 1655.

## TABLE LXXXIV.

### *EXTRACTION DE NICOLAS DE Lorraine Comte de Vaudemont, Mary de Ieane de Sauoye de la Branche de Nemours.*

IEAN Duc de Lorraine, mort l'an 1382.
Sophie, Fille d'Eberard de wirtemberg.

| | | |
|---|---|---|
| 1. Charles Duc de Lorraine, qui continua la ligne des Ducs de Lorraine. | 2. Ferry de Lorraine Comte de Vaudemont Baron de Ioinville, tué à la bataille d'Azincourt. Marguerite de Ioinville Comteſſe de Vaudemont, Veſue de Pierre Comte de Geneue. | 3. Iſabelle. 1. Enguerrand Sire de Coucy Comte de Soyſſons. 2. Eſtienne Duc de Bauiere. |

| | | | | |
|---|---|---|---|---|
| Ferry Seigneur de Rumigny. | Charles Seigneur de Bouines. | Iean Seigneur de Fleurines. | Antoine I. du nom Comte de Vaudemont & de Ioinville, Baron de Guyſe, decedé l'an 1447. Marie de Harcourt, Fille de Iean Comte de Harcourt & d'Aumale, Seigneur de Mayenne & d'Elbeuf, & de Marie d'Alençon. | Marguerite. 1. Philippes de Naſſau Comte de Sarrebruche. 2. Henry Comte de Blamont. |

| | | | | |
|---|---|---|---|---|
| Henry. Eueſque de Mets & de Theroüenne. | Marguerite. Antoine Seigneur de Croy & de Renty. | Marie. Alain Vicomte de Rohan. | Ferry II. Comte de Vaudemont & de Ioinville. Yoland d'Anjou. | Iean de Lorraine Comte de Harcourt. |

| | | | |
|---|---|---|---|
| Ioland. Guillaume Landgraue de Heſſe. | Marguerite. René Duc d'Alençon. | René Duc de Lorraine & de Bar, Comtè de Vaudemont & de Ioinville, mort l'an 1508. Philippine de Gueldres. | Ieane. Charles d'Anjou Comte du Mayne. |

Claude

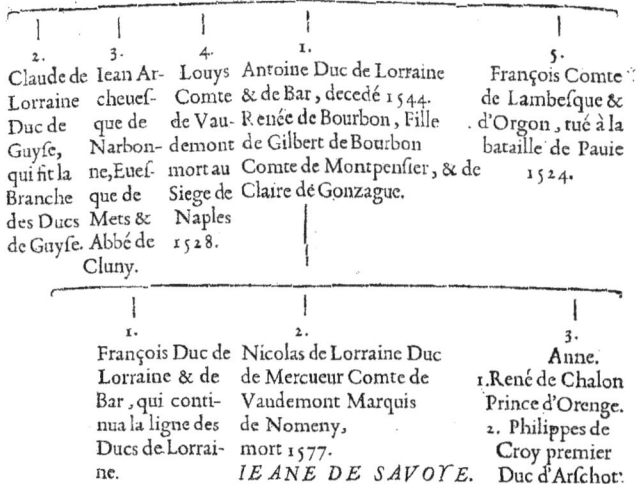

| 2. | 3. | 4. | 1. | 5. |
|---|---|---|---|---|
| Claude de Lorraine Duc de Guyse, qui fit la Branche des Ducs de Guyse. | Iean Archeuesque de Narbonne, Euesque de Mets & Abbé de Cluny. | Louys Comte de Vaudemont mort au Siege de Naples 1528. | Antoine Duc de Lorraine & de Bar, decedé 1544. Renée de Bourbon, Fille de Gilbert de Bourbon Comte de Montpensier, & de Claire de Gonzague. | François Comte de Lambesque & d'Orgon, tué à la bataille de Pauie 1524. |

| 1. | 2. | 3. |
|---|---|---|
| François Duc de Lorraine & de Bar, qui continua la ligne des Ducs de Lorraine. | Nicolas de Lorraine Duc de Mercueur Comte de Vaudemont Marquis de Nomeny, mort 1577. *IEANE DE SAVOYE.* | Anne. 1. René de Chalon Prince d'Orenge. 2. Philippes de Croy premier Duc d'Arschot. |

## TABLE LXXXV.

### *EXTRACTION D'ANNE D'EST, Duchesse de Nemours.*

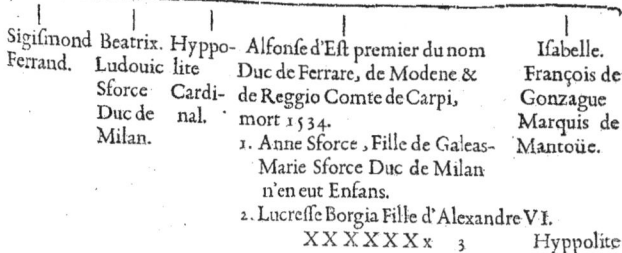

NICOLAS d'Est Marquis de Ferrare, Seigneur de Modene & de Reggio, mort 1440.
Richarde de Saluces.

Hercules d'Est, Duc de Ferrare, de Modene & de Reggio, decedé 1505.
Leonor d'Arragon, Fille de Ferrand d'Arragon Roy de Naples.

| | | | | |
|---|---|---|---|---|
| Sigismond Ferrand. | Beatrix. Ludouic Sforce Duc de Milan. | Hyppolite Cardinal. | Alfonse d'Est premier du nom Duc de Ferrare, de Modene & de Reggio Comte de Carpi, mort 1534. 1. Anne Sforce, Fille de Galeas-Marie Sforce Duc de Milan n'en eut Enfans. 2. Lucresse Borgia Fille d'Alexandre VI. | Isabelle. François de Gonzague Marquis de Mantoüe. |

| | | | |
|---|---|---|---|
| Hyppolite Cardinal. | Hercules d'Est II. du nom Duc de Ferrare, de Modene & de Reggio, Comte de Carpi. Renée de France, Fille du Roy Louys XII. | François Marquis de Massa. Marie de Cardone Comtesse d'Auellin, n'en eut lignée. | Alexandre. |

| | | | | |
|---|---|---|---|---|
| Lucresse. François-Marie de la Roüere Duc d'Vrbin. | Anne d'Est. *IAQVES DE SAVOYE, Duc de Nemours.* | Alfonse d'Est II. du nom, & dernier Duc de Ferrare, de Modene & de Reggio, Comte de Carpi. | Louys Cardinal. | Federic Marquis d'Est. |

## TABLE LXXXVI.

### *EXTRACTION D'ANNE DE Lorraine d'Aumale, Duchesse de Nemours.*

RENÉ Duc de Lorraine & de Bar.
Philippes ou Philippine de Gueldres.

Claude de Lorraine premier Duc de Guyse, Prince de Ioinville, Pair de France, Comte d'Aumale, de Mayenne & d'Elbeuf, mort 1550.
Antoinette de Bourbon, Fille de François de Bourbon Comte de Vendosme, & de Marie de Luxembourg.

| | | | | | | |
|---|---|---|---|---|---|---|
| 1. François Duc de Guyse, qui continua la Branche | 2. Charles Archeuesque de Reims, Euesque de Mets | 4. Louys Archeuesque de Sens Cardinal. | 5. René Marquis d'Elbeuf, qui fit la Bran- | 3. Claude de Lorraine Duc d'Aumale Pair de France. Louyse de Brezé. | Marie. 1. Louys d'Orleans Duc de Longueville. 2. Iaques Stuart Roy d'Escosse. | Louyse. Charles de Croy Prince de Cimay. |

des

des Ducs de Guyse. | & Cardinal. | che d'Elbeuf.

Louyse Abbesse de Soyssons.

Henry Comte de S. Valier.

Caterine. Nicolas de Lorraine, Comte de Vaudemont.

Marie. Abbesse de Chelles.

Charles de Lorraine Duc d'Aumale Pair de France. Marie de Lorraine sa Cousine, Fille de René de Lorraine Marquis d'Elbeuf, & de Louyse de Rieux.

Anne Duchesse d'Aumale. *HENRY DE SAVOYE DVC DE NEMOVRS.*

Magdelaine-Diane. François de Luxembourg Duc de Piney.

## TABLE LXXXVII.

### *EXTRACTION D'ADELINE DE Lorraine, Espouse de Louys de Sauoye, Baron de Vaud.*

GERARD Comte d'Alsace Duc de Lorraine. Gisele . . . . . .

Gerard d'Alsace Duc de Lorraine, mort l'an 1070. Hadwige . . . . . .

Gerard Comte de Vaudemont.

Ite. Radepoton Comte d'Altembourg.

Thierry Duc de Lorraine, decedé 1115. Getrude, Fille de Robert Comte de Flandre.

N . . . . Bernard Seigneur de Brancion.

Thierry d'Alsace Comte de Flandre.

Simon Duc de Lorraine. Adeleyde Sœur de l'Empereur Lothaire.

Henry Euesque de Toul.

Agathe. Renaud Comte de Bourgogne.

Matthieu I. du nom Duc de Lorraine. Berte, Sœur de l'Empereur Frideric.

Robert Seigneur de Florenges, qui fit Branche.

Theodoric

| | | | | | | |
|---|---|---|---|---|---|---|
| Theodoric éleu Euesque de Mets. | 1. Simon II. Duc de Lorraine. Ide de Vienne ou de Mascon. | Iudith. Estienne de Bourgogne Comte d'Auxonne. | 2. Frideric I. Comte de Bitsche mort l'an 1213. Ludouille de Pologne. | Mathieu Comte de Toul. | Alix. Hugues Duc de Bourgogne. | Sophie. Henry Duc de Limbourg. |

| | |
|---|---|
| Frideric II. Duc de Lorraine. Agnes, Fille de Thibaud Comte de Bar. | Iudith. Henry Comte de Salme en Ardenne. |

| | | | | |
|---|---|---|---|---|
| 1. Thibaud Duc de Lorraine mort sans Enfans. | Alix. 1. N... Comte de Kibourg. 2. Gauthier Seigneur de Vignorry. | Iaques Euesque de Mets. | 2. Mathieu II. Duc de Lorraine. Caterine de Limbourg. | Renaud Comte de Chastel. |

| | | | | | |
|---|---|---|---|---|---|
| Frideric III. Duc de Lorraine, qui continua la ligne des Ducs de Lorraine. | Lore. 1. Ieap de Dampierre Comte de S. Disier. 2. Guillaume de Vergy Seigneur de Mirebeau. | Isabeau. 1. Guillaume Comte de Vienne. 2. Iean de Chalon Seigneur de Rochefort. | Caterine. Richard Comte de Montbeliard. | *Adeline de Lorraine.* *LOVYS DE SAVOYE Baron de Vaud.* | Bouchard Euesque de Mets. |

## TABLE LXXXVIII.

*EXTRACTION DE IEANE DE Montfort seconde Femme de Louys de Sauoye Baron de Vaud.*

AMAVRY I. du nom Seigneur de Montfort, surnommé de luy *Montfort l'Amaury*,

*l'Amaurry*, viuant 1053. & 1072. gist au Prieuré de S. Thomas d'Espernon.
Bertrade sa Femme.

Simon Seigneur de Montfort 1071.
1. Elizabeth de Broyes Dame de Nogent, Fille d'Hugues Seigneur de Broyes, surnommé *Bardoulph*.
2. Agnes, Fille de Richard Comte d'Evreux, laquelle mourut le 18. d'Avril 1118.

1. Lict. Elizabeth. Raoul Seigneur de Toeny & de Couches.

2. Lict. Bertrade. 1. Fouques Rechin Comte d'Anjou. 2. Philippes I. Roy de France.

Amaurry Seigneur de Montfort II. du nom Comte d'Evreux.
1. Richilde, Fille de Baudoin Comte de Haynaut, & d'Ide de Louuain, furent separés à cause de Parenté.
2. Agnes Dame de Rochefort & de Gournay, Fille d'Ansel Seigneur de Garlande Seneschal de France, remariée à Robert de France Comte de Dreux.

2. Lict. Guillaume Chanoine de Chartres Euesque de Paris.

1. Lict. Luciane. Hugues de Rochefort Seigneur de Crecy, Seneschal de France.

Amaurry Comte de Montfort & d'Evreux, mort ieune.

Simon II. Comte de Montfort, d'Evreux & de Leycestre.
Amicie, Fille de Robert Comte de Leycestre 1158.

Agnes. Dame de Gournay. Valeran Comte de Meulant.

Amaurry Comte d'Evreux. Mabile Comtesse de Glocestre.

Simon Comte de Montfort, de Leycestre & de Tolose, Duc de Narbonne, Chef de la guerre contre les Albigeois, mort 1217.
Alix de Montmorency.

Guy de Montfort Seigneur de la Ferté-Aleps en Beausse, fit le voyage de la Terre-Sainte.
Heluis, Dame de Sydon.

Petronille. Barthelemy Seigneur de Roye, Grand Chambrier de France.

Guy Comte de Bigor-

Amaurry Comte desdits lieux,

Simon Comte de Leycestre.

Amicie. Aymar Comte de Va-

Philippes de Montfort Seigneur de la Ferte-Aleps Comte de Castres.

| | | | | |
|---|---|---|---|---|
| re.<br>Petronille Comtesse de Bigorre 1216. | Duc de Narbonne Connestable de France.<br>Beatrix Daufine. | Eleonor d'Angleterre, d'où les Comtes de Leycestre. | lentinois. | 1. N de Courtenay<br>2. Marie de Thoron, Fille de Rupin Seigneur de Thoron & de Tyr. |

| | | | | | | |
|---|---|---|---|---|---|---|
| Alix de Montfort Comtesse de Bigorre.<br>1. Iordain Seigneur de Chabanes.<br>2. Raoul de Courtenay Seigneur d'Illiers. | Marguerite.<br>Iean Comte de Soyssons. | Iean Comte de Montfort.<br>Ieane de Craon.<br>Beatrix Comtesse de Montfort.<br>Robert Comte de Dreux. | Laure Dame d'Espernon.<br>1. Ferry de Castille.<br>2. Girard Seigneur de Piqueny. | Philippes de Montfort Seigneur de la *Ferté-Aleps*, Comte de Castres. | Iean Seigneur de Tyr.<br>Marguerite de Poitiers. | Anfroy.<br>Eschiue, Fille de Iean Seigneur de Baruth. |

| | | | | | |
|---|---|---|---|---|---|
| Mahaut de Courtenay Comtesse de Tielte.<br>Philippes de Flandre Comte de Thielte. | Laure.<br>Bernard Comte de Comminges. | Iean Comte de Squillace & de Montescayeux, Chambellan de Sicile.<br>Marguerite de Beaumont Comtesse de Chamerlan, n'en eut Enfans. | Eleonor.<br>Iean Comte de Vendosme. | Ieane de Montfort.<br>1. Guygues Comte de Forests.<br>2. *LOVYS DE SAVOYE BARON DE VAVD.* | Rupin.<br>Marie d'Ibelin. |

## TABLE LXXXIX.

### *POSTERITE' DE BLANCHE DE Sauoye, Dame de Grandson.*

B*LANCHE DE SAVOYE.*
Guillaume, Seigneur de Grandson & de sainte Croix, Fils d'Otthon Seigneur

Seigneur de Granſon au Pays de Vaud.

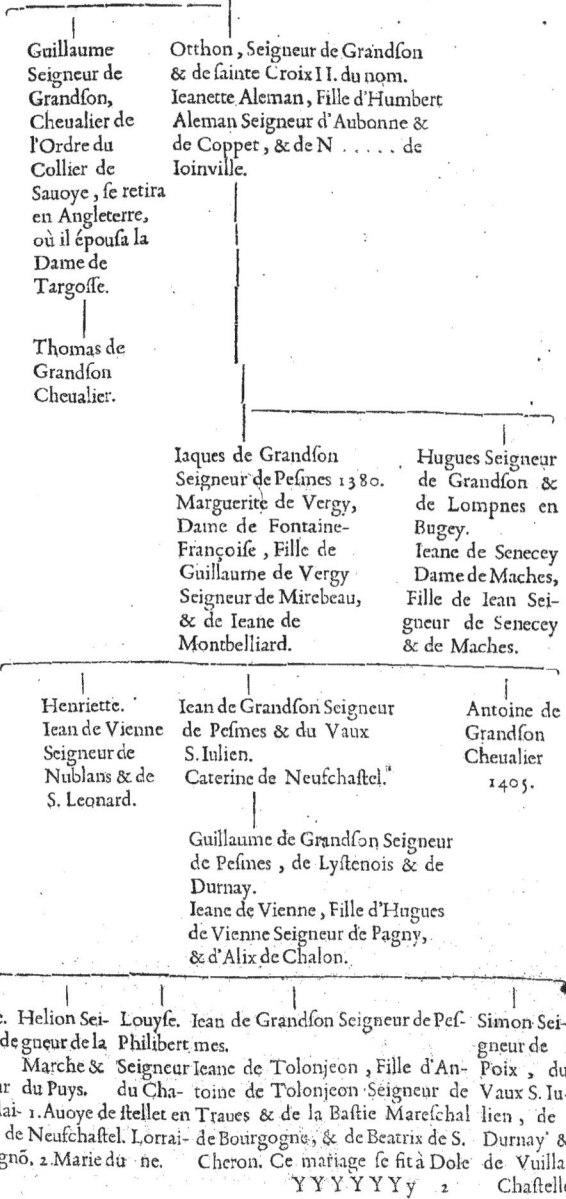

Guillaume Seigneur de Grandſon, Cheualier de l'Ordre du Collier de Sauoye, ſe retira en Angleterre, où il épouſa la Dame de Targoſſe.

Thomas de Grandſon Cheualier.

Otthon, Seigneur de Grandſon & de ſainte Croix II. du nom.
Ieanette Aleman, Fille d'Humbert Aleman Seigneur d'Aubonne & de Coppet, & de N . . . . . de Ioinville.

Iaques de Grandſon Seigneur de Peſmes 1380.
Marguerite de Vergy, Dame de Fontaine-Françoiſe, Fille de Guillaume de Vergy Seigneur de Mirebeau, & de Ieane de Montbelliard.

Hugues Seigneur de Grandſon & de Lompnes en Bugey.
Ieane de Senecey Dame de Maches, Fille de Iean Seigneur de Senecey & de Maches.

Henriette.
Iean de Vienne Seigneur de Nublans & de S. Leonard.

Iean de Grandſon Seigneur de Peſmes & du Vaux S. Iulien.
Caterine de Neufchaſtel.

Antoine de Grandſon Cheualier 1405.

Guillaume de Grandſon Seigneur de Peſmes, de Lyſtenois & de Durnay.
Ieane de Vienne, Fille d'Hugues de Vienne Seigneur de Pagny, & d'Alix de Chalon.

Ieane.
Claude Seigneur de Blaiſy & Brognō.

Helion Seigneur de la Marche & du Puys.
1. Auoye de Neufchaſtel. 2. Marie du

Louyſe.
Philibert Seigneur du Chaſtellet en Lorraine.

Iean de Grandſon Seigneur de Peſmes.
Ieane de Tolonjeon, Fille d'Antoine de Tolonjeon Seigneur de Traues & de la Baſtie Mareſchal de Bourgogne, & de Beatrix de S. Cheron. Ce mariage ſe fit à Dole

Simon Seigneur de Poix, du Vaux S. Iulien, de Durnay & de Vuilla-

 Chaſtellet

Chastellet Sœur de Caterine. | le 27. de Feurier 1432. | sans testa le 12. de Nouembre 1475. Caterine du Chastellet, Fille du Seigneur de Chastellet & de Vauuillars n'en eut Enfans.

Antoine.

Ieane. Louys Aleman Seigneur d'Arbent.

1. Lict. Benigne de Grandson. François de Vienne, Seigneur de Lystenois.

Guillaume.

## TABLE LXXXX.

### *EXTRACTION DE IEAN COMTE de Sarrebruche Seigneur de Commercy, Mary de Marguerite de Sauoye, & leur Posterité.*

N . . . . . . . . Comte de Sarrebruche 1090. . . . . . . . . . . .

Adelbert de Sarrebruche Archeuesque de Mayence depuis l'an 1109. iusqu'à l'an 1137. qu'il deceda Chancelier de l'Empereur Lothaire.

Federic Comte de Sarrebruche, viuant l'an 1126. . . . . . . . . . . . . . . .

Agnes. Federic II. Duc de Suaube.

Simon premier du nom Comte de Sarrebruche 1146. & 1157. . . . . . . . . . . . .

Albert II. Archeuesque mort 1140.

Heluis. Hugues III. Comte de Vaudemont 1198.

Simon II. du nom Comte de Sarrebruche, qui fut au Siege de Damiette 1218. & fut éleu Capitaine general de l'Armée, épousa Lorette de Lorraine Fille de Federic I. Duc de Lorraine, du consentement de laquelle il quitta à Matthieu Duc de Lorraine son Beaufrere tout ce que sa Femme pouuoit pretendre en la Succession

*Sanut. pag.* 207.

Succession de son Pere 1226.

- Simon III. Comte de Sarrebruche mort sans Enfans, de Ieane d'Aspremont, Fille de Gobert Sire d'Aspremont & de Iuliane de Rosoy auant l'an 1235. auquel temps son Ayeule Paternelle (dont le nom est ignoré) viuoit encore.
- Ieane, mentionnée auec ses Sœurs au partage qu'elles firent de leurs biens l'an 1235.
- Mahaut Comtesse de Sarrebruche, se maria auec Amé de Montbelliard Seigneur de Montfaucon, qui à cause d'elle fut Comte de Sarrebruche. Il accompagna le Sire de Ioinville outre-mer l'an 1248. elle mourut l'an 1274. comme porte son Epitaphe qui se void dans la Chappelle du S. Suayre de Besançon.
- Lorette. Gobert Sire d'Aspremont Fils Aisné de Gobert Sire d'Aspremont; elle mourut sans Enfans 1246.

---

- Iean 1330.
- Simon IV. du nom Comte de Sarrebruche. Il eut Inuestiture dudit Comté par l'Euesque de Mets l'an 1277. Sa Femme fut Estiennette de Broyes, Fille vnique & heritiere de Simon de Broyes Seigneur de Commercy, & d'Alix sa Femme. Il viuoit encore l'an 1297.

---

- Lore de Sarrebruche. Ansel Sire de Ioinville.
- Iean premier du nom Comte de Sarrebruche & Seigneur de Commercy, épousa *Marguerite de Sauoye, Fille de Louys de Sauoye Baron de Vaud, & de Ieane de Montfort* 1309.

---

- Simon de Sarrebruche Seigneur de Commercy. Mahaut d'Aspremont 1349. d'où Iean de Sarrebruche Seigneur de Commercy, Mary d'Isabeau de Ioinville Dame d'Estreelles 1374.
- Ieane.
- Mahaut. Simon Comte de Solms mort 1359.
- Iean II. du nom Comte de Sarrebruche Bouteillier de France 1366. Marie de Bar, Fille de Pierre de Bar Seigneur de Pierrefort, & d'Eleonor de Poitiers. Henry de Bar Seigneur de Pierrefort son Beaupere le fit Executeur de son Testament l'an 1366.
- Marguerite. Louys de Cossonay Seigneur de Berchié 1379.
- Beatrix Dame de Hans & des Armoises.

Ieane Comtesse de Sarrebruche épousa Iean Comte de Nassau & de Weilbourg, Fils de Gerlac Comte de Nassau, de Weysbaclen, de Weilbourg & d'Idsteim, & d'Agnes de Hesse, petit Fils d'Adolphe Comte de Nassau Empereur.

---

Elizabeth. Henry Landgraue de Hesse.

Philippes Comte de Nassau, de Weilbourg & de Sarrebruche, mort 1429.
1. Caterine de Lorraine, Fille de Federic Duc de Lorraine.
2. Anne Comtesse de Hohenloo.

---

2. Lict. Philippes Comte de Weilbourg, qui fit la Branche des Comtes de Weilbourg.

1. Lict. Marguerite. Girard Comte de Rodeuaker.

1. Lict. Iean Comte de Nassau & de Sarrebruche, mort 1472.
1. Ieane, Fille du Comte de Lucninguen & de Henneberg.
2. Elizabeth, Fille de Louys Comte de Wirtemberg.

2. Lict. Ieane. George Comte de Henneberg.

---

1. Lict. Elizabeth. Guillaume Duc de Iuilliers.

1. Lict. Ieane. Iean Comte Palatin du Rhin Duc de Bauiere.

2. Lict. Iean-Louys Comte de Nassau & de Sarrebruche, posthume, mort 1545.
1. Isabeau, Fille de Iean Comte Palatin du Rhin & Duc de Bauiere.
2. Caterine, Fille du Comte de Moëurs & de Sawerden.

---

1. Lict. Adolphe Comte de Sarrebruche. Anne Comtesse de Mansfeld, morte 1559.

1. Lict. Ottilia. Iean Comte de Sené.

1. Lict. Iean-Louys Chanoine de Strasbourg.

1. Lict. Philippes Comte de Nassau & de Sarrebruche mort sans Enfans l'an 1554. d'Appollonie sa Femme, Fille du Comte Dasberg.

2. Lict. Caterine. Ewicho [Emicho] Comte de Leinichen. [Liningen ou Linange]

TABLE

## TABLE XCI.

### *EXTRACTION DE GVILLAVME DE Ioinuille Seigneur de Gex, Mary de Ieane de Sauoye, & leur Posterité.*

GEOFFROY Seigneur de Ioinville Seneschal de Champagne, viuant l'an 1130.
Heluis . . . . . . . . . .

| | | | | |
|---|---|---|---|---|
| Geoffroy Seigneur de Ioinville, dit *Troüillart*, Seneschal de Champagne, mort sans Enfans en la Terre Sainte. | Guillaume Archidiacre de Châlons, Euesque de Langres, puis Archeuesque de Rheims, mort 1226. | Simon Seigneur de Ioinville Seneschal de Champagne.<br>1. Ermengarde . . . . . . . n'en eut Enfans.<br>2. Beatrix de Bourgogne Dame de Marnay au Comté de Bourgogne, Sœur de Iean Comte de Chalon, auec lequel Simon de Ioinville eut differend l'an 1225. pour le Chasteau de Marnay qui estoit la dot de sa Femme. | Robert. | Guy Seigneur de Sailly. |

| | | |
|---|---|---|
| Iean Sire de Ioinville Seneschal de Champagne, Autheur de la vie de S. Louys. | Simon de Ioinville Seigneur de Marnay & de Gex.<br>1. Lyonette Dame de Gex, Fille d'Amé Seigneur de Gex, & de Beatrix de Baugé 1270.<br>2. Leonor de Foucigny n'en eut Enfans. | Geoffroy de Ioinville Seigneur de Vaucouleur. |

| | | | |
|---|---|---|---|
| Pierre Seigneur de Gex estoit l'aisné, & mourut sans Enfans. | Agnes.<br>François Seigneur de Sassenage. | Guillaume de Ioinville Seigneur de Gex, premier Baron de Champagne 1300.<br>*Ieane de Sauoye Fille de Louys de Sauoye Baron de Vaud, & de Ieane de Montfort.* | Beatrix.<br>Odon Aleman Seigneur de Champs en Daufiné 1280. |

| | | | | |
|---|---|---|---|---|
| Hugues Seigneur de Gex, apres Hugard son Frere mort | Eleonor, Espouse d'Hugues de Geneue Seigneur d'Anthon & de Varey; elle testa | Hugard Seigneur de Gex 1338. mort sans Posterité. | N . . . . . . Dame d'Aubonne, Femme d'Humbert Aleman Cheualier Seigneur | Marguerite.<br>Guillaume Seigneur de Montbel & d'Entremonts. |

sans

ſans lignée. | le 12. de Mars 1351. & parle de Beatrix d'Entremonts, d'Eleonor & de Ieane Filles d'Humbert Aleman ſes Nieces. | d'Aubonne & de Coppet.

## TABLE XCII.

*EXTRACTION DE RAOVL COMTE d'Eu & de Guynes Conneſtable de France, ſecond Mary de Caterine de Sauoye-Vaud.*

ALFONSE de Brienne, dit d'*Acre*, Comte d'Eu, Grand Chambrier de France.
Marie d'Yſſoudun Comteſſe d'Eu.

Iean Comte d'Eu I. du nom.

Iean II. Comte d'Eu.
Ieane Comteſſe de Guynes, Fille de Baudoin Comte de Guynes, & de Caterine de Montmorency.

Raoul III. du nom Comte d'Eu & de Guynes Conneſtable de France, tué en vn Tournoy 1344.
Ieane de Mello, Fille de Dreux de Mello Seigneur de Chaſteau-Chinon & de ſainte Hermine, & d'*Eleonor de Sauoye*.

Ieane.
1. Gauthier de Brienne Duc d'Athenes Conneſtable de France.
2. Louys d'Evreux, Comte d'Eſtampes.

Raoul IV. Comte d'Eu & de Guynes Conneſtable de France, mort 1351.
*CATERINE DE SAVOYE* n'en eut Enfans.

Marie, decedée ieune.

TABLE

## TABLE XCIII.

### *EXTRACTION DE GVILLAVME de Flandre Comte de Namur, troisiéme Mary de Caterine de Sauoye, & leur Posterité.*

GVILLAVME de Bourbon Sire de Dampierre.
Marguerite Comtesse de Flandre.

|

Guy de Dampierre Comte de Flandre.
Isabelle de Luxembourg Comtesse de Namur.

|

Iean de Flandre Comte de Namur.
1. Marguerite de France de Clermont n'en eut Enfans.
2. Marie d'Artois.

|

Guillaume de Flandre Comte de Namur Seigneur de l'Escluse.
1. Ieane de Haynaut Comtesse de Soyssons n'en eut lignée.
2. *CATERINE DE SAVOYE.*

| | | |
|---|---|---|
| Philippes Comte de Namur, mort sans Posterité. | Guillaume de Flandre II. du nom Comte de Namur. 1. Marie de Bar Fille de Robert Duc de Bar, & de Marie de France. 2. Ieane de Harcourt ne laissa Enfans. | Marie. Guy de Blois, dit de Chastillon Comte de Soyssons & de Blois. |

# TABLE XCIV.

## *EXTRACTION D'ANNE DE Lascaris Comtesse de Tende, Espouse de René legitimé de Sauoye, Comte de Villars.*

THEODORE de Lascaris Empereur des Grecs en Asie 1222.
Anne Comnene, Fille d'Alexis Comnene Empereur d'Orient.

Irene de Lascaris.
Iean Vatace Empereur des Grecs.

Theodore de Lascaris, dit *le Ieune*, Empereur de Constantinople 1259.
Helene, Fille d'Azen Roy de Bulgarie.

- Iean de Lascaris, surnommé *Ducas*, Empereur de Constantinople, dépoüillé de l'Empire par Michel Paleologue l'an 1262.
- Irene. Constantin Roy de Bulgarie.
- Eudoxia de Lascaris. Guillaume-Pierre Balbo Comte de Vintimille 1269.
  - Iean de Lascaris Comte de Vintimille & de Tende, qui prit le nom & les Armes de Lascaris, à cause de sa Mere 1285.
    - Emanuel de Lascaris Comte de Vintimille.
    - Guillaume de Lascaris Comte de Tende.
      - Iean de Lascaris Comte de Tende.
        - Guillaume-Pierre de Lascaris Comte de Tende & Seigneur de Roquebrune.
    - Renée de Lascaris. Louys de Carretto Marquis de Final.
  - Pierre de Lascaris Seigneur de Brigue & de Castellar.
- Marie. Nicephore Despote d'Etolie.
- Theodora. Mathieu Seigneur de Valericourt.

Mariette.

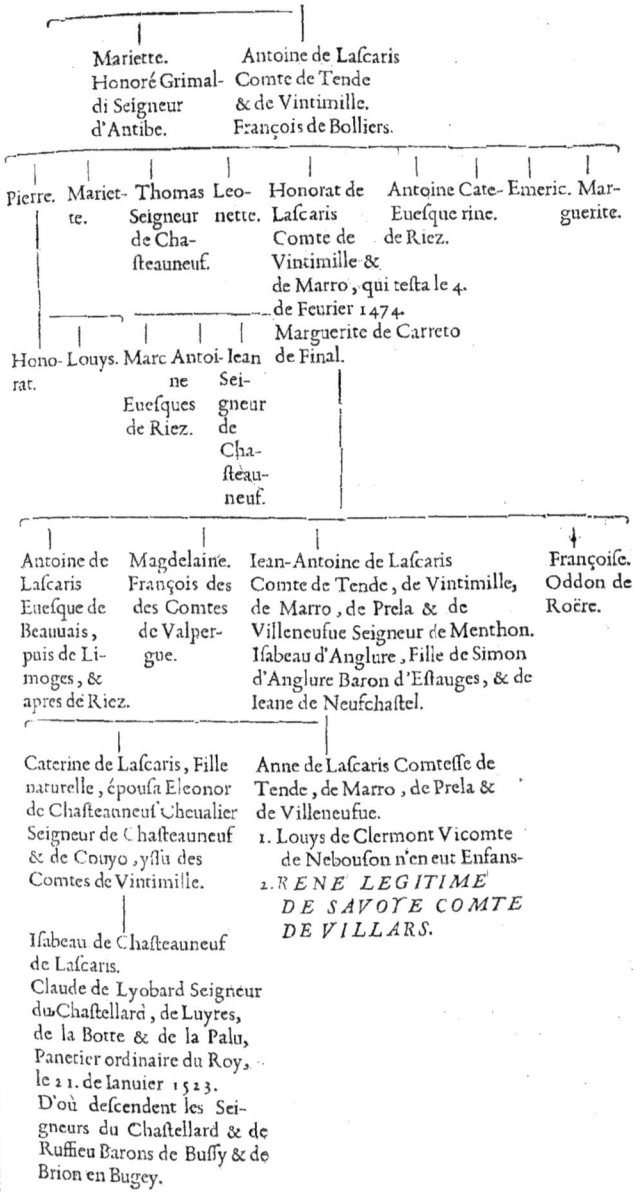

Mariette.
Honoré Grimaldi Seigneur d'Antibe.

Antoine de Lascaris Comte de Tende & de Vintimille.
François de Bolliers.

Pierre.

Mariette.

Thomas Seigneur de Chasteauneuf.

Leonette.

Honorat de Lascaris Comte de Vintimille & de Marro, qui testa le 4. de Feurier 1474.
Marguerite de Carreto de Final.

Antoine Euesque de Riez.

Caterine.

Emeric.

Marguerite.

Honorat.

Louys.

Marc Antoine Euesques de Riez.

Iean Seigneur de Chasteauneuf.

Antoine de Lascaris Euesque de Beauuais, puis de Limoges, & apres de Riez.

Magdelaine.
François des des Comtes de Valpergue.

Iean-Antoine de Lascaris Comte de Tende, de Vintimille, de Marro, de Prela & de Villeneusue Seigneur de Menthon.
Isabeau d'Anglure, Fille de Simon d'Anglure Baron d'Estauges, & de Ieane de Neufchastel.

Françoise.
Oddon de Roëre.

Caterine de Lascaris, Fille naturelle, épousa Eleonor de Chasteauneuf Cheualier Seigneur de Chasteauneuf & de Couyo, yssu des Comtes de Vintimille.

Isabeau de Chasteauneuf de Lascaris.
Claude de Lyobard Seigneur du Chastellard, de Luyres, de la Botte & de la Palu, Panetier ordinaire du Roy, le 21. de Ianuier 1523.
D'où descendent les Seigneurs du Chastellard & de Ruffieu Barons de Bussy & de Brion en Bugey.

Anne de Lascaris Comtesse de Tende, de Marro, de Prela & de Villeneusue.
1. Louys de Clermont Vicomte de Nebouson n'en eut Enfans.
2. *RENE LEGITIME DE SAVOYE COMTE DE VILLARS.*

## TABLE XCV.

### POSTERITE' DE MAGDELAINE DE *Sauoye, Ducheſſe de Montmorency.*

MAGDELAINE DE SAVOYE.
Anne Duc de Montmorency, premier Baron, Pair, Grand Maiſtre, Mareſchal & Conneſtable de France.

- Henry Baron de Damville, Mareſchal de France, puis Duc de Montmorency Conneſtable de France.
  1. Antoinette de la Marck-Boüillon.
  2. Louyſe de Budos de Portes.
  3. Laurence de Clermont-Montoyſon.
- Charles Seigneur de Meru.
- Gabriel Seigneur de Montberon.
- Guillaume Seigneur de Thoré.
- Leonor. François de la Tour Vicomte de Turenne.
- Ieane. Louys Seigneur de la Tremoille, Duc de Thoüars.
- François Duc de Montmorency, Pair & Mareſchal de France. Diane legitimée de France, Vefue d'Horace Farneſe Duc de Caſtro, n'en eut Enfans.
- Caterine. Gilbert de Leui Duc de Ventadour.
- Marie. Henry de Foix Comte de Candale, d'Eſtrac & de Benauges Captal de Buch.

Enfants de Henry:

- 1. Lict. Hercules Comte d'Offemont mort ſans alliance.
- 1. Lict. Charlotte de Montmorency. Charles de Valois Duc d'Angouleſme Pair de France.
- 1. Lict. Marguerite. Anne de Leui Duc de Ventadour.
- 2. Lict. Charlotte. Henry de Bourbon Prince de Condé.
- 2. Lict. Henry Duc de Montmorency & de Damuille Pair & Amiral de France. Marie Felice des Vrſins Fille de Virginio Vrſin Duc de Bracciano, & de Fuluia Perreti, Niece de Sixte V. n'en eut Enfans.

Enfants de Marie:

- Marguerite de Foix. Iean-Louys de Nogaret de la Valette, Duc d'Eſpernon Pair de France, Colonel general de l'Infanterie.
  - Louys Cardinal de la Valette.
  - Henry de Foix Duc de Candale.
  - Bernard de Foix Duc d'Eſpernon, de Candale & de la Valette Prince de Buch. Gabrielle-Angelique legitimée de France.

Anne

| Anne Duchesse de Longueville. | Armand Prince de Conty. | Louys de Bourbon Prince de Condé, Duc d'Anguien & d'Albret. Claire-Clemence de Maillé-Brezé. | Louys-Charles-Gaston de Foix Duc de Candale Viceroy de Catalogne. |
|---|---|---|---|

Henry-Iules de Bourbon Duc d'Albret, puis Duc d'Anguien.

## TABLE XCVI.

*EXTRACTION D'ANTOINE DE Luxembourg Comte de Brienne & de Ligny, Mary de Marguerite de Sauoye, & leur Posterité.*

ANTOINE de Luxembourg Comte de Brienne & de Ligny, Fils de Louys de Luxembourg Comte de S. Paul, & de Ieane de Bar sa premiere Femme épousa

Voyez la Table 59.

1. Antoinette de Baufremont de Charny.
2. Françoise de Croy.
3. Gillette de Coytiui n'en eut Enfans.

| 1. Lict. Claudine de Luxembourg morte sans alliance. | 1. Lict. Philiberte Comtesse de Charny. Iean de Chalon Prince d'Orenge. | 2. Lict. Charles de Luxembourg Comte de Brienne, de Ligny & de Roussy. Charlotte d'Estouteville. | 2. Lict. Claude Comte de Ligny, decedé sans estre marié. |
|---|---|---|---|

| Louys Comte de Roussy. Antoinette d'Amboyse. | Iean Euesque de Pamiers. | Gillette. François de Vienne Baron de Commarrien. | Antoine de Luxembourg Comte de Brienne & de Ligny. *MARGUERITE DE SAVOYE.* | Françoise. 1. Bernard Marquis de Bade. 2. Adolphe Comte de Nassau. |
|---|---|---|---|---|

Magdelaine.
Christophle des Vrsins Baron de la Chappelle.

François Duc de Luxembourg & de Piney Prince de Tingry.
1. Diane de Lorraine-Aumale.
2. Marguerite de Lorraine-Vaudemont n'en eut Enfans.

Iean de Luxembourg Comte de Brienne & de Ligny.
Guillemette de la Marck-Boüillon.

Antoinette.
René Potier Comte de Tresmes.

Henry Duc de Luxembourg & de Piney Prince de Tingry.
Magdelaine de Montmorency.

Charlotte-Marguerite Duchesse de Luxembourg & de Piney.
1. Leon d'Albert Seigneur de Brantes Duc de Luxembourg.
2. Charles de Clermont de Tonnerre Duc de Luxembourg & de Piney à cause d'elle.

Charles de Luxembourg Comte de Brienne & de Ligny.
Anne de Nogaret de la Valette, mourut sans Enfans.

Diane.
1. Louys Comte de Carmen en Bretagne.
2. Iust de Pontailler Baron de Pleurs.

Louyse.
1. George d'Amboyse Baron de Casaubon n'eut Enfans.
2. Bernard de Beon Seigneur du Masses.

Louyse de Beon.
Henry-Auguste de Lomenie Comte de Brienne, Conseiller du Roy en ses Conseils & Secretaire de ses Commandements.

TABLE

## TABLE XCVII.

### POSTERITE DE FRANCOISE DE Foix Eſpouſe de Claude de Sauoye Comte de Tende.

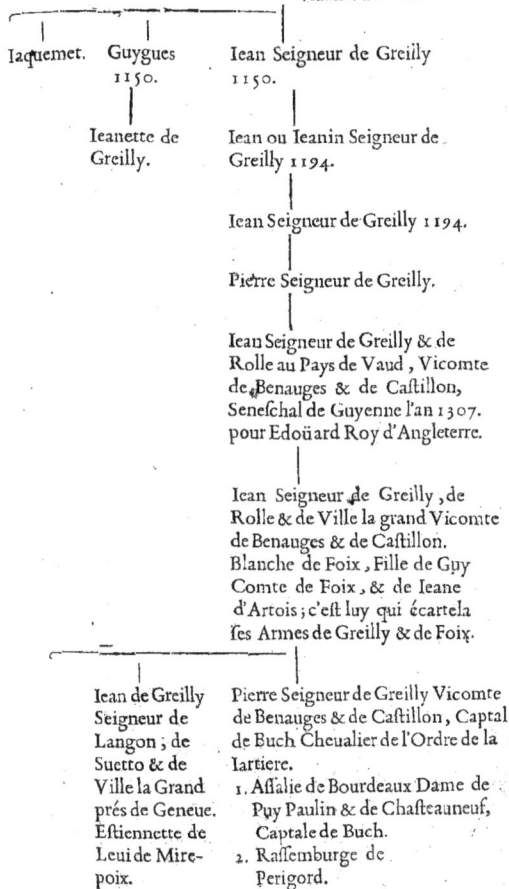

GIRARD Seigneur de Greilly au Pays de Gex Cheualier, viuant l'an 1120.

Iaquemet.

Guygues 1150.

- Ieanette de Greilly.

Iean Seigneur de Greilly 1150.

- Iean ou Ieanin Seigneur de Greilly 1194.
- Iean Seigneur de Greilly 1194.
- Pierre Seigneur de Greilly.
- Iean Seigneur de Greilly & de Rolle au Pays de Vaud, Vicomte de Benauges & de Caſtillon, Seneſchal de Guyenne l'an 1307. pour Edoüard Roy d'Angleterre.
- Iean Seigneur de Greilly, de Rolle & de Ville la grand Vicomte de Benauges & de Caſtillon. Blanche de Foix, Fille de Guy Comte de Foix, & de Ieane d'Artois; c'eſt luy qui écartela ſes Armes de Greilly & de Foix.

Ieans enfants :

Iean de Greilly Seigneur de Langon; de Suetto & de Ville la Grand prés de Geneue. Eſtiennette de Leui de Mirepoix.

Pierre Seigneur de Greilly Vicomte de Benauges & de Caſtillon, Captal de Buch Cheualier de l'Ordre de la Iartiere.
1. Aſſalie de Bourdeaux Dame de Puy Paulin & de Chaſteauneuf, Captale de Buch.
2. Raſſemburge de Perigord.

Aymonet

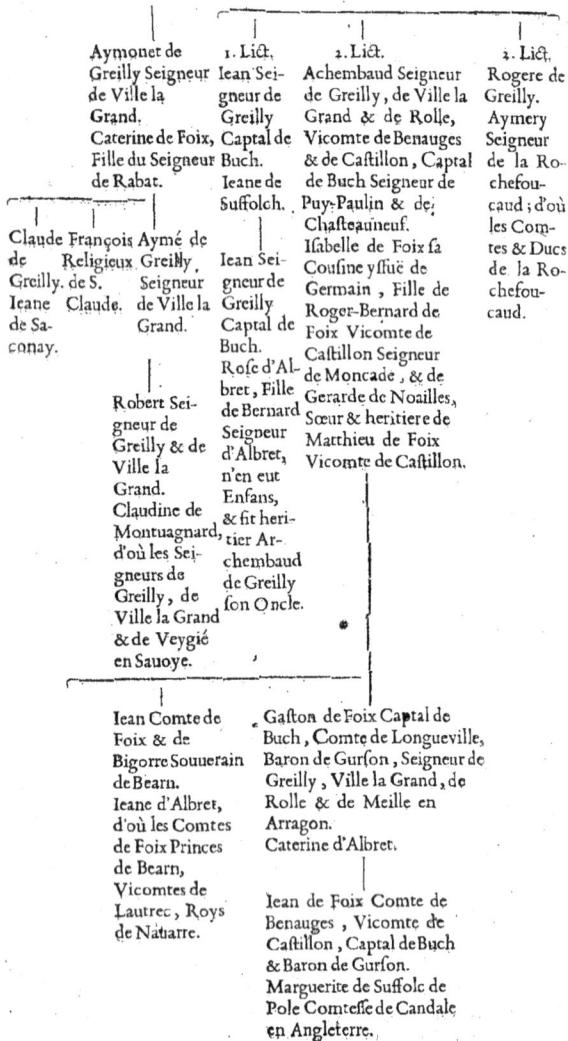

Aymonet de Greilly Seigneur de Ville la Grand.
Caterine de Foix, Fille du Seigneur de Rabat.

Claude de Greilly.
Ieane de Saconay.

François Religieux de S. Claude.

Aymé de Greilly, Seigneur de Ville la Grand.

Robert Seigneur de Greilly & de Ville la Grand.
Claudine de Montuagnard, d'où les Seigneurs de Greilly, de Ville la Grand & de Veygié en Sauoye.

1. Lict.
Iean Seigneur de Greilly Captal de Buch.
Ieane de Suffolch.

Iean Seigneur de Greilly Captal de Buch.
Rose d'Albret, Fille de Bernard Seigneur d'Albret, n'en eut Enfans, & fit heritier Archembaud de Greilly son Oncle.

2. Lict.
Achembaud Seigneur de Greilly, de Ville la Grand & de Rolle, Vicomte de Benauges & de Castillon, Captal de Buch Seigneur de Puy-Paulin & de Chasteauneuf.
Isabelle de Foix sa Cousine yssuë de Germain, Fille de Roger-Bernard de Foix Vicomte de Castillon Seigneur de Moncade, & de Gerarde de Noailles, Sœur & heritiere de Matthieu de Foix Vicomte de Castillon.

Iean Comte de Foix & de Bigorre Souuerain de Bearn.
Ieane d'Albret, d'où les Comtes de Foix Princes de Bearn, Vicomtes de Lautrec, Roys de Nauarre.

Gaston de Foix Captal de Buch, Comte de Longueville, Baron de Gurson, Seigneur de Greilly, Ville la Grand, de Rolle & de Meille en Arragon.
Caterine d'Albret.

Iean de Foix Comte de Benauges, Vicomte de Castillon, Captal de Buch & Baron de Gurson.
Marguerite de Suffolc de Pole Comtesse de Candale en Angleterre.

2. Lict.
Rogere de Greilly.
Aymery Seigneur de la Rochefoucaud; d'où les Comtes & Ducs de la Rochefoucaud.

Iean

Iean de Foix Comte de Candale & de Benauges, Captal de Buch, Baron de Gurſon & Vicomte de Meille en Arragon.
1. Caterine de Foix Infante de Nauarre ſa Couſine yſſuë de Germain.
2. Iſabelle d'Albret.

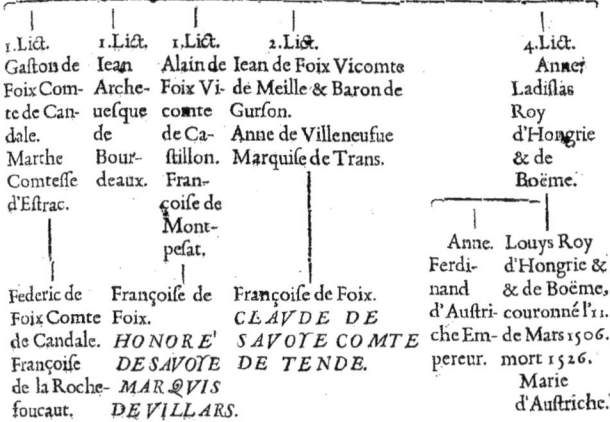

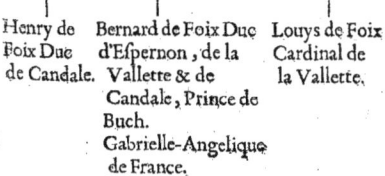

- 1. Lict. Gaſton de Foix Comte de Candale. Marthe Comteſſe d'Eſtrac.
  - Federic de Foix Comte de Candale. Françoiſe de la Rochefoucaut.
    - Henry de Foix Comte de Candale. Marie de Montmorency.
      - Marguerite de Foix Comteſſe de Candale. Iean-Louys de Nogaret de la Vallette, Duc d'Eſpernon Pair de France.
        - Henry de Foix Duc de Candale.
        - Bernard de Foix Duc d'Eſpernon, de la Vallette & de Candale, Prince de Buch. Gabrielle-Angelique de France.
        - Louys de Foix Cardinal de la Vallette.
- 1. Lict. Iean Archeueſque de Bourdeaux.
- 1. Lict. Alain de Foix Vicomte de Caſtillon. Françoiſe de Montpeſat.
  - Françoiſe de Foix. *HONORE' DE SAVOYE MARQVIS DE VILLARS.*
- 2. Lict. Iean de Foix Vicomte de Meille & Baron de Gurſon. Anne de Villeneufue Marquiſe de Trans.
  - Françoiſe de Foix. *CLAVDE DE SAVOYE COMTE DE TENDE.*
- 4. Lict. Anne. Ladiſlas Roy d'Hongrie & de Boëme.
  - Anne. Ferdinand d'Auſtriche Empereur.
  - Louys Roy d'Hongrie & de Boëme, couronné l'11. de Mars 1506. mort 1526. Marie d'Auſtriche.

Louys-Charles-Gaston de Foix Duc de Candale, Vice-Roy de Catalogne, mort à Lyon au mois de Ianuier 1658. sans auoir esté marié.

Anne-Chrestienne de la Vallette Religieuse.

## TABLE XCVIII.

### *POSTERITE' DE RENEE DE Sauoye Comtesse de Tende Marquise d'Vrfé & de Baugé.*

IAQVES Seigneur d'Vrfé, de la Bastie & de S. Iust, Cheualier de l'Ordre, Baillif & Gouuerneur de Forests.
*RENE'E DE SAVOYE COMTESSE DE TENDE ET MARQVISE DE BAVGE'.*

- Anne Comte d'Vrfé, Gouuerneur de Forests, puis Chanoine en l'Eglise & Comte de Lyon Prieur de Montuerdun.
- Christophle Seigneur de Bussy Comte de Pont de Veyle & de Chastillon, qui testa le 5. de Nouembre 1597.
  1. Charlotte de la Chambre le 23. de Ianuier 1592.
  2. Marie de la Forests de Grisse le dernier d'Aoust 1594.
- Antoine Euesque de S. Flour.
- Honoré Marquis de Valromey. Diane de Chasteaumorand mort sans Enfans.
- Marguerite. Antoine de Bron Seigneur de la Liegue.
- Françoise. Claude de Rochefort Seigneur de la Vallette.
- Iaques Marquis d'Vrfé & de Baugé Cheualier de l'Ordre de l'Anonciade Baillif & Lieutenant general pour le Roy en Forests. Marie de Neuille-Magnac.
- Magdelaine. Paul-Camille Caualque Gentil-homme Parmesan.
- Caterine. 1. Iean du Planet Seigneur de Beyuiers en Bresse. 2. Antoine de Montfaucon Seigneur de Montaigu.

Enfants de Christophle :

- Anne-Marie. Antoine de Roquefeuil Seigneur de
- Charlotte-Emanuelle d'Vrfé mariée l'11. de Ian-

Enfants de Iaques :

- Charles-Emanuel de Lascaris d'Vrfé, Marquis d'Vrfé & de Baugé, Comte
- Geneuiefue. Alexandre Duc de Croy Marquis

la

| | | | |
|---|---|---|---|
| la Baſtide en Albigeois. | uier 1621. à Henry de Maillard Marquis de S. Damien Comte de Tornon, d'où les Marquis de S. Damien & Comtes de Tornon en Sauoye. | de Sommeriue. Marguerite d'Alegre. — Louys d'Vrfé Comte de Sommeriue. | d'Aurec Comte de Fontenoy Souuerain de Feneſtranges Prince du S. Empire. |

## TABLE XCIX.

### *EXTRACTION DE MAGDELAINE de la Tour-Turenne, Eſpouſe d'Honorat de Sauoye Comte de Tende.*

BERTRAND de la Tour I. du nom Seigneur d'Oliergues, Fils de Bertrand de la Tour Seigneur de la Tour d'Auuergne, & de Beatrix d'Oliergues.
Marguerite de Montagu-Aycelin.

Annet de la Tour Seigneur d'Oliergues.
Caterine de Narbonne-Talairan.

| | |
|---|---|
| Bertrand Eueſque de Toul. | Annet de la Tour II. du nom Seigneur d'Oliergues. Beatrix de Chalencon, Fille de Guillaume Seigneur de Chalencon & de Valpurge de Polignac. |

| | | | |
|---|---|---|---|
| Guillaume Eueſque de Rhodes, Patriarche d'Antioche. | Caterine. Iean de Talaru Seigneur de Chalmazel. | Bertrand de la Tour II. Seigneur d'Oliergues. Annette d'Apchon. | Annet Seigneur d'Oliergues. Alix de Vendat. |

Annet de la Tour IV. Seigneur d'Oliergues Comte de Beaufort & Vicomte de Turenne.
Anne de Beaufort.

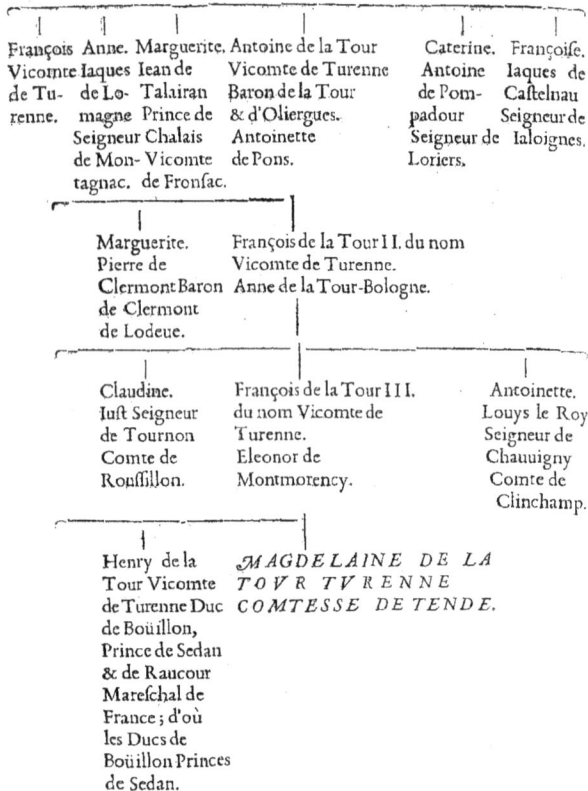

François Vicomte de Turenne.

Anne. Iaques de Lomagne Seigneur de Montagnac.

Marguerite. Iean de Talairan Prince de Chalais Vicomte de Fronsac.

Antoine de la Tour Vicomte de Turenne Baron de la Tour & d'Oliergues. Antoinette de Pons.

Caterine. Antoine de Pompadour Seigneur de Loriers.

Françoise. Iaques de Castelnau Seigneur de Ialoignes.

Marguerite. Pierre de Clermont Baron de Clermont de Lodeue.

François de la Tour II. du nom Vicomte de Turenne. Anne de la Tour-Bologne.

Claudine. Iust Seigneur de Tournon Comte de Roussillon.

François de la Tour III. du nom Vicomte de Turenne. Eleonor de Montmorency.

Antoinette. Louys le Roy Seigneur de Chauuigny Comte de Clinchamp.

Henry de la Tour Vicomte de Turenne Duc de Boüillon, Prince de Sedan & de Raucour Mareschal de France; d'où les Ducs de Boüillon Princes de Sedan.

*MAGDELAINE DE LA TOVR TVRENNE COMTESSE DE TENDE.*

TABLE C.

*EXTRACTION DE CHARLES DE Lorraine Duc de Mayenne, Mary d'Henrye de Sauoye, Marquise de Villars, & leur Posterité.*

RENE' Duc de Lorraine. Philippine ou Philippe de Gueldres.

Claude

Claude de Lorraine premier Duc de Guyſe, Prince de Ioinville Pair de France Comte d'Aumale, de Mayenne & d'Elbeuf.
Antoinette de Bourbon.

| | | | | | | |
|---|---|---|---|---|---|---|
| Claude Duc d'Aumale. | Louys Cardinal. | Charles Archeueſque de Reims, Eueſque de Mets & Cardinal. | Marie. 1. Louys d'Orleans Duc de Longueville. 2. Iaques Stuart Roy d'Eſcoſſe. | François de Lorraine Duc de Guyſe. Anne d'Eſt de Ferrare. | Louyſe. Charles de Croy Prince de Cimay. | René Marquis d'Elbeuf. |

| | | | |
|---|---|---|---|
| Henry Duc de Guyſe & de Cheureuſe; d'où les Ducs de Guyſe & de Cheureuſe. | Caterine. Louys de Bourbon Duc de Montpenſier. | 2. Charles de Lorraine Duc de Mayenne & d'Aiguillon, Pair & grand Chambellan de France. *HENRIETTE DE SAVOYE.* | Louys Archeueſque de Reims & Cardinal. |

| | | | |
|---|---|---|---|
| Caterine. Charles de Gonzague Duc de Neuers, puis de Mantoüe & de Montferrat. | Charles-Emanuel Comte de Sommeriue mort ſans eſtre marié. | Henry de Lorraine Duc de Mayenne & d'Aiguillon, Pair & Grand Chambellan de France, tué au ſiege de Montauban 1621. Henriette de Gonzague, n'en eut Enfans. | Renée. Mario-Sforce Duc d'Onano & de Segny, Comte de Sainte Fleur, Prince de Valmonton. |

## TABLE CI.

### *EXTRACTION DE GEOFFROY Seigneur de Clermont, Mary de Beatrix de Sauoye de Vaud, & leur Poſterité.*

GVILLAVME Seigneur de Clermont en Viennois viuant l'an 1180. & 1203.

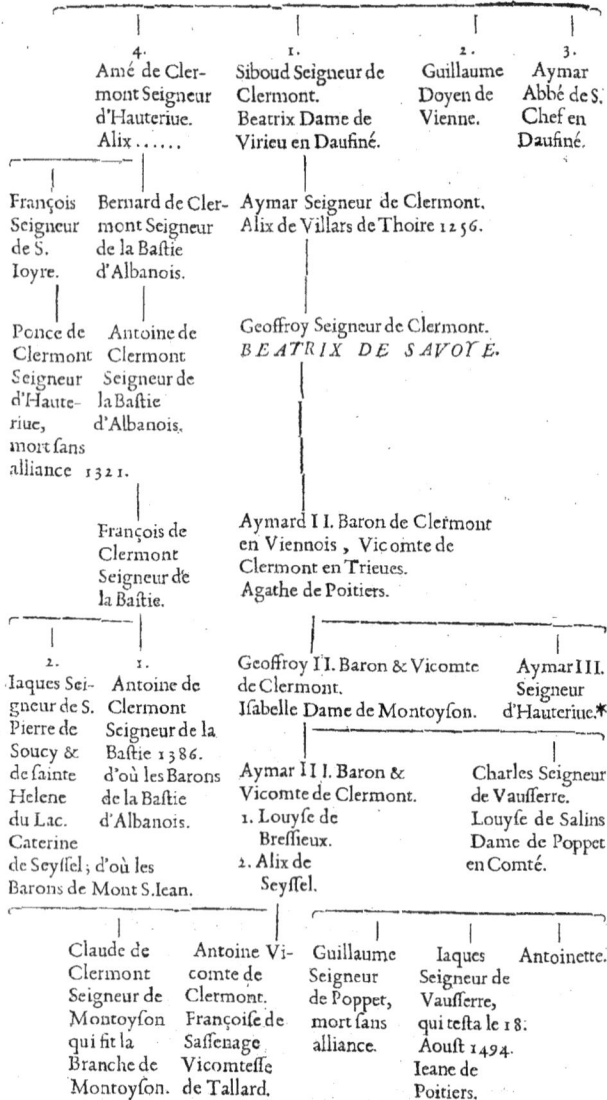

4. Amé de Clermont Seigneur d'Hauteriue. Alix......

1. Siboud Seigneur de Clermont. Beatrix Dame de Virieu en Dauſiné.

2. Guillaume Doyen de Vienne.

3. Aymar Abbé de S. Chef en Dauſiné.

François Seigneur de S. Ioyre.

Bernard de Clermont Seigneur de la Baſtie d'Albanois.

Aymar Seigneur de Clermont. Alix de Villars de Thoire 1256.

Ponce de Clermont Seigneur d'Hauteriue, mort ſans alliance 1321.

Antoine de Clermont Seigneur de la Baſtie d'Albanois.

Geoffroy Seigneur de Clermont. *BEATRIX DE SAVOYE.*

François de Clermont Seigneur de la Baſtie.

Aymard II. Baron de Clermont en Viennois, Vicomte de Clermont en Trieues. Agathe de Poitiers.

2. Iaques Seigneur de S. Pierre de Soucy & de ſainte Helene du Lac. Caterine de Seyſſel; d'où les Barons de Mont S. Iean.

1. Antoine de Clermont Seigneur de la Baſtie 1386. d'où les Barons de la Baſtie d'Albanois.

Geoffroy II. Baron & Vicomte de Clermont. Iſabelle Dame de Montoyſon.

Aymar III. Seigneur d'Hauteriue.*

Aymar III. Baron & Vicomte de Clermont.
1. Louyſe de Breſſieux.
2. Alix de Seyſſel.

Charles Seigneur de Vauſſerre. Louyſe de Salins Dame de Poppet en Comté.

Claude de Clermont Seigneur de Montoyſon qui fit la Branche de Montoyſon.

Antoine Vicomte de Clermont. Françoiſe de Saſſenage Vicomteſſe de Tallard.

Guillaume Seigneur de Poppet, mort ſans alliance.

Iaques Seigneur de Vauſſerre, qui teſta le 18. Aouſt 1494. Ieane de Poitiers.

Antoinette.

Antoine

- Antoine Archeuesque de Vienne.
- Louyse. Antoine Seigneur de Montchenu.
- Bernardin de Clermont Vicomte de Tallard. Anne de Husson.
- Claudine Le Seigneur de Cereste-Forcalquier.
- Louys Vicomte de Clermont. Caterine de Montauban.
  - Antoine II. Vicomte de Clermont. Anne de Poitiers S. Valier.
    - Gabriel Euesque de Gap.
    - Iulian Baron de Toury fit Branche.
    - Theode-Iean Euesque de Senés.
    - Antoine Comte de Clermont Françoise de Poitiers.
      - Anne. Iean d'Escars Seig. de la Vauguyon Prince de Carency.
        - Isabeau. Iean Baron d'Amanzé.
          - Gaspard Comte d'Amanzé Lieute-
        - Claude d'Escars Prince de Carency Anne de Caumont mort sans Enfans
        - Diane 1. Charles Comte de Maure 2. Loüis Seigneur de S. Megrin
      - Henry de Clermont Vicomte de Tallard. Diane de la Marck-Bouïllon.
        - Charles-Enry Comte de Clermont & de Tonnerre, Vicomte de Tallard. Caterine-Marie d'Escoubleau de Sourdis.
      - Diane. Louys de Vesc Baron de Grimaud.
      - Françoise. Iaques de Crussol Duc d'Vzés
      - Charlotte. 1. . . . d'Amoncourt Seign. de Montigny sur Aulbe. 2. Iean d'O Seigneur de Manou 3. Gabriel du Quênel Seign. de Coupigny.
    - Louyse. Antoine de Crussol Duc d'Vzés.
    - Françoise. Le Seigneur de la Baume d'Hostung.
    - Philiberte. François Vicomte de Polignac.
    - Anne de Clermont. René de Beauvilliers Comte de S. Agnan.
    - Antoinette. Marin de Montfalcon Baron de Flaxieu.
      - Sebastienne François de Grolée Comte de Viruile; d'où les Comtes & Marquis de Viruile
      - Claudine. Baltazard Seigneur de Disimieux.
        - César Comte de Disimieux. Marguerite de Budos de Portes
    - Philibert Seigneur de Vausserre, de Lyonnieres & de Vauluisant 1510. Ieane de Montfalcon-Flaxieu.
    - Iane Pierre de Varax Seigneur de Romans.
- Marguerite Iaques de Bussy Seigneur d'Eyra.
- Aymar. Prieur de Voyssens.
- Claude Seigneur de Vausserre. Claudine de Montbel.
- Charlotte. Le Seigneur de Montbreton.

nant

tenant pour le Roy en Bourgogne.

Roger Marquis de Cruſy. Iſabelle de Pernes

Marie-Caterine de Clermont, Pierre de Muſy Cheualier, Seig. de la Tour du Pin, Dieme & Romaneche, Conſeiller du Roy en ſes Conſeils, Premier Preſident de la Cour Souueraine de Breſſe.

Charles Duc de Luxembourg & de Piney Prince de Tingry. Marguerite de Luxembourg.

François Abbé de S.Pierre de Moleſme.

Iſabelle. Iaques de Beauuau Seigneur de Riuau

François Côte de Clermont & de Tonnerre Baron de S.Gaſſien

Marie Vignier de S. Liebaut.

Iaques Comte de Clermont & de Tonnerre. Charlotte-Virgine de Fleard Fille & heritiere de François de Fleard Marquis de Preſſins, & de Charlote Aleman Vicomteſſe de Trieues & de Paſquiers.

Madelaine Abbeſſe de S. Paul de Beauuais.

Claudine de Diſimieux. Abel de la Poype Comte de Serrieres en Daufiné

Henry de la Poype Baron de Corſant.

Ieroſme Comte de Diſimieux. Anne de Puy du Fou.

Angelique Comteſſe de Diſimieux. Maurice de la Chambre Marquis d'Aix & Comte de Montreal.

## BRANCHE D'HAVTERIVE.

*

AYmar de Clermont Seigneur d'Hauteriue. Ieane de Surgeres.

Ioachim de Clermont Seigneur de Surgeres, & de Dampierre en Aunis.
1. Iſabelle de Surgeres.
2. Ieane d'Auſſeurre.

François de Clermont Baron de Dampierre. Ieanne de Montberon Fille de François de Montberon Vicomte d'Aunay, & de Louyſe de Clermont.

2. Lict.
Antoine de Clermont Seigneur de Surgeres.
1. Ieane d'Amboiſe n'en eut Enfans.
2. Ieane de Leui-Villars.

François.

François de Clermont II. Baron de Dampierre.
N . . . de S. Seigne, Fille de Guillaume Seigneur de S. Seigne Gouuerneur de Luxembourg, & de Marguerite de Clermont.

Louyse de Clermont Dame de Surgeres.
1. Iean Aubin Seigneur de Malicorne.
2. Roderic de Fonseque de la Maison des Comtes de Montreyo en Espagne.

Antoinette morte sans Enfans.

Claude de Clermont Baron de Dampierre.
Ieane de Viuonne Dame de la Chastegneraye.

Claude-Caterine de Clermont.
1. Iean Seigneur d'Annebaud n'en eut lignée.
2. Albert de Gondy Duc de Rais, Pair & Mareschal de France, Fils d'Antoine de Gondy Seigneur du Peron & de Toyssey Maistre d'Hostel du Roy Henry II. & de Marie de Pierreuiue.

Iean-François premier Archeuesque de Paris.

Marguerite.
Florimond de Halluin Marquis de Magnelets.

Françoise.
Lancelot Seigneur de Vasſé.

Charles de Gondy Marquis de Belle-Isle mort auant son Pere.
Antoinette d'Orleans de Longueville.

Henry Cardinal de Rais Euesque de Paris.

Philippes-Emanuel de Gondy Comte de Ioigny Marquis des Isles d'or, General des Galeres de France.
Marguerite de Silly la Rochepot.

Hypolite.
Leonor de la Magdelaine Marquis de Ragny.

Marie Comtesse de S.Triuier.
1. Nicolas de Grillet Seigneur du Bessey & de Pomiers.
2. *PHILIPPES DE SAVOYE Comte de Pancalier.*

Henry de Gondy Duc de Rais & de Beaupreau, Pair de France.
Ieane de Sepeaux Duchesse de Beaupreau.

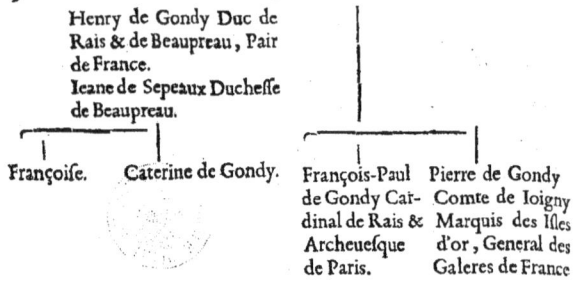

Françoise. | Caterine de Gondy.

François-Paul de Gondy Cardinal de Rais & Archeuesque de Paris. | Pierre de Gondy Comte de Ioigny Marquis des Isles d'or, General des Galeres de France

*Fin du cinquiéme Liure.*

# TABLE DES CHAPITRES
## *du premier Liure.*



# TABLE DES CHAPITRES
## *du second Liure.*

## TABLE DES CHAPITRES *du troisiéme Liure.*



TABLE

## TABLE DES CHAPITRES *du quatriéme Liure.*



## TABLE DES EXTRACTIONS *ou descentes Genealogiques du cinquiéme Liure.*

# Table des Chapitres.



Extraction

# Table des Chapitres.



Extraction

# TABLE DES PRINCIPALES MATIERES & choses plus remarquables contenuës és premier, second, troisiéme, quatriéme & cinquiéme Liures de cette Histoire.

Traitte

B

Trait

# Table des principales matieres.

# *Table des principales matieres.*



## C



Cardinal

# *Tables des principales matieres.*

D



Diette

## Table des principales matieres



E



Va

F.

F.



De

I



Lac

# Table des principales matieres.

L

N



O



P



Son

Reçoit

## Q



## R



René

# Table des principales matieres.



*FIN DES TABLES.*

# ADDITIONS ET CORRECTIONS.

CEux qui font imprimer des Liures, sçauent bien que quelques soins que l'on y puisse rapporter, il se glisse toûjours quantité de fautes, mesme en la presence de l'Autheur, qui n'est pas propre pour corriger son Ouurage. Et quoy que celles des Imprimeurs luy soient pardonnables; & qu'il en ayt passé en celuy-cy de si grossieres, que les Lecteurs les moins raisonnables ne me les imputeront iamais; neantmoins ie ne laisse pas de les remarquer, auec quelques additions & corrections considerables, sur de nouuelles lumieres qui me sont venües, depuis cette Impression acheuée, que ie conjure les Lecteurs de lire auant que de me condamner, ou de me reprendre.

*Liure I*, Page 29. l. 31. ajoûtés, nous attendons celles du Comté de Nice, de Monsieur Ioffrey Prestre Nissard personnage sçauant, & curieux en son Liure intitulé, *Monumenta Sacra ciuitatis Nicia*, qui est sous la Presse.

Pag. 85. lign. 46. & 47. rayés ces mots. Charles Prince de Tarente & Despote de Romanie, Fils de Philippes Roy de Sicile, p. 119. lig. 11. apres le chiffre 1560. ajoûtés ces mots, Monsieur Capré tres-digne Maistre des Comptes en Sauoye, nous en apprendra plus de particularité en l'Histoire qu'il en a composé.

Pag. 169. ligne derniere, apres ces mots part 3. ajoûtés. *Linnaus Iur. publ. tom. 2. Cap. 14. Sprengerus de Stat. Imperij delineat.*

Preu. p. 663. *Liure II.* P. 189. l. 24 apres la chiffre de MXXV. ajoûtés, Ce fut aussi en sa presence, & du Prince Amé son Fils, que se fit la fondation du Prieuré de la Burbanche en Bugey, dependant de la mesme Abbaye de Sauigny.

Pag. 190. lign. 33. à la marge du côté du chiffre, mettés Preuues pag. 663.

Pag. 204. lign. 21. apres le mot de Religieuse, ajoûtés. Ce que l'Empereur Henry IV. confirma par Bulle
Preu. p. 664. de l'an 1112. dattée à Spire.

Preu. p. 665. Pag. 248. lign. 28. ajoûtés. L'année suiuante il promit à Albert Seigneur de la Tour du Pin, de ne point accroître son Estat sur ses Terres; ce que iurerent d'obseruer Amé & Humbert ses Enfans, en presence de Guillaume de Clermont, de M. de Luyrieux & autres.

Preu. p. 666. Pag. 292. lign. dern. ajoûtés. L'on void encore en la Chambre des Comptes de Daufiné le deffy que le Seigneur de Gex enuoya à Philippes, s'interessant en la querelle du Daufin son Beau-Frere.

Pag. 361. Apres ces mots d'vn seau d'or, ajoûtés ce qui suit. Ce Prince à son retour, eut differend auec
Mem. M.S. de M. le Presidét de Chales. Philippes de Sauoye son Neueu, qui refusoit d'obseruer leur Traitté de l'an 1294. soûtenant que l'Appanage qu'on luy auoit donné estoit trop petit: Neantmoins par l'entremise de Papinian Euesque de Pauie, d'Othon Seigneur de Grandson, de Guichard Sire de Beaujeu, & de Louys de Sauoye Seigneur de Vaud; il fut arresté que le precedent Traitté seroit executé, & que Philippes pour supplement d'Appanage auroit mille liures viennoises de rente en fond de Terre, entre le Pau & Lasture; & les Châteaux de Balengier, de la Roque, de Fiano, de Baraton, de Vic; de Settimo & autres, à la charge de l'Hommage. Outre ce le Comte luy permit d'estre Amy des Comtes de S. Martin, de Riuerol, d'Aglié, de Front, de Châteauneuf, & de Castellemont, & de tout leur party, & promis de luy donner part aux Droits qu'Henry Roy des Romains luy auoit cedés sur la Cité d'Ast & sur tout son territoire, & sur les Fiefs des Marquis de Carretto de Ceue, & de Iean de Saluces.

Pag. 368. lign. dern. ajoûtés, Dreux de Mello, estoit Fils de Dreux de Mello IV. du nom Seigneur de saint Bris de Château-chinon, de l'Orme & d'Espoysses, & de Marguerite de Lezignen.

Pag. 369. lig. 8. ajoûtés outre cette Marguerite de Mello, Dreux de Mello V. du nom, son Pere eut encore vne Fille d'Eleonor de Sauoye, appellée Ieane de Mello, mariée à Raoül III. du nom Comte d'Eu & de Guynes Connestable de France.

Preu. p. 667. 668. & 669. Pag. 438. lig. 12. apres le mot d'accusation, ajoûtés le Duc de Berry Beau-Pere de ce Prince en écriuit à la Noblesse, & aux Communautez de Foucigny, de Geneuois & de Chablais. Le Roy mesme s'en interessa, & enuoya en Sauoye l'Euesque de Noyon & le Sire de Coucy Comte de Soyssons, de la part du Duc de Berry y furent aussi Ponchon Seigneur de Langeac Baillif des Montagnes d'Auuergne, & Pierre Seigneur du Giac, & de celle du Duc de Bourgogne, l'Euesque de Châlon & le Sire de la Tremoille,

Pag. 521. en marge de la derniere ligne, mettés Preuues pag. 669.

Preu. p. 674. & 675. Pag. 550. l. 15. faut mettre à la marge preuues pag. 671. Pag. 556. l. 11. apres le mot, obseruation, ajoûtés, & nouuellement honoré Liotard Senateur de Nice, luy a dressé vn beau Panegyrique en Vers Latins Heroïques. Pag. 594. l. 50. apres le mot d'Erya, ajoûtés. Ce mesme iour Philippes donna vn autre seellé au Roy, par lequel il promettoit de seruir sa Majesté & le Duc auec fidelité, & de ne iamais deliurer le Comte de la Chambre, qu'il tenoit prisonnier; que par leur Ordre, & de ne point disposer de ses biens, au cas qu'ils fussent confisqués, sinon à la volonté du Roy & du Duc, & pour plus grande asseurance, le Roy voulut que Marguerite de Bourbon Cõtesse de Bresse en donnât aussi son sellé, le mesme iour datté à Chastillon en Dombes.

En la guerre des Barbets sous Charles-Emanuel II. du nom. Ou I'ay dit que l'on les nommoit Barbets par derision. Il faut mettre, par deriuation du nom de Barbo, qui veut dire Oncle au langage du Païs, qualité que les Païsans donnent à ceux qui les enseignent, où qui sont plus âgez, appliqués depuis à leurs Ministres, & à ceux qui se sont separés de l'Eglise Catholique Romaine.

*ERRATA.* Pag. 7. l. 49. vitieux, lisez vitiés, p. 30. l. 13. *MATRI, MARTI*, p. 43. à la marge l. 4 & 5. *Cononicus sedunensis*, mettez Abbas, p. 49. l. 15. *MARTI PIETISSIMÆ, MATRI PIENTISSIMÆ*, p. 96. l. 1. Charles-Em. Emanuel-Philib. p. 113 l. antepen. Charl. Em. lisez Em. Philibert, p. 119. l. 16. lisez 18. deux Aduocats Patrim. & vn Procureur Patr. p. 267. l. 26. ce ieune Prince, rayez ieune, p. 277. le Graueur à mis vne Couronne de Comte au lieu d'vne de Duc, p. 347. l. 1. Amé du nom, lis. Amé V. du nom, p. 68. le Graueur à renuersé les Billettes, p. 377. l. 41. apres le mot de nom, ajoûtez Comte d'Auxerre, p. 446. l. 19. apres son Marie, auec Mariage de Bourgogne, lis. apres son mariage auec Marie de Bourg. p. 496. l. pen. Riphaël Volterre, Raphaël de Volterre, p. 571. l. 38. Iean de Foüard, lis. Iean de Focrand, p. 604. l. 27. *honorificis, horrificis*, p. 646. l. 2. entre Saluces & Narbonne; entre Salces & Narbonne, p. 680. l. 1. & diuerses latines, & diuerses Inscriptions latines, p. 716. l. 35. auoient occupé le Marquisat de Saluces, on auoit bié de la peine, lis. eussent occupé le Marquisat de Saluces, p. 747. Mayence, Mayenne, l. 46. Clem. VII. Clem. VIII. p. 756. l. 32. Il fit donc entreprises, Il fit donc trois entreprises, p. 804. l. 24. l'vn du Baron des Adrets; l'vn de Tarnauas Baron des Adrets, p. 805. l. 27. Florence, France, p. 822. l. 48. & 49. General de ses Troup. General de son Infanterie, p. 815. l. 6. & 7. d'où il n'auoit bougé pẽdant le Siege, rayez ces mots, p. 834. l. 34. Marq. Peneranet de Sauine, lis. du Marq. de Peueran & de Sauines, p. 845. l. 11. 12. 13. & 14. rayez tous ces mots, depuis celuy d'accommodement, iusqu'à celuy d'outre, p. 877. l. 32. apres le mot de maître, ajoûtés & prit le Fort de Creuecœur, p. 878. l. 4. Scaglia Comte de Verruë, Scaglia de Verruë Comte de Caudolet, p. 879. l. 38. & 39. Cortambe, Cortance.

*Les autres fautes n'estans la plus part que d'Imprimerie ou en l'ortographe, ou mettant vne lettre pour autre seront supplées par le Lecteur fauorable.*

www.ingramcontent.com/pod-product-compliance
Lightning Source LLC
Chambersburg PA
CBHW071346280326
41927CB00039B/1972
* 9 7 8 2 0 1 2 5 5 4 5 5 9 *